听 涛

——浦东历代文学作品选

（1127—1949）

上海市浦东新区文学艺术界联合会
上海市浦东新区作家协会 编

文汇出版社

本书编委会

顾　　　问：彭薇芬　孙甘露
名 誉 主 任：高所贵　张　磊

主　　　任：张　坚
常务副主任：陈锦国
副　主　任：邵天骏　柴志光

主　　　编：张　坚
副 主 编：柴志光

宋代名家

■ 宋·储泳

元代名家

■ 元·杨维桢

■ 元·赵孟頫

明代名家

明·陆深

明·艾可久

清代名家

■清·孙致弥

■清·赵文哲

■清·张文虎

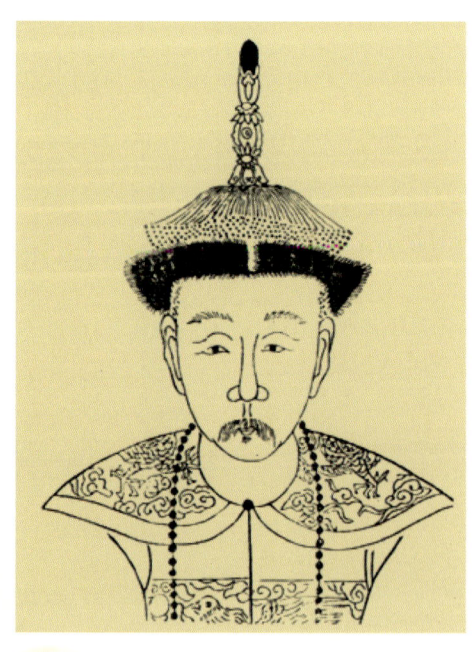

■清·叶映榴

民国名家

■民国·黄炎培

■民国·李平书

■民国·傅雷

历代浦东著作

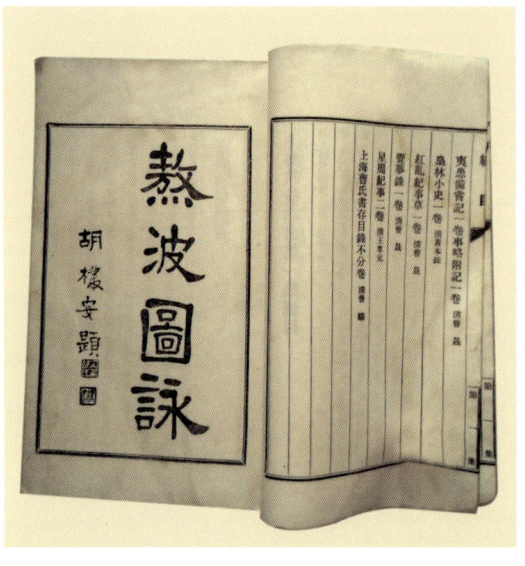

■《熬波图咏》　　■《海曲诗钞》

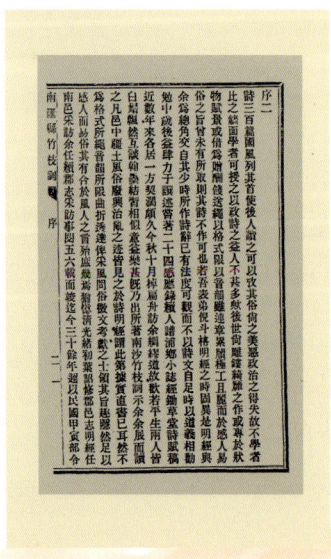

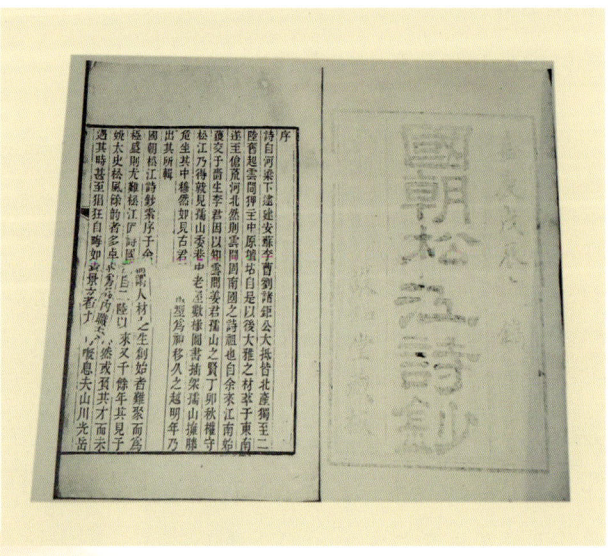

■《南汇县竹枝词》　　■《国朝松江诗钞》

序

张 坚

文学作品因其作为闪烁人类文明成果的灯塔,而直接作用于一个地方的文化繁荣。从这一意义出发,工程浩繁、著力颇巨的《听涛——浦东历代文学作品选(1127-1949)》的推出,在填补此类作品选编书籍的空白的同时,为人们从中认知浦东历代文学的艺术水准、品赏浦东历代文学的艺术风貌、领略浦东历代作家的人生风采,从而更好地彰显文学魅力、弘扬文学精神、激励文学创作,既是一项作为文学工程的大事,亦是一项颇具文化价值的好事。《听涛——浦东历代文学作品选(1127-1949)》一书呈现的以下"四个维度"尤其值得嘉许——

追溯浦东文学之源头

历史上,浦东先贤也曾选编过浦东文学作品集,主要是诗词选,如清嘉庆年间周浦人冯金伯编有《海曲诗钞》《海曲诗钞二集》共22卷,收录浦东诗人270余位,收录1300余首诗;另如民国初年浦东高行人黄协埙又续编《海曲诗钞三集》12卷,收录浦东诗人361位;还如《海藻》和《国朝松江诗钞》也收录有浦东诗人的作品。这几部古代诗歌选集对留存浦东诗词作品起到了"作为文学书籍的艺术感、作为文学作品的历史感与作为乡土教材的亲切感"的重要作用。

《听涛——浦东历代文学作品选(1127-1949)》将选录作品的历史跨度划定在南宋至民国时期即1127年至1949年;同时把浦东的地域范围限定在今天浦东新区行政区域并加上今天闵行区在黄浦江东岸的行政区域的范围内,从中体现历史的纵深度与地域的宽广度。同时，注重吸纳先贤选编诗歌的成果，并从文学体裁的多样性方面开展浦东历代文学作品的调查与优选，通过精心选录，激活深藏在书库中的浦东乡贤和文化人的文学作品，让古籍中的文学作品重焕艺术活力。因此，追溯浦东文学源头以体现探源性、精选不同朝代的文学作品以体现代表性、兼顾各类文学样式以体现丰富性，成为该书十分鲜明的一大特色。

盘点浦东文学之积淀

南宋至今，已历八百余载，尽管不少文学作品已随历史长河而散佚流失，但还是为后人留下了丰富的艺术成果。据不完全统计，明代浦东诗人、作家的著作共有230种，作者涉及28个姓氏108人；清代浦东诗人、作家所创作的著作有873种，作者涉及76个姓氏542人。明清两代浦东地区有650人创作出1103种图书。而据现有的资料统计，民国时期浦东诗人、作家所创作的著作有258种，作者涉及29个姓氏76人；1949年前浦东诗人、作家著作共有1361种。随着史料的不断发现，这个统计数据还会增加。

在这1361种图书中以集部著作类最多，而集部又以诗词集占大部分，至少有300多种。据对35部诗歌集作统计，有诗歌13983首，平均每部诗词集有432首诗词。明代陆深作诗歌499首，明清之交时期的李雯作诗歌2178首，清代吴省钦作诗歌2681首，有"吴中七子"之称的黄文莲和赵文哲也有大量的诗词作品。陆深之子陆楫编辑了我国最早的一部小说丛书《古今说海》，该书共142卷，收集唐、宋至明代的小说135种。陆深一族堪称浦东文献世家，族人中有38位文人编写著作110种。在浦东地区像陆深家族一样的文化之大家族有四五家之多，他们对浦东文化的发展起到重要的推动作用。尽管历代浦东地区乡贤和文人们编录文集与诗集的盛景已成为历史，但他们的作品在人们向往书香社会的当下，依然是浦东民众文化生活中最值得登临的一座亮丽的优秀历史文化宝塔。

汇集浦东文学之精粹

浦东滨江临海为海曲之地,在宋代已有许多大家族生活在这一块广袤的大地上;到明代已有众多的集镇星罗棋布,成为江南富庶的鱼米之乡;进入近代,一江之隔的浦西已走上东方大都市的快车道,这为浦东的发展带来了无限的机遇。经济的发展与富庶不仅带来民众生活水准的提高,随之而来的是文化的发展,私塾、义塾遍布于乡村,书院、县学的布局南北呼应。以明清两代的科举来观察,浦东地区先后走出了119位进士、268位举人,还有数以千计的贡生和秀才。进入民国后,又有大批学子进入大学,甚至出国留学。这些考取功名而成为绅士者所接受的儒家传统和价值取向,比其他任何阶层都更加深刻地与中国文化水乳交融,奠定了浦东历史文化的基石,他们耕读安居,营造家园;他们致力功名,参与治国;他们以身作则,自治乡村;他们为官四方,留芳各地;他们自律修养,吟诗书画。在他们的文学作品中,水乡之貌、四时之景、体物之感、访友之情,乃至华夏大地、山川气象皆成记述描写的对象。这些作品或诗词,或赋文,或记文,或散文,或序跋,或碑铭,或赞语,或行状;还有学术著作、技术著作、史志著作,可谓经、史、子、集四部洋洋大观。这些作品有的刻版结集,传之中外,藏之书楼;有的手稿积订,师生传承,存之密篋;载入《永乐大典》者有之、收进《四库全书》者有之、御撰序文者有之、大儒名家批注者有之。

文学有时谓一种思想,有时谓一种感情,有时则谓一段故事。《听涛——浦东历代文学作品集(1127—1949)》所选录的作品从其思想色彩来看具有深浓的忧患意识、强烈的社会责任感、深厚的仁民爱抚之心、高尚的人格魅力、积极的价值取向;从其艺术特色来看则有着注重理性思维、诗文思想与文学审美的共同特点,追求自我提升与思想解放、体现人与自然的和谐统一、重视文学作品的艺术性,力求使文学作品具有美的意义和价值。这是浦东历代文人先贤们留给我们的一笔宝贵的文化遗产和精神财富,期待在条件成熟的前提下能继续选编浦东当代文学作品选。

形成浦东文学之雅赏

选编《听涛——浦东历代文学作品选(1127-1949)》一书旨在为培育浦东书香社会提供更多的乡贤文学作品,进一步提升以文化人、以文育人的镜鉴价值,留住浓浓乡情、不忘缕缕乡愁。中国古代科举制度,始终把文采作为一项核心的考核内容,而一个人的文采往往体现在文字作品中。古人把文学,或者说把文学教育视作为一种技艺来继续和传播。在浦东历代文学作品中诗词作品占大部分,写诗吟咏是历代文人抒发心志的最佳方式。在这些诗词中,我们可以欣赏到诗人们出众的文艺天赋;可以领略到诗人们以天下为己任的远大抱负;可以追溯到诗人们脚下那水乡鹤鸣的原野风光……在这些诗句中,透露出诗人们悠然自得的生活情趣、思乡忆故的旅途苦心、小酌唱和的朋友义气、忧国忧民的爱国志向。

宋代周敦颐《通书·文辞》有谓:"文所以载道也……"宋代苏轼《答张文潜县丞书》亦曰:"……其为人深不愿人知之,其文如其为人。"纵观浦东历代文人们的文集和诗集,应当更加关注他们作品中所蕴含的文化价值,对这种文化价值的关注将有助于我们对浦东地区文化传统的认知,有助于提升当今人们的文化修养,这是选编《听涛——浦东历代文学作品选(1127-1949)》的目的和价值之所在,愿广大读者从浦东先贤们的文学作品中获得感受与启迪。

是以为序。

(本文作者为浦东新区文学艺术界联合会副主席、浦东新区作家协会主席)

2024 年 7 月

凡例

一、本书所称的浦东,其地域范围泛指浦东新区行政区域及闵行区在黄浦江东岸的行政区域。

二、本书所选作品产生的时间范围为南宋至民国时期即1127年至1949年。

三、在上述地域范围和时间范围内浦东籍本土作者的各类文学作品为本书的选录对象。

四、本书所称的浦东籍本土作者,包括出生并居住于浦东者、出生于浦东但后迁移外地者、祖籍地是浦东者,亦包括较长时间寓居于浦东者等。

五、非浦东籍的外埠作者所创作的浦东题材的文学作品亦为本书选录对象。

六、本书分宋代作品、元代作品、明代作品、清代作品、民国作品五个部分;除清代作品先依作者的进士、举人、贡生、秀才、闺秀身份分类,再按中举的年份排列外,其余四个部分均按作者所处的大致年代排列。

七、所选作品分诗词、序跋、记文、赋文、铭文、散文、诗歌、竹枝词、小说、书信、演说等。

八、所选作品均在文后标明出于何种图书,该图书第一次出现时注明作者、版本、书名和卷数,后再出现该书时则仅注明书名和卷数。

九、作者简介资料基本来源于地方志书。

十、因年代久远,部分选文少量内容散佚,文中对散佚文字以"□"替代。

目　录

宋代作品选

储　泳 / 003　　张　荣 / 008　　高子凤 / 009
许　尚 / 007　　黄　淇 / 008　　居　简 / 011

元代作品选

方　回 / 015　　杨维桢 / 019　　朱仲云 / 026
赵孟頫 / 017　　王　逢 / 025　　陈　椿 / 027

明代作品选

朱　木 / 039　　朱元振 / 043　　张　鉴 / 058
黄　翰 / 039　　张　谷 / 044　　石英中 / 059
李　清 / 040　　陆　深 / 045　　陆　楫 / 063
钱　福 / 041　　储　昱 / 055　　诸　杰 / 066
赵　松 / 042　　朱　豹 / 056　　蔡懋昭 / 066

杜时登 / 067	杜士全 / 080	李　雯 / 094
朱　缨 / 068	杜士基 / 081	沈弘之 / 096
朱察卿 / 069	娄　坚 / 082	张　电 / 102
艾可久 / 073	朱国盛 / 085	陆起凤 / 103
谈　伦 / 073	陆明扬 / 086	朱襄孙 / 104
乔　木 / 074	孙继统 / 087	李延昰 / 105
乔拱璧 / 075	孙元化 / 090	莫秉清 / 107
秦嘉楫 / 076	叶有声 / 092	
黄体仁 / 077	包尔庚 / 093	

清代作品选

清代进士作品选

朱绍凤 / 111	朱　鉴 / 134	陆锡熊 / 149
施维翰 / 113	唐　班 / 135	吴省钦 / 152
陆鸣珂 / 114	朱良裘 / 136	薛鼎铭 / 157
朱　锦 / 116	叶　承 / 137	乔钟吴 / 159
赵子瞻 / 119	顾成天 / 138	徐长发 / 161
叶映榴 / 120	黄　槐 / 142	施　润 / 162
张　集 / 127	凌应兰 / 144	吴省兰 / 163
周金然 / 128	张端木 / 145	张位中 / 165
施惟讷 / 130	吴世贤 / 147	赵　荣 / 167
蔡　嵩 / 131	金王谟 / 148	赵　柄 / 168

清代举人作品选

王　憺 / 169	刘贞吉 / 172	叶　棠 / 175
闵　玮 / 170	高廷亮 / 173	陆瀛亮 / 175
艾汝成 / 171	闵　望 / 173	张　成 / 176
张申永 / 171	张　煜 / 174	陆秉笏 / 177

黄文莲 / 178	乔凤翔 / 193	祝椿年 / 207
唐　芬 / 182	赵秉渊 / 195	沈树镛 / 208
张熙纯 / 183	赵秉冲 / 196	王蓉生 / 211
赵文哲 / 186	叶凤毛 / 196	顾　麟 / 212
华锡瑞 / 189	唐曾飔 / 204	顾曾铭 / 214
唐承华 / 190	姚伯骥 / 204	
唐祖樾 / 191	蔡云桂 / 206	

清代贡生作品选

吴　定 / 215	冯金伯 / 225	艾德堃 / 244
闵　峻 / 215	祝尔和 / 229	沈学诗 / 245
沈　沐 / 216	杨光辅 / 232	赵飑曾 / 246
朱　霞 / 217	赵光熊 / 236	陆应梅 / 247
黄　素 / 219	蔡　纶 / 237	申兆沄 / 248
毛汉齐 / 220	沈　静 / 238	陆树滋 / 249
陆瀛龄 / 221	于尔大 / 240	张文虎 / 250
陆秉绍 / 222	马元德 / 241	秦荣光 / 258
顾清泰 / 223	陆文键 / 242	于　邕 / 260

清代秀才作品选

钟翼云 / 263	蔡　嵋 / 277	王志容 / 286
钟　泰 / 265	蔡文钰 / 277	王宗泰 / 287
钟曾龄 / 267	蔡乙青 / 279	王朝鼎 / 288
钟曾泽 / 269	张大经 / 280	乔　陇 / 289
钟　奭 / 269	王廷铨 / 281	乔珍生 / 290
钟　毓 / 271	王孟洮 / 282	乔锦堂 / 291
钟其洽 / 272	王　彬 / 283	乔廷选 / 292
钟曾淇 / 273	王　鋐 / 283	沈璧琮 / 294
蔡　湘 / 274	王锡琳 / 284	沈璧琏 / 296
蔡　钢 / 276	王梦松 / 285	沈向荣 / 297

沈 嵩 / 299	赵 淇 / 314	黄元吉 / 337
沈 鑫 / 300	赵世修 / 315	黄 堂 / 338
沈景福 / 301	赵喜征 / 317	黄淳源 / 340
张 淇 / 303	祝云标 / 318	黄增淦 / 340
张永言 / 304	祝悦霖 / 319	黄志澄 / 342
张慕骞 / 305	顾 晋 / 324	黄 河 / 342
陆瀛儒 / 306	顾 炳 / 324	黄本铨 / 343
陆瀛萼 / 307	徐升德 / 325	吴 洽 / 344
陆湛恩 / 308	徐嘉木 / 326	鲍 历 / 346
陆文度 / 311	徐嘉宾 / 327	叶 芳 / 348
陆桂华 / 312	徐光发 / 329	胡式钰 / 349
赵 绅 / 312	徐文炯 / 336	
赵文鸣 / 313	黄山松 / 336	

清代闺秀作品选

陆怡祖 / 350	曹锡堃 / 356	叶金支 / 360
赵 芬 / 350	闵 氏 / 357	叶鱼鱼 / 360
陶婉仪 / 353	顾 氏 / 357	张 介 / 361
曹柔和 / 353	闵 氏 / 358	冯履端 / 364
曹锡淑 / 354	叶慧光 / 359	

民国作品选

倪绳中 / 367	张志鹤 / 403	张若谷 / 437
黄协埙 / 370	秦翰才 / 420	傅 雷 / 443
李平书 / 377	王小逸 / 422	
黄炎培 / 381	张舍我 / 432	

跋 / 453

宋代作品选

储泳作品选

作者简介

储泳,字文卿,号华谷,工诗,宋代诗人,居周浦。其弟游,字智聊,号晴,亦以诗名。储泳墓在周浦汇龙桥南,俗呼木鱼坟。储游墓在周浦网船浜上。储泳著有《易说》《祛疑说》《阴符经解》《参同契解》《悟真篇说》《崔公入药镜说》《储华谷诗一卷》,见《宋诗纪事》等书。宋代陈起《江湖后集》第十一卷收录有储泳诗22首。陈起的原书已佚,四库全书本系从《永乐大典》辑出而成。乾隆四十二年(1777)顾修的读画斋又依四库全书本刊刻宋陈起的《江湖后集二十四卷》。

诗词作品

题胡琴窗方径

诗穷推不去,终有恶圆心。
楼倚风烟外,琴横星斗沉。
行看花四面,坐对竹千寻。
却笑陶彭泽,归来荒草深。

清闷轩

万竹中央住,清心自爱持。
不除伤砌笋,慵洗宿禽枝。
影落翻经处,声敲入定时。
重泥新雪壁,留待客题诗。

送春

送春归去后,身却在天涯。
有梦忘为客,见书如到家。
楼空初入燕,柳暗欲藏鸦。
故苑新桃李,闲开一度花。

闻采石分司芸隐讣

忽闻千里讣,涕泪已交横。
遽夺英雄去,不教功业成。
人疑藏六甲,天使伴长庚。
惆怅青山梦,分明坐两楹。

小园

垦苇栽花柳,园林小小成。
旋分黄菊本,新扁草堂名。
池水通湖活,江风过竹清。
不期车马到,足自称幽情。

亭下

亭下冷泉清,松深地绝尘。
细看门外树,几换寺中人。
别嶂孤猿晓,幽花百鸟春。
坐来危石上,疑是比丘身。

思归

客楼高处望,独立对斜晖。
负郭有田在,故山何日归。

秋深杨柳薄,水阔鹭鸶飞。
风景正萧索,何堪闻捣衣。

送人游边

边风吹雁至,君却向边游。
正立功名日,去防关塞秋。
看雕因捻箭,调马试呈毬。
奏凯归时节,应须万户侯。

淀山寺

无路接尘寰,中流拥翠鬟。
望中疑有寺,游处若无山。
过雨行云湿,冲风钓艇还。
龟边旧鸥鹭,心事颇相关。

悼古镜果佛慧法师

霜毛垂半顶,说法国王前。
定里修千劫,佛中添一员。
谥尊终后赐,真谛在时传。
讲下诸徒弟,焚香石塔边。

送陈云厓

出门即远道,君去有谁令。
诗价侯门贱,时情客路轻。
晚云归独树,寒雨暗荒城。
此地还相别,谁能不动情。

红药

红药阶前半吐葩,露枝已入贵人家。
不如庭下无名草,一度春风一度花。

涵虚阁

菊秋梅腊百花春,过眼年华醉梦身。
今日不因登此阁,不知人世是红尘。

春日郊行

东风吹著便成花,妆点园林卖酒家。
田野可栽闲草木,十分春色在桑麻。

柬藏一

灵竺山前满径苔,游春车马可曾来。
共君便欲携尊去,一树海棠花正开。

胡定斋惠墨求诗

万杵玄霜玉兔魂,刀圭炼就许平分。
流珠轻滴银蟾露,化作催诗　片云。

春昼

亭院深深春昼长,度窗蜂影去来忙。
自从野菜花开后,一月熏炉不炷香。

送人

昨日含愁始送春,今朝又复送行人。
江头杨柳不须折,那与愁眉替得颦。

觉来

西风吹梦过钱塘,独上孤山叩冷香。
纸帐四垂灯影薄,觉来疑是月昏黄。

(以上19首诗录自《江湖后集》第十一卷)

璜溪光风霁月亭

一段风流出自然,中和气候嫩凉天。
百年心事无人会,付与茅亭伴吕仙。

(录自清嘉庆版《松江府志》第七十八卷《名迹志》)

许尚作品选

作者简介

许尚,号和光老人,宋华亭(今上海松江)人。能诗文,有《广化教院记》及《华亭百咏诗》。宋淳熙年间以诗名。

诗词作品

华亭百咏·鹤坡

索寞东郊远,仙禽尽此藏。
梦回明月夜,林杪响圆吭。

(录自清嘉庆版《松江府志》第七十四卷《名迹志》)

张荣作品选

作者简介

生平不详。

诗词作品

过鹤沙

一条晴雪冻寒溪,寂寂芳塘路不迷。
野鹤何年海外去,荒鸡此路午前啼。
淡云欲锁千村合,丽日高烘万树齐。
闻道沙中多石笋,几时才得出淤泥。

(录自清嘉庆版《松江府志》第七十四卷《名迹志》)

黄淇作品选

作者简介

黄淇,浦东高桥镇人,乡贡进士。宋嘉泰四年(1204)作《黄俣墓志铭》。

铭文作品

黄俣墓志铭

余幼侍曾祖母吴氏之侧,下视诸侄,诜诜成行。会食堂上者,常百口,内外无间言,迄五世不分,乡间以孝义称。吾伯父与先君致政,钦奉家训,尤笃孝友。伯父有四弟,先君其仲也。吾祖服除后数年,兄弟怡怡,初无意于异居。乡人当执役者,偶以人共户开诉之。因与先君谋,对泣而均其资产,外不假人与议,视祖考无忝焉。伯父讳俁,字惟大,少颖悟,从故参政郑公闻及乡先生潘承议孳受《尚书》,后喜习词赋。甫冠有声于郡庠,屡以进士试于有司,数奇不偶,未老即谢场屋。虽杜门却扫,然亦未尝废卷。性恬淡节俭,不为居养所移,而又处事谨愿,遇下慈祥。惜夫自庠序聘举之法坏,而国论罕及乎闾阎之隐,士之行义无愧如吾伯父者,世莫得而闻之,是亦可为于邑也已。嘉泰四年八月初五日,以疾卒于家,享年七十有六。娶董氏。二子,深、濂。二女,长适将仕郎顾燧,次适进士朱允成。孙男四人,敏求早卒,次敏学、敏功、敏修。孙女三人,长适进士陈居仁,余尚幼。越开禧改元九月丁寅。葬于所居昆山县临江乡清洲之原。于其葬也,深弟来请铭,淇勉纪其行实,泣而铭曰:孝友足以睦于族,节俭足以律其身,谨愿足以处其事,慈祥足以思于人,而铭之以此,足以遗其子孙。孝男深泣血谨书。

(录自该墓志铭拓片,1963年在浦东高桥钟家弄原海滨农校发现该墓志铭。)

高子凤作品选

作者简介

高子凤,字仪甫,号澹庵,宋华亭(今上海松江)人。以诗名,尝注杜诗,林竹溪为作序。有《澹庵文集》若干卷。文集已佚,有诗若干收录在《松风余韵》中。宋淳祐十年(1250)作《南积善教寺记碑》。

记文作品

南积善教寺记碑

云间为浙右壮邑,乃野畛所逮,虽下乡僻里,海堧江浦之聚,亦土壤衍沃,民俗蕃庶。积帑之家,所向而有皆乐善好施,以浮屠氏为依倚,故幢刹之严,参错相望。西林去邑不十里,东越黄浦,又东而汇北,其南抵周浦,皆不及半舍。寺之在周浦者曰永定,在黄浦者曰宁国,而西林居其中,盖所谓江浦之聚也。里故无寺,绍兴戊寅,有比邱衍师净行化爰止,亟思启导里人,培植胜业,请于迪功刘均及长者孙氏,得地百亩,创庵以憩游。□□□□。未几,正信响应,乃益自奋励,广求潜度,日以增斥为务,逮淳熙间,而法堂、方丈、斋庐、库藏轮奂一新。嘉定初,又得永定七古佛,就供堂上,即之以求福音尤众。先是,净梦白莲七枝,擢秀于堂之所,谂为瑞相,拟作大殿于其处,未遂而寂。其徒梦晖嗣之,因徐昌纯劝发运,属叶君纯佑为大檀越,鸠材庀工,毕力兴建,卒成其师之志,以奉所得七佛者,前梦至是符焉。晖之法兄道全,又至叶君亨珉,营缔轮藏,饰以众宝,载三乘法,巨镛范金,华鲸肖桐,诸庄严具,靡不称是。

而寺之全体既先定,淳祐壬寅,始白之礼部,甲辰乃得钱唐积善寺废额,甲乙焚修,式延云水,而净之派孙文暕复募作重门缭垣,以谨中外之限。绪役悉周,遂与永定、宁国鼎峙而立,大不竞雄,小不谦卑,翼翼靓深,丹碧相辉,林烟野霭之中,化城倏现眉目之境,噫!亦盛矣。相厥出兴,固以土俗沃庶、大家好施之力,有以致之,然非师净启导有初,志愿坚果,安能成就殊胜如此?予尝识晖之子文伟于竺峰,一日挐扁舟,问予泽居,请记述之以图不朽。夫三世协勤,四檀委输,载祀九十,厥有成绩。乃似乃续,龛灯炉毹,誓以丰年美俗回响盛明,其事有可尚者,故受简而不辞。盖尝论之,甲乙序承,所以杜外攘毁圮之患也。彼其传持之外,滥窃成风,掩袭而来,卷蓄而去,视所在亡废兴,若越人视秦人肥瘠,此诚末世丛席之弊。至于为甲乙者,独无弊哉?继已完之业,享不为之功。有房楹以自安,无规级以相持。贪营利养,则资益厚而业益增;择取便私,则身愈佚而名愈玷。举前人劳苦之办,适足以为容非蕴慝之地;曾市区贾肆之不若者,则其币又在此不在彼,而致覆者辙相蹈也,可不切鉴而痛革之乎?予雅有叹于是,故因伟之请,得诵言以遣之,于以贻戒来者,其必思经创之艰难,念信施之勤厚,日夜求其师之所以为教者,勉策胜进,茂养斯人之善心,俾能顺保其沃庶富乐之盛,以相与绵及于无穷之众,各获其所愿云。淳祐庚戌十月既望,蒙城高子凤撰。

（积善教寺在三林塘东林,建于宋绍兴年间。该碑记由高子凤撰于宋淳祐十年(1250),记文录自清张端末《西林杂记》。清嘉庆《松江府志》第七十三卷《艺文志·金石》著录此碑记。民国《三林乡志残稿》第六卷《寺观》有此碑记。）

居简作品选

作者简介

居简(1164—1246),字敬叟,宋潼川(今四川三台)王氏子。因寓居北磵日久,故号北磵。禅宗法师。曾住杭州净慈寺十余载并北游华亭(今上海松江)。著有《北磵文集》。宋绍定四年(1231)作《庆宁僧堂记》。

记文作品

庆宁僧堂记

庆宁自某年月日智圆创建。若干年殿宇厨库容众之具,凡所当有次第而集者,其徒师训之力居多。又若干年而僧堂之役未举,缁白之有力者未尝过而问焉。今成于圆公之孙、训公之子古镜文杲。祖作之,父述之，子成之。君子曰善继志也。僧堂之作非古人意，古无招提，况堂耶。自枯木留香后天下较奇策胜，翚飞炫耀，床榻窗几，惟恐不壮丽。耄耋疾疢无雾霾风雨暴露之惨，既适既宁，精励胜进当倍蓰。异时，冢间树下不三宿者何反无闻焉。方其滑扉疏棂，一单三椽，正因者莫不凛然反观，惕然内求，绝意死生荣辱，外形骸于死灰槁木，志节独苦于冢树间不相下。充其所学，饫其心初，不愆先圣决定明训，然后以其所觉而觉他人。答此信施，昧者反是，苟安宅形，冥冥乌鸢，念念臭腐，坐驰于庸鄙浇杂。今夕何夕，飒然白首，入生死轮，出没异类，靡所底丽，辗转酬酢，无有穷已。吁戏。释签岩迥，燕坐石冷，赤城华顶，万八千丈。我念昔者峻跻嵬陟，日死魅匿，草腥蛇落。百世之下，道震吴越。举此话头，夜款古镜，惟此古镜，是则是效，苦心松筠，制行冰檗。不独居此堂无愧焉。抑又率人臻无愧之地。欲镵余文，余则有愧。绍定四年良月旦。潼川北礀记。

（庆宁寺位于浦东南跄口，建于宋代，后有迁建重修，今遗迹在金桥路底黄浦江岸边，曾有以庆宁寺冠名的轮渡站、庆宁寺小火车站、庆宁寺汽车站等，今庆宁寺地名仍在使用，而佛寺已不存。《庆宁僧堂记》录自《北礀文集》，宋代居简著，2014年9月复旦大学出版社出版。）

元代作品选

方回作品选

作者简介

方回(1227—1305),字万里,号虚谷。徽州歙县人,宋元时诗人,诗论家。宋景定年间(1260—1265)进士,官严州知府,元朝任建德路总管。不久罢官,晚年在杭州以文为生,著有《瀛奎律髓》《桐江集》《续古今考》等。

诗词作品

题鹤沙瞿氏园

壁间墨客扫龙蛇,所写诗佳字亦佳。

忽见一诗增感慨,吾家宗伯老秋崖。

(录自清乾隆版《南汇县新志》第十五卷《古迹》)

记文作品

报恩忏院记碑

佛庐遍天下莫盛于苏杭秀水之间,鹤沙距松江仅三舍,地接海滨,古昔居民亦鲜,伽蓝未之有也。瞿氏自宋建炎间徙居于此,有积善慕义之风。逮今财赋提举公震发与兄少中大夫两浙运使公霆发才德起家,仁让及物,慨然以为非伽蓝无以营善而闻道。乃卜地得吉于其考妣佳城之侧,倾资割亩,命僧允恭摄董之。发地得铁佛一躯,见者惊异,疑瑞应也。寻而材与匠称,心与力俦,不几年而绀殿、重门、广庑、观室、讲堂,凡伽蓝所宜有者悉备焉。迎请净行沙门昼夜六时顶礼散花,深味禅观,旛幢象设,华鲸清梵,光明照暎,金碧交错,宣流法音,互为佛事。运使公喜其有成,遂亦拨腴田若干亩助伏腊。以报恩忏院为额，复闻于朝，成宗皇帝赐旨护持，实大德戊戌也。凡住持虚席，听其家选素有道行僧居之。

阅十有四年至大辛亥，住持沙门崇义慨栋宇之未备，欲建大阁，檀户悦从，选雄材，命工师，如所期，而倚天蠹汉。以设四方三圣绀容，至法华二十八品，境像环拥壁间，惟普贤愿王俨居于右上，安奉毘卢藏五千余轴。提举公信心云涌，注想乐邦，课佛无虚日。来请予为记，余则以报恩忏院为名其义何也？曰恩莫大如君亲，报莫越于圣道。闻西方圣人之禅观圆悟，一心该摄万行，推而广之，导物指迷，莫不从化。以斯道报斯恩，不亦善乎！

余曰：秉一心为禅，照万法为观，其为心也。圆湛虚寂，涉入无碍，不可以相求，不可以言诣，舒之则万法即之而彰，卷之则万物依之而泯。自无边刹海，历世古今未有不由斯而一著矣。凡夫迷昧引起轮回迁谢，苦乐升沉，莫之能释。是故，非禅那不足以契诸佛心，非妙观不足以破众生惑。圆觉以三观互推为二十五轮无量寿，以一佛分观于一十六处。始则端坐静室，注想一方，存注不休与想消落，见法界中朗然明了。所以一轮见谛而妙观澄明，一处功成则真佛圆具，如当台镜万像显，而镜无所不照之功；如帝网珠千光聚，而珠绝能收之迹；如是观者，即见清净。愿王玉毫亘天，绀目澄海，如优昙花，如紫金聚，巍巍堂堂，殊特相好，遍界光明，化为香云宝树，楼殿台池，车服器玩，诸庄严具足三昧。行人即闻即见，即觉即知，一语一默，一动一静，皆与无作清净妙观吻然混合者矣。然后即斯妙观于一切时，散作无边庄严佛事。以之报国恩，则圣祚保无疆之永；以之报亲恩，则劬劳超有漏之缠。至若天龙鬼神过现未来，冤亲贤圣，草木昆虫，凡有纤恩，无德不报。然此妙观入未来际相续不断，则报恩功德亦相须而无尽者焉。递援笔直书，以为记。泰定二年乙丑二月初四日，通议大夫、前福建路总管兼府尹方回撰，赵孟頫书并篆额。

（录自清嘉庆瞿中溶编《鹤沙瞿氏族谱》第三卷《旧德录》）

赵孟頫作品选

作者简介

赵孟頫(1254—1322),元朝文学家、书画艺术家。字子昂,号松雪道人,浙江吴兴人。出身宋朝宗室,是宋太祖十一世孙。南宋末年,为真州(今江苏仪征)司户参军。元朝建立后,闲居家中。至元二十三年(1286),赵孟頫应召赴大都,任兵部郎中、集贤直学士等职,后出任济南、汾州、泰州等处地方官。至大三年(1310),复召入京,先后任翰林侍读学士、集贤侍讲学士、翰林学士承旨等职。封魏国公,谥文敏。赵孟頫在诗文、音律、书法、绘画、古物鉴定等方面都有很高成就。他的诗清新自然,在元代诗歌中占有重要地位。他在书法上提倡复古,博采众长,自成一格,楷、行、草书无一不精,有"赵体"之称,对后代影响很大。在绘画方面,擅长山水、鞍马、花鸟、人物。他反对南宋的院体,开一代风气,成为元代画坛的领袖。他的诗文有《松雪斋文集》十卷,传世的书法作品有《仇锷墓碑铭》《许熙载神道碑》等,绘画作品有《鹊华秋色图》《秋郊饮马图》等。他曾寓居于松江,留下了许多墨迹。赵孟頫也游览过浦东,与鹤沙镇的瞿霆发家族有交往,为此留下了多件由他书丹的记碑石刻。

书信作品

与瞿霆发书

都运相公琴轩吾兄阁下:

因松间便,尝具记,承动履;未审得达左右否?新岁计,惟台候胜常。孟頫恃过爱,有白:剡中王吉甫,与不肖三十年之旧,今将走京师而乏里粮之资,求为言晋见。兼闻旧尝趋下风倘辱进而惠顾之,幸甚幸甚。犹塞惟善,获兴息前迓,宏光不宣。正月十七日,孟𬞟顿首再拜。

(录自清嘉庆瞿中溶编《鹤沙瞿氏族谱》第三卷《旧德录》)

铭文作品

松江鹤沙报恩忏院古铁佛铭并序

闻优昙花一现者,盖示祥应焉。昔泗洲僧伽梅长者,贺跋氏床下有宝珠,发地获普光三如来铜像,遂舍所居宅为伽蓝,良有自来矣。今鹤沙云岩长者瞿公霆发,至元辛卯建报恩忏院,开土得铁佛,高尺许,相好殊特,土蚀固久,而眉目宛然。众咸惊异,以为祥应之兆。时营缮方殷,安奉不克。越三十年,延祐庚申,住山沙门宝乘,布金设像,拥莲花座,崇于杰阁,缁素瞻仰,曾不虚,优昙花之嘉征也。乞铭于西天目山幻住道人明本,乃为铭曰:凿开混沌兮,现莲池;优昙应瑞兮,花一枝;后三十年兮,采彰施;奉之高明兮,光陆离;大众瞻向兮,奇愈奇;海神耸敬兮,仰慈威;六时讲贯兮,光四垂;象教倏张兮,昌永其。至治二年正月望,翰林学士、承旨荣禄大夫、知制诰兼修国史赵孟𬞟书。

(录自清嘉庆瞿中溶编《鹤沙瞿氏族谱》第三卷《旧德录》)

杨维桢作品选

作者简介

杨维桢(1296-1370),字廉夫,号铁崖、铁笛道人,又号铁心道人、铁冠道人、铁龙道人、梅花道人等,晚年自号老铁、抱遗老人、东维子,会稽人。元末明初著名诗人、文学家、书画家和戏曲家。他曾寓居于松江并到浦东游览,为浦东留下了许多记文。

记文作品

白云窝志

鹤沙陈仲良甫居白沙之上,于居之西偏有室斗大,墁以雪色泥,包幂混沌,若太古雪窟。予过白沙,将揽秀于海蓬三素。仲良宿余于其所,因命曰"白云窝"。明旦,良出卷求志。余闻古至人骑龙白云乡,云未窝也;贞白先生自怡于积金山中,云亦未窝也;至希夷处士托封于华山之居,云亦未始窝也。良之窝虽取诸云,而云则洞雪之假耳,又何以窝为?盖君子之妙用,用诸物而不物于物,万物森然在天地间,皆备于我,庸讵知窝之云果不为的雪,雪之果不为云也耶?良得窝于二物之外,则贞白、希夷之云亦物之长耳,况世之金玉、绮绣、仓廪、邸第,直云之浮者乎?良悟之,曰:"达哉,先生之言!请书为志。"至正庚子冬十月三日,会稽杨维桢在兰雪堂,奎章赐墨书。

归幻亭志

鹤沙有精舍名香林者,主僧为大猷,号雪舟,以吾徒钱鼐介绍谒记,曰:"猷始祖云者,自北净土来,卓锡于兹。自云至猷,相传凡二十有五世,世之相后,凡二百有余年。其二十四世之委蜕者,皆露冢草莽中,猷每见之,恻焉怆焉。吾门之葬而不能葬者,必塔以同穴,且以示不忘于后。于是斧木构亭,□石为塔,下窆方井,敛二十四世之蜕内诸窭,表其塔曰'二十四师之塔',亭曰'归幻'。三月而工毕,时至正二十年冬十月也。非托儒先生之言,惧后吾者无以溯其先也。"余曰:"葬者,藏也。吾教马鬣之、堂斧之,不尔者为不孝;汝教又屋之、塔之,不尔亦为不孝,孝之不可已也如此。吁,古者掩骼埋胔,王政之所不废。祝一祖之承,承者其忍弃之哉?然'归幻'之名,汝教之言也,今欲愍尔先而又以幻名,无乃不可乎?虽然,成住者必凛凛,幻之所由名。汝以幻观幻,亭亦幻,塔亦幻,推是以往,万物莫非幻。天地坏于二十万龄后,亦一大幻也,矧王侯与蝼蚁同归于尽者哉?吾歌《雍门之歌》于汝,幻不无感者矣。"言未毕,猷起谢曰:"大哉,先生之言,足以发吾之教蕴矣。请笔为记,以刻诸石。"

蒋氏道本传

上海县之南,其聚曰鹤沙,有蒋氏女名道本,生元统甲戌。自幼慕浮屠氏法,年十三,梦白衣大士摩其顶曰:"汝有身毒国夙缘,当出尘受五戒。"且锡其名"道本"。觉,白于母,请剪结为杜多。即绝荤为沙弥尼,日夜诵梵经若干卷,戒行严甚。越八年,一日告诀于母曰:"本某年某月某日某时当逝。"求净祝发。二亲遂其请,至期,沐浴更衣,趺坐化。时午二十又一,至正甲午三月二十八日也。荼毗日,五色烟起,舍利如凝珠,异香竟日不散。远近送者以千数,无不惊异其事。瘗其骨里之大悲庵北,上产灵芝,阅岁不凋。噫,浮屠夷现化事,儒者所不言。余亲至其里见蒋父,谈所异,出舍利颗合中,与昔庞氏灵照女事同,亦可以警吾徒道以成者或不如也。因援笔录之。本母名德善,年四十即净心,至六十终,亦预知死。

真镜庵募缘疏

宓以真镜庵百年香火,大启教宗。高昌乡万灶人烟,均沾福利。率尔历星霜之久,竭来见兵燹之余。虽有天隐子手握空拳,必仗富长者脚踏实地。青铜钱多多选中,只消笔下标题。黄金阙咄咄移来,便见眼见突兀。栖宿四方云水,修崇十地功勋。近者悦,远者来,咸围法王无遮之大造。书同文,车同轨,仰祝天子一统之中兴。谨疏募缘,天隐子。撰疏并书,铁道人。

（注：真镜庵在浦东高行镇,今尚存银杏树一株。）

告镇公文

维洪武元年夏六月庚子朔越十有九日,阳友抱遗老人杨某,谨持瓣香之敬,告于静庵大法师镇公之灵曰:尚记公住猊峰日,予遗公之诗曰:"雨花堂上碧云合,清唳庭前白鹤归。"公首肯之,以为老坡十四言。大胜山门一疏。今示寂矣,诗落梦境,谨以瓣香拜公影堂,举旧诗案,咏公"天寒白鹤归,今其何往；日暮碧云合,招之或来"。尚享。

（注：静庵镇公系浦东高行真镜庵住持。）

静庵法师塔铭

师讳元镇,字静庵,号净住老人,俗姓杨氏,世居上海县高昌里。十岁即超然有远思,从里中省庵问公祝发,已而参南竺山大用才法师,得性具宗。乘青年道价丛林僧省起之时,思值世巇,归休故山者三十年。帝者师问其人,锡以"佛智妙辨大师"号。至正辛丑,僧阄主天竺之兴福,未几复退海滨,筑净住精舍,置历祖经钞数千卷,昼夜课阅,不少怠。丁未,新天子命相臣分渊方面,又以耆德高行聘住天竺大普福。阅三月,觐京师,燕见天子于乾清殿。亡几何时,即丐归海上。一夕,以偈谢诸徒曰:"七九六十二,光阴一指弹。浩歌归去来,清天月如水。"掷笔翛然而逝。性颖悟,内外典无不究极其旨。凡檀施钱帛,随得随与,箧无铢金寸缕之积。钜卿大吏,及黄发卯童,咸得其懽心。晚年既厌浊世,方将集诸徒,效慈云尊者,修止观三昧,以寿吾。

静庵法师小像赞

受具于龙洲,发轫于凤丘。滨西乾之教泽,嗣南竺之宗猷。论其苦行也,庶乎烽措之叟。其文禅智辩也,则亦甘露灭弥天老之流欤。

上海县鹤沙义塾记

松支邑为上海,民业渔盐,或沓骛弗率,而隆睢衍泽,气不沉越。畴子姓多英发尚义,遇贤令长,事之如古君臣礼。至正庚子,何侯来领邑事,首进民父兄曰:"斥卤萌□□□□□,有赤子龙蛇,吾一教训之。"又申戒曰:"吾以邹鲁待邑,邑人不以邹鲁自待者,吾于贤不肖有别已。"视政三月,即理泮学,化及东乡甲姓凡十家。乡之校在鹤沙者,乡人瞿氏某之创始也。兵燹来,仅遗礼殿,础倾栋挠,业明仆矣。辛亥春,侯劭农于郊,因集民父兄视其地,慨然有感曰:"塾之废,历长令凡若干人,无起之者,其有待于余乎?汝民父兄,其力相吾志。"首捐俸为倡,而十家者随之,争持酒肴文书遮马首,各出主名领事:建礼殿者某,斋序门庑者某,塑圣像绘从祀像者某。材甓大具,工徒聿兴,不五六月,瓦砾之区化为轮奂之观。择士之行可范俗、言可辅教者,为之塾主。又效学制,设大小两训师,弦诵其子弟员。是年秋八月,侯率僚友讲舍菜礼,落成之顷,状其废兴始末,以记请予。余以侯政知所本,乐述其美,以晓在位者,故不辞。古者六乡六遂有庠序之制,下至二十五家为闾,亦有左、右师居于门塾。今之乡塾,即闾师之教,命之曰"义",其又必以义起。礼义广教,振今而先古,亦盛矣。为我告闾师者曰:"毋以野薄其民,毋以古教道自叛,毋务饫厥家以饥徒。"告其为子弟者曰:"毋以鄙贱自弃,毋以嬉不从先生长者规,以员吾邑大夫淑民之德,以待先生育英之望也。"请以书诸石为记。侯名某,字子敬,海陵人。前佐昆山、长洲,皆卓有政绩。缵其事者,主簿杜某。主塾大训师钱某,次韩某。甲姓之主办及舍赡廪田者,朱坚某等也。侯属以敦匠事者,郡人刘明也。赡廪田凡若干亩,刻碑阴云。

在春窝志

吾老友朱瀛洲氏有孙听,字孟闻。自幼喜读书,长嗜古学,崇其读书之窝曰"在春",取前闻人光庭传程子语也。不远百里谒余春云阁,求一言志其窝。余谓夫子之春,稍见于云淡风轻之际,若点之咏归者是也。光庭得之,非得于一时声音笑貌间,春盖有尽矣,非玩心化原,弄丸于三十六宫,而登台于熙然者,不知是春也。代有尧、杰、周、秦、战国、两汉、操、莽、五胡、南北、唐、五季、宋、辽、金,上下数千百年,离合成败之不同,而是春未尝一日而绝且灭也。其或不得于天下,而仅得于一室;不得于终身,而暂得于一日一月之顷者,亦顾其受于春之浅深者何如尔。吾喜生疏财决义,有林回掷璧之量。其出语成章,未尝有毫毛无滲不平之鸣,故于治乱消长、用舍得失之际,未尝不与春而熙然也。吾知其得春之在不诬矣,遗之以诗曰:祥风其游,甘雨其润。符斗于东,玩易于囊。城郭有移,河山有改。三十六宫,我春长在。

尚夷斋铭

鹤沙朱生听,尝过予春云阁论诗曰:"某为诗贵厄奇,如武安纵怒于火牛,淮阴薄险于背水。不尔不收厄奇功,故水无汤,以峡束;树无鸣,以风挠。黑蚖脱,年见春,瞎涂毒一挞问者丧,诗尔然。"覆其所著,大抵诗不厄奇不脱颖,不脱颖不绝俗,奇矣哉用才,俊矣哉用心也。予曰:"若是则诗之境亦隘矣。尔家前闻人乔年公,一代俊才,语不郁怒语不出,晚乃玩心于天和,转峻迫为雍容,佩夷之功也。生积岁月于右曰年,则诗境远而诗才裕如也。"听起谢曰:"愿以学诗,斋额曰《尚夷》,亦警吾之祖教也。"明日,诗轴来请,铭之曰:木以绳而正,弓以撒而柔。车以规而转,舟以篆而浮。惟不夷也,绳撒之在,规篆之繇。惟淑德优,而况乎翰墨之游?

榆溪草堂记

至正庚子夏四月,余东游鹤沙,回舟顺流下黄龙浦,又东抵榆溪,见大榆数百章,皆百年物也。雨余新绿,翁郁若屯旌拥幄。树底构草堂一所,堂主者陶中出迎客,供茗饮休。书充屋栋,茶灶笔床环左右。又将客步后园圃,花树红白刺入目,折殿春玉桃花一枝供客。是夜,遂宿草堂,明旦千余记草堂之号。彦伦尝构诸钟山,杜甫亦构浣花矣。然鸣驺入谷,而山灵见移。脱巾据床而几不免祸。天下草堂万万也,而享有其身者鲜矣。唯尔祖靖节翁自彭泽来归,门种五柳著传以自,况义熙之节,良史书之。今子孙不堂柳而堂榆,榆视柳等也。乌知异日不有传榆溪先生在龙浦之东,如传晋处士于五柳者乎。中曰,某不敏,焉敢望吾前之人,请记为堂以为警。

(注:榆溪草堂在浦东。)

野人居记

会稽隐君有吴辙氏者,博雅好古,业医。值丧乱,家于淞之陈溪。溪之左右皆旷垠之野,叠石为阜、潴水为池、决沟灌花、荷锄莳药,逍遥徜徉,惟意所适。或与樵牧友,或与麋鹿群,人因目之曰野人居。请予一言以为志,予谓野非直郊外名也,圣人常以比仲由,而又从先进之野。盖野而叛教,圣人所嫌;野而胜华,圣人所取。辙之野何居?辙曰某之野,郊外之名耳。焉知圣人所取哉?圣人论野于质,某将论野于趣。趣乎趣乎,非东处于旷垠之野能之乎?盖将尚友乎古之魏仲先辈之流欤?若李平泉、裴午桥、司马独乐,则我岂敢?因录以为记。

(注:野人居在浦东高桥。)

五桧堂记

至正庚子孟夏某日,予过黄龙浦,游海上,观三神山,经南北蔡。蔡之北者有大族婿者徐亨肃,予至其家,入其门则深庭别院,举木天也。已乃览其园池之胜,林木蔚葱、水石联络,遂燕一堂,亨拜请曰:"堂未名,惟先生名。"予视堂阴五桧者,东轩老人之手植也,因名之曰"五桧堂"。又请曰:"堂既名,不可无志,惟先生是措。"吾闻东轩老人好修洁,精于物理,加之该博文史,折节待海内士,必延饮五桧下。人问桧,则曰:"槐之三显之必于天者,松之七隐之必于人者,柳之五又出天人隐显之外,而以纲常之隆替为进退者。吾之进退未尝必于天,亦未尝必于人也。天之所以与吾者,果不可必乎脱五乘化。而画五桧者郁然于庭,使后之人见之,岂不求之于五桧七松之间耶?"是则予之命堂以五桧,或者东轩之人其有待余于冥数者。是桧也历已百年,皆森耸奇崛,鬣而鳞,瘿而轮,八臂九首而龙其身;节甚贞,气甚清,掌月而珠擎,窍风而籁声,饕雪而铁撑,于以胚松柏之云仍,而要岁寒之盟者乎!"言未毕,亨起谢曰:"是可与五桧写神已,请书为记。"

(以上13篇录自《全元文·杨维桢》)

王逢作品选

作者简介

王逢,字原吉,江阴人。父为松江库司,王逢于元至正二十六年(1366)自横泖迁居上海乌泾。在乌泾建有最闲园,自号最闲园丁,又曰席帽山人。其祖母徐氏尝手植双梧于故里之横河,王逢因名其居曰梧溪精舍。著有《梧溪集》七卷。

诗词作品

浦东儿女行

浦东巨室多豪奢,浦东织女长咨嗟。男丁循俗各出赘,红女不暇亲桑麻。鹁鸪呼雨楝花紫,大麦饭香胜小米。一方青布齐里头,赤脚踏车争卷水。水低岸高力易歇,汲水上田愁漏缺。谷种看如瓜子金,野鸦不衔田鼠窃。草黄衣薄风披披,日色照面苍烟姿。南邻北伴更贫苦,糟糠糜粉随朝齑。阿婆送茶相向语,巨室新为州县主。妻拜夫人婢亦荣,绣幰朱轮照乡土。牛羊下来鸡欲栖,汪汪眼泪数行啼。女自身长苦非一,归路白杨斑竹西。

(录自清乾隆《南汇县新志》第十五卷《风俗》)

朱仲云作品选

作者简介

朱仲云,一作士云,元末避张士诚之乱,隐居石笋里(今浦东新区新场镇)。

诗词作品

元日登上方山

万象开新景色饶,辛盘椒酒醉芳朝。
绝无冻雪欺梅蕊,只有和风上柳条。
古庙衣冠争日月,上方钟鼓出云霄。
未能随俗轻投刺,岂肯逢人便折腰。

子昂碑

片石崚嶒几百秋,临池宗室昔曾游。
断碑不解兴亡事,冷落寒烟土一邱。

石笋滩

不见沙头洗玉瓶,闲移小艇吊江灵。

豪华消歇今非古,依旧春风岸草青。

(以上3首诗录自《海曲诗钞》第一卷)

陈椿作品选

作者简介

陈椿,浙江天台人,元代时曾任浦东下沙盐场监司。在任时,依据前人所作的熬盐图谱,增修成为《熬波图咏》,是一部讲述海盐生产技艺的专著。该书现存有47幅图,每图有相关说明文字外,陈椿还撰有一诗。

诗词作品

熬波图咏·各团灶舍

东海有大利,斯民不敢争。

并海立官舍,兵卫森军营。

私鬻官有禁,私鬻官有刑。

团厅严且肃,立法无弊生。

熬波图咏·筑垒围墙

立团定界址,分团围短墙。

垒土为之限,开沟为之防。

版筑已完固,厥土燥且刚。

团门慎出入,北军守其旁。

熬波图咏·起盖灶舍

筑团未脱手,榤舍又兴工。
运茆上高屋,奋泥矮墙东。
所喜手脚健,敢言腰背慵。
何以门东南,盖以朝其风。

熬波图咏·团内便仓

便仓以便民,规模在经始。
地土既高燥,水港亦通济。
砖壁连屋山,瓦沟建瓴水。
众灶各设仓,公利私亦利。

熬波图咏·里筑灰淋

百炼无生泥,万杵皆实地。
池井既坚牢,里筑又完备。
作劳口舌干,咸水觉有味。
早知作农夫,岂不太容易。

熬波图咏·筑垒井池

凿井以潴卤,井欲实且坚。
又恐风雨至,炼泥包四边。
小块少者抱,大块壮者肩。
临归鞭又鞭,恐为蝼蚁穿。

熬波图咏·盖池井屋

穿凿池井完,上盖数椽屋。
老妇挽茅柴,壮丁担竹木。

檐楹苦著地,难用擎天柱。
固非人所居,但防天雨雨。

熬波图咏·开河通海
平地海可通,要非一日劳。
成云举万锸,落地连千锹。
水性元润下,满沟来滔滔。
海水无尽时,要在人煎熬。

熬波图咏·埧堰蓄水
今晨海多风,潮水来浩瀚。
未作西头埧,先捺东头堰。
蓄水不患多,将以备烹炼。
复防有泛溢,适中乃为善。

熬波图咏·就海引潮
人言只手河可塞,我见众力海可通。
东南财赋大渊薮,货财所殖源无穷。
海波万顷取无禁,千夫奔锸来如风。
须臾引海出平地,非人之力天之功。

熬波图咏·筑护海岸
去海无十里,水可狎而玩。
曾闻十年前,沸腾无畔岸。
所以预堤防,不独为水患。
煮海且富国,民力惜有限。

熬波图咏·疏浚潮沟

长柄枕楒短柄锹,开深八尺过人头。
但得朝朝水满沟,一生甘作泥中鳅。

熬波图咏·开辟摊场

盐事有先后,首当开摊场。
深犁辟两岸,坚堑壅四傍。
细草不留根,咸波无清光。
但恐人力疲,牛疲亦何伤。

熬波图咏·车水耕平

场面有凸凹,水力均浸灌。
车声接海声,鸦尾衔欲断。
将来晒灰时,恐有不平患。
但愿天公平,无水亦无旱。

熬波图咏·敲泥拾草

拾草草叶空,敲泥泥粉碎。
虽如镜面平,犹恐蚁穴坏。
十指尽皲瘃,那复问肩背。
抛却犁与锄,平地且拾芥。

熬波图咏·海潮浸灌

浙东把土刮,浙西将灰淋。
开得摊场成,车引海潮浸。
土润碱花生,地瘠咸波渗。
煎盐工力繁,惟此艰难甚。

熬波图咏·削土取平

潮泥不厌捣,细草不厌刬。
四方贵匀净,一孔防漏绽。
牛间卧碌碡,鹿过绝盯畦。
不日即兴煎,盐事不可缓。

熬波图咏·棹水泼水

灰场欲润不欲干,长绳戽海海水翻。
分沟通流护场面,平铺灰了摊复摊。
就场棹水仍泼水,却恐风来一扫间。
健妇肩灰何火急,不顾饥儿扳担泣。

熬波图咏·担灰摊晒

海天无风云色开,相呼上场早晒灰。
满场大堆仍小堆,前担未了后担催。
少妇勤作亦可哀,草间冬日眠婴孩。
正苦饥腹鸣如雷,转头饁妇从西来。

熬波图咏·篠灰取匀

筑场才罢随上灰,灰如细尘地如席。
更持长篠轻拂拂,灰中莫有块与核。
一片灰场几经手,壮者尪羸肥者瘠。
飞扬最怕海边风,不怕天边日头赤。

熬波图咏·筛水晒灰

风日太燥灰欲飞,灰底太湿生地衣。
老丁调停视干湿,或晒或洒随其宜。

长撩取水信手泼,灰不至死长含湿。
水匀不燥亦不湿,明朝卤成咸到骨。

熬波图咏·扒扫聚灰

扫开扫闭秃千帚,推去扒来穿两肘。
百堆千堆乱人行,一尝再尝碱人口。
千夫上场争晒灰,晒灰亦有高低手。
尔曹慎勿叹苦辛,明日成盐此其母。

熬波图咏·淋灰取卤

枕灰上担去复还,倾灰满淋高如山。
小池蓄水待浇泼,外面虽湿中央干。
灰如命脉卤如血,血与命脉相流连。
便须载卤入团去,官司明日催装样。

熬波图咏·卤船盐艒

大艒小艒名虽共,盐艒卤船各适用。
卤船浅浅构作舱,盐船实实装其胴。
灰卤附团便宜轻,盐醝到仓远而重。
也无桡桨与风帆,篾缆牛牵运防送。

熬波图咏·打卤入船

大池小池无著处,相呼上卤入团去。
舴船满载百余石,艚船塞港百余只。
看船人丁才得闲,牵牛从此无余力。
最喜长年老怕事,满船不敢偷涓滴。

熬波图咏·担载运盐

担夫负担赪两肩,两牛拽船行且鞭。
人力不甘牛有力,岸旁水底争相先。
牛肥且健不惜力,担夫惟愁桶底穿。
日西比及到团前,牛却长叹人无言。

熬波图咏·打卤入团

团前运卤船衔尾,上卤分沟入团里。
长笕短笕断复连,行地滔滔如注水。
今年天道好晒灰,那更淋灰清彻底。
试来入口十分咸,守煎欢赏管煎喜。

熬波图咏·樵斫柴薪

黄茆白苇地,一望百余里。
长镵莹如雪,动手即披靡。
纵横卧荒野,海风吹不起。
虽有菅与蒯,亦毋弃憔悴。

熬波图咏·束缚柴薪

平明加束缚,委地何纷纷。
一亩当几束,一束当几斤。
一际万余束,际际连青云。
余草任狼藉,待与樵者分。

熬波图咏·砍斫柴芏

黄茅斫尽盐未足,官司熬熬催火伏。
有钱可买邻场柴,无钱之家守盐哭。

茅根得雨便未衰,昨日犹短今日齐。
乱包急束少作堆,三寸五寸寻柴生。

熬波图咏·塌车辖车

千牛密攒蹄,车声雷长堤。
担夫欲争道,长驱与之齐。
束草如山高,牧子犹嫌低。
陆地行尚可,可怜行深泥。

熬波图咏·人车运柴

塌车无两轮,陆地行如飞。
肩拖与背负,右挽仍左推。
家家牛正忙,不念人力疲。
运柴恐不迭,一日知几回。

熬波图咏·辖车运柴

平明驱群牛,驾以大小车。
车上何所有,束束黄茅柴。
行行亦良苦,牧竖不停挝。
空车晚归去,牛背载寒鸦。

熬波图咏·铁盘模样

方盘虽薄容易裂,圆镬虽深又难熟。
不方不圆合而分,样自两淮行两浙。
洪炉一鼓焰掀天,收尽九州无寸铁。
明朝火冷合而观,疑是沅江九肋鳖。

熬波图咏·铸造铁䋺

大䋺大小十余片,中盘四片小盘二。
谁将红炉生铁汁,泻入模中随巨细。
神槌击后皆有用,良冶收功在零碎。
闲看炉鞴弃荒郊,当时闹热今如水。

熬波图咏·砌柱承䋺

灰泥炼得如蒸土,巨砖为驼石为虎。
四垠打就围火城,中间屹立承䋺柱。
此时筑打不加工,他日难禁大火聚。
满盘白雪积如山,不比金茎但承露。

熬波图咏·排凑盘面

形模本浑沦,何乃散而聚。
世无乌获力,万钧未易举。
片段合凑成,冶工费镕锢。
虽曰小铁驼,能补空阙处。

熬波图咏·捞洒撩盐

火伏上则盐易结,日烈风高胜他月。
欲成未成干又湿,撩上撩床便成雪。
盘中卤干时时添,要使䋺中常不绝。
人面如灰汗如血,终朝彻夜不得歇。

熬波图咏·干䋺起盐

大䋺未冷火初歇,轻轻划䋺休划铁。
有如昨夜未完月,妖蟆食破圆还缺。

又如水晶三角片,又如蒸饼十字裂。
正愁天上多苦雾,却喜海滨有咸雪。

熬波图咏·出扒生灰

死灰不复燃,生灰犹未死。
昨朝火窖中,今日冷如水。
莫嫌灰担重,积灰那忍弃。
晒干再下淋,又作还魂鬼。

熬波图咏·日收散盐

一日煎几何,一日收几多。
但忧办不上,不独遭讥诃。
日课有工程,官事无蹉跎。
月月无虚申,不敢连司醝。

熬波图咏·起运散盐

散盐如积雪,地上数百堆。
关防少不密,囤门或夜开。
多备牛与船,加以人力推。
总仓有统摄,不招还有来。

(以上42首诗录自民国版上海通社刊上海掌故丛书《熬波图咏》)

明代作品选

朱木作品选

作者简介

朱木,字楚材,号静翁。仲云孙。明太祖以驿马聘用,多运筹功。永乐时上安边十策,深见嘉奖。

诗词作品

早行

晨鸡未喔客先起,冒雾冲风不自由。

独怪野花殊得意,一丛枳棘挂牵牛。

(录自冯金伯编《海曲诗钞》第二卷)

黄翰作品选

作者简介

黄翰,字汝申,居南一灶。永乐十年(1412)壬辰科进士,官至山东按察使。善隶书,《书史会要》评其书尤工章草,笔力雄健。

诗词作品

渡华亭谷与泖塔僧夜话

凤凰瞰朝曦,天马嘶春风。登高既已适,长水遥相通。眷兹苍茫间,涌出蛟龙宫。飞帆向孤屿,色界凌虚空。半夕无生话,诸天不染中。相对转法华,何如逐转蓬。

庐山

松风瑟瑟马频嘶,偶得乘闲到虎溪。
空谷断崖无鹿过,落花芳草有莺啼。
飞流带雨泉声急,绝顶盘空鸟路迷。
俱是洒然幽绝景,不知何处合留题。

焦山望海门

一气中分造化均,凌波双峙玉嶙峋。
遥连海上神仙宅,不著人间市井尘。
月白天空涵兔影,风恬浪细蹙龙鳞。
浑疑咫尺银河近,便欲乘槎一问津。

(以上3首诗录自《海曲诗钞》第二卷)

李清作品选

作者简介

李清(1433—1485),字希宪,长史李伯玙子,明景泰元年(1450)中举人,明景泰五年(1454)甲戌科进士。历任工部主事、南京刑部郎中、四川右参议、四川左参议等职。著有《武经七书注释》《蓉轩集》《自警篇》等。

诗词作品

送荆州赵太守携家之任

雨歇石头城,春潮向晚平。

一麾迟楚塞,千里挟秦筝。

橘暗龙州近,舟浮夏口轻。

清风如可颂,杜若满江城。

（录自《海曲诗钞》第二卷）

钱福作品选

作者简介

钱福(1461—1504),华亭人,居聚奎里,明成化二十二年(1486)中举人,弘治三年(1490)中进士,廷试得状元。官翰林院修撰,年四十四卒,著有《鹤滩稿》。钱福之父钱中为明成化四年(1468)举人。钱家与谈家有姻亲关系。由志书记载及诗序而论,钱福的这一章哀诗写于明弘治十七年(1504)。据明崇祯《松江府志》第四十八卷《历代墓记》所载顾清撰的《钱福墓记》所云:"先生生三十而及第,三年而告归,又四年而致仕,又七年而终。"据此而推,钱福卒于明弘治甲子,即弘治十七年(1504)。与谈伦同一年逝世。钱福悼念谈伦的这一章哀歌写于其四十四岁时,即其逝世这一年。钱福八岁即能写文章,长大后,其文更闳肆,凌驾古今,波澜横溢,锋焰逼人,有万夫莫御之势,而义理精核,情景切至,剪裁融化。恒言近事,名理灿然。名满天下,从者如云。谈伦,居浦东召稼楼西鹤坡里,明天顺元年(1457)中进士,官至工部右侍郎。建朋寿古园,钱福所作哀挽诗后刻在奇石"朋寿峰"上,该石现存于闵行区莘庄公园。

诗词作品

挽谈伦

英皇御宇罗俊英,特遇奇牧俱驰声。敷贻丰芑到宪庙,丝纶则李王铨衡。王公笑比黄河清,我公独尔事与成。继之者崔延到尹,一脉相业襄承平。奔走道德公独宜,两尹京兆冗务知。举端寻绪如理丝,至今立则垂所司。司空再陟惬群望,财赋手握内帑仰。顿教国足民不亏,当伫自有均衡想。天不佑贤无全人,侧目雕鹗立紫宸。逐党拔本肆所怀,遂令王佐闲海滨。范蠡谢国身觉轻,故智未忘鸟得情。养鱼种树广栽秋,醉倒华堂祝太平。教儿睦族霑余施,直欲一方无所事。心事未究敢怨天,付与儿郎有余地。儿郎鸿渐征九重,亟拾芳躅忧忡忡。承颜养志人不同,忽尔辞去天无功。天岂无功地有力,不到栽者不培植。儿郎袭芘当继芳,天意方浓人不及。吾侪依仰曷所从,质典问故羞匆匆。而今叩门朋寿峰,峰泠花发惨无容。我半公年亦已矣,公今化去还从龙。

少司空谈先生七十余,无疾坐化,厥子田哀之甚。予以吾子妇姻过问,夕听哭奠声不自安,仰追其所旧述及少年所得诸先辈者,作哀挽一章。同郡钱福书。

(该诗作于明弘治十七年,录自"朋寿峰"石刻)

赵松作品选

作者简介

赵松,字天挺,居陈村。弘治六年(1493)癸丑科进士,官至太常寺卿。

诗词作品

送都谏张时行使交趾便道觐省

日毂巍巍开常座,天书冉冉动蛮林。
花明丹阙传双锦,草媚春晖护寸心。

赤县旌旗南斗近,绣衣光景北堂深。

未须重译通周贡,早报垂韬听雨箴。

(录自《海曲诗钞》第二卷)

朱元振作品选

作者简介

朱元振,字士诚,号寿梅,朱木之子,居新场。著有《寿梅集》,文徵明为该集作序。序中云,寿梅诗清新尔雅,缘情写事,随物赋形,命意铸词,无一沉语。盖生在宣德正统间,隐居求志,外无兵戈之扰,而居有丘樊之乐,文酒燕游,亲戚情话,发而为词,迂回冲远,无有吁咈,真鸣盛之作也。

诗词作品

江村偶成

绿杨柳风清昼长,幽人放棹来寻芳。遥岑一碧雨初歇,水波不动含天光。沙鸥洲鸟自翔集,汀兰岸芷飘春香。颉颃紫燕拂云舞,落花飞絮随悠扬。斫鳞煮酒纵为乐,泠泠鼓枻歌沧浪。醉来坐观天宇阔,此身如在蓬瀛乡。神怡心旷总无碍,纷纷宠辱俱相忘。人生此乐能有几,双轮瞥电成奔忙。

鹤坡烟树送友归吴门

前坡鹤去已多年,古树凝辉尚蔼然。

清唳不闻秋夜月,绿阴空锁晚堤烟。

霜余赤叶明朱顶,梦断遗音隔远天。

对此不堪君又别,相思先寄暮云边。

夜泊乌江渡

舟转西流似急梭,江风入夜卷层波。
千年伯气消磨尽,百战山河感慨多。
断础残碑遗古庙,落花啼鸟付悲歌。
渔郎不解英雄恨,独醉苍苔卧钓蓑。

题画

万里遥天雨乍收,水云乡里著扁舟。
酒阑坐看南飞雁,影落澄河数点秋。

(以上4首诗录自《海曲诗钞》第二卷)

张谷作品选

作者简介

张谷,字济民,号谦斋,十七保人,其祖父为监察御史张衡。成化四年(1468)考中戊子科举人,成化十一年(1475)考中乙未科第三甲第一百十七名进士,授中书舍人,后官湖广参议。著有《张谦斋诗集》。

诗词作品

题画

爽气来天末,清晖浣客颜。
停车看枫叶,日暮未知还。

(录自《海曲诗钞》第二卷)

陆深作品选

作者简介

陆深(1477-1544),字子渊,号俨山,浦东洋泾人,今浦东陆家嘴因陆深及其家族居此而得名。明弘治十八年(1505)进士,官太常卿、兼侍读。世宗南巡,掌行在翰林院印。进詹事府詹事。卒,谥文裕。陆深学术研究精深,除去书法理论和艺术实践外,其史学研究最突出。著作有《史通会要》三卷、《玉堂漫笔》三卷、《俨山集》一百卷、《俨山续集》十卷、《俨山外集》四十卷、《陆文裕公文集》和《江东藏书目录》等。《四库全书总目》予以较高评价:"今观其集,虽篇章繁富,而大抵根底学问,切近事理,非徒斗靡夸多。"陆深自己论文也说:"文章虽小技,要之天地灵秀气,借吾泄之笔端,苟不出之胸襟,何名作家?"陆深家藏甚富,名其藏书楼为"江东山楼"。

诗词作品

自题后乐园八首

（一）

十旬高卧画楼东,曲曲栏干面面通。
远暝欲成梅子雨,晚凉初动楝花风。

（二）

人闲何处无风雨,老去才情减十分。
半月不曾梳白发,熏笼添火暖香芸。

（三）

水云烟月市桥西,菱角荷钱已满溪。

读罢黄庭三百首,人闲茅屋午时鸡。

（四）

倚空楼阁枕西郊,新筑方塘漾柳梢。
忽有山童报奇事,一双孙子鹤成巢。

（五）

背山亭馆跨山桥,杨柳风多当舞腰。
一榻夜凉人不寐,隔窗疏雨滴芭蕉。

（六）

一楼风雨独离群,药里诗囊酒半醺。
渔浦一篙翻白雪,麦田千顷湿黄云。

（七）

熟梅天气昼阴阳,帘卷湘筠一径深。
十二栏干闲倚遍,晚来多少水云心。

（八）

望中城郭故依依,乔木千章水合围。
风动海门闻鹤唳,鲈鱼正美客南归。

初夏

绿阴庭院昼初长,药碾丹炉按古方。
病后精神浑爱惜,闲来文字费商量。
自携藜榻安风背,新作茅堂向水阳。
子鱀正肥斑竹笋,欲将身世老江乡。

初秋夜

随身枕簟绮窗虚,映水楼台晚浴初。
梦里已无投笔事,闲来如有绝交书。
看低北斗知宵永,惊早西风是病余。

家在吴淞江上住，底须天际忆鲈鱼。

秋兴

摇落年光急暮笳，得开怀处是还家。
新凉门巷堪罗雀，旧业园田学种瓜。
南浦风波看白鸟，东篱消息探黄花。
疏慵莫道浑无事，袖手犹能领物华。

怀江东山居

知非知命复知还，不负青青屋后山。
无数好花临水净，几群娇鸟弄春蛮。
子云辞赋终成悔，摩诘图书早占闲。
爱杀江楼无一事，重帘长获白云间。

雨中楼居

惜春心绪雨连宵，作阵飏空势转骄。
晚向梅花愁烂漫，早从桑土念飘摇。
行人泥滑三汊路，渔子潮平独树桥。
别有好怀高阁里，卷帘香雾倚云霄。

题南庄号

背倚青山面水田，草堂修竹向阳天。
夜深南斗当窗见，雨后熏风掠燕翩。
牧笛农歌俱负郭，西成东作总半年。
主人爱打蒲团坐，一卷庄生秋水篇。

中秋后二夜与姜蓉塘诸友登楼

月到中秋分外清,共登江阁俯空明。
参差渔火遥通海,缥缈鸾笙欲近城。
满目星辰分上下,百年尘世半阴晴。
一樽且尽今宵醉,乡国宾朋倍有情。

十月朔与客泛舟游静安寺

芦子东西野渡边,前朝宫殿赤乌年。
夕阳逗林钟磬响,涌泉堕地珠玑圆。
萧然冠服岂傲吏,偶尔宾从如登仙。
三江禹迹不可问,一舸鸱夷非昔贤。

斋居

园林变夏木,弱躯犹春衣。岂乏四方志,瘏马不能车。偃息沧江涘,水竹既清虚。悟悦有夙契,真诠资简书。翔禽怀佳音,时雨鸣前除。境适谢力遣,迢遥遂忘予。

秋思

空庭萧索帘枕雨,秋色漫漫四山里。
闲花不语伤朱颜,落叶无声风未起。
依稀三五少年游,凤凰台畔临吴楚。
家书自怪满纸题,犹剩胸中数行语。

夏日山居

（一）

柳烟槐雨带斜阳,极浦遥山入渺茫。
溪水涌潮鱼作队,梅风催夏稻成行。

奇书到手添交直,往事惊心免校量。
缥缈有声来别院,小儿新课甫田章。

（二）

小卜山居背郭开,江流面面绕亭台。
树犹若此谁堪待,少不如人老渐来。
一曲缓歌闻白苎,满天凉雨过黄梅。
野情转觉闲方称,愿与君皇乞草莱。

（三）

绿阴树树永田田,坐爱牛羊散远天。
风送潮声来别浦,云收雨脚过平川。
几村茅屋青山处,无数渔舟白鸟边。
不信桃源是何处,每将文字万人传。

游储芋西园池乘月夜泛

峰峦岩壑俯中流,何处三山与十洲。
新雨不妨泥滑滑,好风先送水悠悠。
鸥无机事迎人下,客有高怀尽日留。
向晚星河迷上下,笙歌灯火木兰舟。

赴储芋西等参中途过陈氏庄避雨

合下陈蕃榻,真成访戴行。
燕泥妨马力,花雨弄春晴。
十里缘江路,中年故国情。
不须团盖拥,风檐正云轻。

寓楼寄储芋西

天低岁云晏,故乡复乔居。与子共巷陌,相望一水余。瓦屋正鳞次,石桥亦虹舒。心亲物无碍,会数意犹疏。乾坤本逆旅,日月自居诸。来此饮名酒,相携校诗书。华发不可变,功名等为虚。及时须行乐,政恐不待余。申章示同志,聊以酬遂初。

（以上24首诗录自《文渊阁四库全书·集部207〈俨山集〉》）

记文作品

浦喻

陆子生于海濒,而家于黄浦之上。浦,故松江别流,江湮而浦代。《志》曰,楚时春申君黄歇所凿,因姓其氏。壮游四方,适吴睹五湖具区,北渡大江,逾于河,达于吕梁,然后知水之为理也。海水际天,浦水朝潮夕汐,盈缩吞吐,汇为汀洲,带以百里,湖水汪洋渟泓,万顷一色,漫流四溢,而不见其涘也。江水夹以连山,源远流盛,蛟龙鼍鼋变怪百出,而独力东注。河与江埒,而源益远,流益盛,浊悍若怒。吕梁水搏山而行,崖石锁啮,溅沫崩洘,鞺鞳出声。是故海至大也,湖至澄也,江至深也,河至长也,吕梁至奇也。彼曰浦者,大不能海,澄不能湖,深不能江,长不能河,奇不能吕梁,奚取焉。虽然被之以长风,则惊涛云奔,亦似海；天开浪恬,其出无穷,又似湖；独流勇赴,似江与河；至于潮头秋壮,排空倒岳,虽吕梁或不能及。呜呼! 水之观尽于是矣。余性好水,常慕远者、大者、奇者、深且长者。及东出海,自北而归,复返浦上之旧庐。叹曰,天下有本而末异者,兹物是也。又闻龙门,砥柱瞿塘,滟滪洞庭,皆极天下之伟观,皆未及到,今而后知到焉,亦一览而已也。是故忽于近者,非知远者也,易于小者,非图大者也。作浦喻。

（录自黄宗羲编《明文海》第一四四卷）

柱石坞记

俨山西偏,澄怀阁之下,小沧浪之上,复以暇日周施阑槛,用备临观徙倚之适。有川石者三,高可丈许,并类削成,有奇观焉。因错树之为三峰,中峰苍润如玉弹,窝圆莹丰,上而锐,下借以盆石,有端人正士之象。却而望之,擎空千云,邈焉寡群,岂八柱之遗,非耶,题曰锦柱。傍甃两台,其左曰龙鳞石,苍碧相晕,比次成文,俨然鳞甲之状,森耸而欲化也。其右石,首嫩嫱而婀娜,拱揖有掀舞之意,名曰舞花虬合,而命之曰柱石坞。曲径其下,以通往来。每当朝日始升、夕阳初下,曳杖徘徊,聊以寄吾孤岸之气,时时赋王右丞五言短篇,或歌陶彭泽归来词一两,解俯槛观游鱼,为之一笑,意甚乐也。客有过者,相携而共乐焉。疑之者进曰:"古之君子闲居而寡求,今之君子退藏而喜事,是坞也奚取焉。"俨山人复为之一笑,徐应之曰:"夫生有定理,物有定分,各还其分,以归之理,古之道也。兹数石者,遗弃荒林草野之间,蛇虺之所蟠,牛羊之所砺,樵夫牧竖之所践踏,石固无怀悔也。而理有不当然者,一旦起而拂拭之,立者为峰,卧者为岫,欹者、突者为岩窦,圆者中规,曲者中矩,抗者若介,俯者若委,参而列之者若同志,孤者无党,正者不倚,各还于理,斯固其分也。而石亦何加损哉。乃若君子之取诸物也。近而远,相而精,一以贯之,独非古也乎,且予之理是也。役数夫之力,假旦夕之工,高卑以陈,动静以位,清浊以判,治忽以区,夷险以奠,不曰俭操而博取乎!吾子殆求之形迹之际末矣。"客起曰:"概于理。"遂书为记。

(录自《文渊阁四库全书·集部207〈俨山集〉》)

小康山径记

唐风之诗曰无已,太康记亦有之,乐不可极,极者太过之辞也。盖言乐之不可以过也。予谓真乐无过。凡言过者,皆情欲之感也。夫物交于外,欲动于中,而情出焉。顺而无制,然后流连荒亡,沉湎淫佚,无所往而不至。至于伤性命之正者多矣。若夫无为、无求、无思、无虑、无物、无我、无嗜、无好、无方、无体,无所恃而适然,悠然而天和,熙然而春育,廓然而无所于累。夫是之谓真乐,夫是之谓不过。孔子曰:"回也,不改其乐。"曾子曰:"浴乎沂,风乎舞,雩咏而归。"是物也,何过之有。予闲居东海,身境俱寂。既无富贵功名之想,声色货贿之奉兹焉,素薄身之所到,辄有山水竹树之胜,神契物化,恬焉不知老之将至也。四友亭之南,有隙地盈丈,因聚武康之石作小山,具有峰峦岩壑之趣。复作磴路,迂回旁通,可登以待月。退坐亭上可以观雨。客曰:"奇哉山水。宜以小武康名之。"予犹惧此乐之涉于外而至于过也,因题曰"小康山径",且以示戒云。丙戌之秋七月既望记。

(录自《文渊阁四库全书·集部207〈俨山集〉》)

赋文作品

瑞麦赋

仆闲居田野,多见瑞麦,两岐、三岐至五六岐。彼九岐者,得于传闻,殆未之见,云实有之。感兹休祯,作赋一篇。有颂有美、有风有刺,义主劝戒,附于古诗人之谲谏。虽不足以希踪相如、子云,庶东京之流亚也,示我同志,靡得而布焉。

天子正德五祀,孟月维夏,知知子疡发下体,更朔新愈。有客唁焉,登堂三揖,乃掀髯吐论曰:"夫物有异产,事有奇遭。啖肉者不可与论味,眯采者不可与即文。阔哉希乎,今兹之所睹也。子足良苦,抑未之知乎?"知知子蹶然而起,危襟横几,奉客下风曰:"唯唯。愿客诏之。"客曰:"走故农家,五谷是理。爰是弱龄,勤厥四体。今年逾知命,而丰穰凡几。一亩三石,粮莠吐米,皆未若今岁之为瑞也。麦苗芃芃,穟岐为二。扬芒含颖,复为三四。多者五六,将将覆地。东邻一茎九岐尤异。殆淳和之所熏蒸,而上帝用以锡类也。周书异亩,汉歌两岐。陋昔人之夸诩,昭后皇之惠慈。虽蒙白之翁,负玄之老,皆缘亩玩视,相与嗟咨。若走者,齿发犹盛,涉历未广,宜乎惊悸而伏颐也。"

知知子仰屋太息,索然久之,曰:"否否。客何谈之戾也。夫缘物者贵质,敷文者适用。且夫麒凤之希,难以疗饥;芝菌之祥,难以充庖;云锦之烂,难以御寒;蠙蚌之光,难以续膏。是以圣明抑难得之货,壅不稽之言。诚以重本而缓末,弃无益而即有用也。客幸目睹岐麦,津津称瑞。民瘼甚矣,果谁之致,独非客之所观见者乎？试为客语:往岁己,运厄元元。夏耘被垄,淫雨注天。昼夕阅七,飓风相牵。海波怒而山立,江潮喷以骏奔。蛟龙舞于街衢,冈阜沦为潢渊。漂尸横野,浮畜蔽川。千里一壑,万灶绝烟。于是百年之完聚,连邑之生全,化为鱼鳖,葬于鲸鳣者,殆过半矣。暨乎水退,民失故居。沧桑一变,形胜都非。朱门沉其阀阅,碧瓦荡为丘墟。鸟窥巢而不下,狐访穴而重疑。号哭振野,提负沿途。父弃其子,妻别其夫。相与转徙乞丐,奔逐投依。若流星之逼曙,而败叶之辞枯也。于是强有力者,牢朽材于古岸,塞行潦以腐薪,依湿林为栋干,缀败席为闼闱。溷爨无别,卧食不分,什并为五,弃仇讲邻。相依为命,枵腹连旬。野无留菜,树不遗根。侥幸于万一,苟活于旦昏。尔乃积阴郁结,隆冬盛寒。层冰千尺,竹柏枯干。岂祝融之故都,为玄冥之停骖。何暖暖之阳国,顾风烈于塞垣。民无夙具,习不素安。于是受冻而仆者,又如干矣。

天子方轸念南服,融照闾阎。发德音,大王言,贷常赋,辟四门。封简书于芝检,勤使者于辎轩。省太官之供调,减司寇之坐论。赈仓廪之储积,蠲逋负之浩繁。方将夺民命于沟壑,续生气于游魂。盖三五之罕有,而二气所不能全之旷恩也。良有司方忧经费之不足,惧考课之殿后。鸿泽持而不下,限令疾于电走。朝四暮三,示一藏九。使民破十家之产,仅足以输一家;费数亩之田,未足以赋一亩。箫鼓盈村,扰及豚狗。尔乃制为严刑,迨及黄耇。巨木囊头,重金系肘。臀无完肤,指欲堕手。溪壑之填未厌,伸暴之门何有。于是孑遗之民,疮痍之末,毙于敲扑,困于征科者,盖沦胥以尽,渐不可久矣。戾气酝酿,蒸为疫疠。方且乘阳发腾,犷不可制。今枕藉而病卧者,比比皆是。招医降巫,若愦若醉。是其冻馁蚀于胸肠,刑罚惨其心志。发双伏而并攻,何方药之能治。厥祸方萌,殆未知其所至也。使垄亩之植,一本而十岐,共蒂而百穗,将安救之,而客夸以为瑞哉？且菽粟所以贵于珍鼎,布缕所以加于玄黄者,为其有用也。今夫用者徒存,而用用者已亡,是谓隆虚而病实,忘远而娱细矣。仆窃为客赘而不取也。"

客闻而怃然曰:"噫嘻,有是哉,子之迂也。信乎执一者未足与权二,泥彼者不可与适此。子徒鉴于己巳之变,为流而不止乎?是殆滞于阴阳之迹,而未深于斯理者也。且夫于穆之化圜运不已。剥终必复,泰因于否。吉凶互寻,祸福相倚。夫虫之蠕蠕也,不屈不发;地之窿窿也,不伏不起。数逆斯通,气顺乃死。是故九载之水,或以成尧;七年之旱,终以启禹。子岂知夫凶俭之后,继之以丰稔;登进之渐,承之以君子邪?然而气机橐籥,必有攸始。兆先于物,发远伊迩。钟鸣而陨霜,础润而降雨。走诚得于俯仰之余,是以释近忧而崇远喜也。且夫麦备四气,实首五谷。诗人颂其于皇,下氓赖以率育。续岁功于发春,函潜气而多淑。是休嘉之先露,徯斯理于将复。示帝心之仁爱,启方来之祉福。谅有开而必继,孰无征而乃获。走且与子托丘壑以优游,咏皇风之清穆。是故有取于麦岐,子何责之备而论之刻邪?"

知知子不能难。客乃蹴履而退,曳杖而歌。歌曰:"麦秀兮多岐,覆垄兮累累。彼其之子,曾是兮弗思。"于是知知子返乎潜室,沉思渊默,纬情愫于浑沦,抽端绪于开辟。推玄化之始终,考休咎于遗册。览《春秋》之所书,测消长于《三易》。道有殊而归同,理既契而心戚。然则客之言,似亦未为失也。将以厥明,戒馆客,循阡陌,辨麦岐之疏数,听邻党之损益。问勤勚于三时,吊疾苦于缓急。于时风轻景融,烟朗雾清。谢雕舆,却繁缨。被大练,策溪藤。道以童子,从以经生。指三汀以东骛,遵龙江而缓征。瞻桑梓于原隰,拜松楸于佳城。睇海氛于极际,俨波浪之奔轰。感钓游之旧踪,慨岁月之不停。蔼里墟之蔓延,有孤物而屡更。亦浮云之多态,何难树而易倾。怅久寄于异土,心恋恋乎故京。方徘徊以瞻眺,謇彷徨而屏营。顾见道左,麦穗岐岐。本同末异,旁无附枝。始戢戢以竞秀,竟娈娈而莫携。将神工之妙合,复化钧之巧持。或双昂以森矗,或左右以纷批。或越畎而希挺,亦共房而骈垂。薄长飔以洄洑,照圆景而陆离。等比翼于异类,嗤连理而不为。固物薄而禀厚,腾众喙以增奇。胡哲人之超轶,随所如而见疑。昔宣尼之瑞鲁,匡人怪而围之。比干之忠殷,曰不祥而戮尸。彼二圣且犹然,般罹此又何辞。抑轩轾之偶致,将彼苍之有知。于是历览既倦,羲驭未疲。揽厥颖异,采掇以归。洵皇泽之渗漉,拯黎民于阻饥。托子墨以宣秘,聊洋洋以陈词。

(录自《文渊阁四库全书·集部207〈俨山集〉》)

储昱作品选

作者简介

储昱(1468—1538),字丽中,号芊西,储泳六世孙。明正德十二年(1517)丁丑进士,改庶吉士,历礼科给事中、监营乾清宫。厘正侵冒,寻转兵科,举劾巨重。著风采,后改江西右签议,乞休归,构园自乐,卒年七十。居浦东三林塘。

诗词作品

园居即事

遂初既得请,寄迹在芊泾。
旁竹通幽径,临溪构小亭。
鹤来新结伴,鸥至旧忘形。
尘土知难染,茶烟满一汀。

(录自《海藻》第二卷)

朱豹作品选

作者简介

朱豹(1481—1533),字子文,朱曜子,五世祖在元末由苏州迁居浦东新场里,故为浦东新场人,后在浦西建家宅。明正德十二年(1517)中进士。历任奉化县令、余姚县令、贵州道监察御史、清理江西军务、福建道监察御史、福州府知府等职。著有《朱福州集六卷》。其诗学中唐,流丽清切。

诗词作品

九月十日同诸友登丹凤楼

云楼百尺眼前空,昨日登高兴未穷。
江上潮声今古在,雨余山色有无中。
酒酣黄菊凭欹鬓,老去流年付转蓬。
倚遍曲阑无限好,西风回雁落霞红。

晓渡钱塘

烟敛吴山霁色浮,长年清晓唤登舟。
西风旋作江豚浪,白露偏催海树秋。
岁序逼人惊易改,乾坤何地是安流。
往来却笑成劳役,自在真惭水上鸥。

北上留别诸同年

西风吹马度黄尘,雪后梅花冻色匀。
天地有身皆是客,江山无处不宜人。
十年聚散真浮梗,千里驱驰欲问津。
此去冲寒重回首,隔年离思柳条新。

游桃源洞

清泉曲曲远分源,野蝶随人到石门。
松下一亭宜日午,洞中三月正春温。
烟云花鸟掀髯笑,廊庙江湖握手论。
可奈客情消不尽,欲将吟赏付清尊。

秋日遣怀

云物萧条僧舍荒,砌封苍藓半回廊。
坐来草树俱摇落,望入关山更渺茫。
忧国泪边秋色老,思家梦里两声长。
临风却羡天涯鹤,去啄江南晚稻香。

寄程以道

陇梅堤柳又春风,客子光阴似转蓬。
此日天涯千里隔,昔年花底一尊同。
西川踪迹孤云外,南浦离愁细雨中。
早晚瞿塘新水发,双鱼烦尔下巴东。

(以上6首诗录自朱豹著明嘉靖版《朱福州集》)

张鉴作品选

作者简介

张鉴,字廷昭,上虞人,由贤良出任官职,才识过人,长于政事。明正统年间担任嘉定县(今嘉定区)县丞,后升任颍州判官。浦东高桥镇在古代曾属嘉定县管辖。

诗词作品

宝山杀虎行

宝山在嘉定濒海之地,太宗文皇帝命平江伯陈瑄所筑也。比年於菟为民患,正统二年,予与御史大夫李公在修清监至此,为文以驱之。未几,钦差亚卿悯民之荼毒,闻于上,命襄城伯李公遣千户王庆,率捕虎士千人,府知事金公与余诣是山,捕而戮之。于是民患除,人皆欢庆,乃作《杀虎歌》以纪岁月云。

嘉定邑东沧海旁,海波万顷吞微茫。瀛洲弱水远相接,金鸡夜夜啼扶桑。太宗阜帝徕万邦,筑山示表收宝航。奇花异卉盛培植,翠阴密叶生微凉。当时九重动宸兴,作歌勒石昭威光。山巅建祠奠龙王,春秋庙食严丞尝。迩来倏经二千载,草木畅茂争芬芳。庙宇倾颓碧瓦落,祀事不修苔藓荒。怪哉山中白额虎,父子产育咸遁藏。有时跳跃周巍阜,轻健矍铄如踰塘。有时咆哮啸一声,怒音十里秋风狂。胡为不仁肆牙爪,缘村绕舍时纵横。啖人计已六十五,牛羊犬豕难算量。居民号恸死不辜,哭声夜半干穹苍。耆民白县县达郡,郡达行台侍御郎。岂弟君子民父母,远迩闻者皆悲伤。惟时冬官亚卿相,敕书委任绥南方。黎民乐业时物阜,铉诵比屋歌甘棠。焉容此兽施暴虐,使彼赤子罹其殃。卿相知之寝不寐,上书激切陈明堂。帝闻此言亦怵惕,玉音降下双凤凰。襄城武臣国柱石,拜领上命心徬徨。爰遣壮士十余人,赳赳勇烈谁其当。雕弓引发白羽箭,铁骑森列罗刀枪。郡侯重民委莲幕,幕君切切食不遑。时我邑佐往从之,锐气浩浩虹霓长。平生读书事恭让,心亦怒之一奋攘。寻踪觅迹走林麓,驱逐攫杀如屠羊。吁呼号令殄民患,食其肉兮刳厥肠。行人聚观集如市,歌者快者声琅琅。居民从兹称乐业,鸡豚犬豕始安康。日出可作日入息,耕田凿井歌虞唐。祠堂再新祀事续,列山肴兮奠椒浆。海云五色照画栋,蜃气万丈连雕梁。吁嗟!恶兽已去弓矢藏,墨华湿透霜毫香。我歌一诗纪胜事,歌声激烈云飞扬。

(录自《江东志》第九卷《诗》)

石英中作品选

作者简介

石英中(1506—1529),字子珍,号见山。先世居浦东十六保,后迁浦西。明嘉靖二年(1523)中进士,官刑部主事。著有《石比部集八卷》,秦嘉楫为其作序。

诗词作品

思家

一别乡关五月余,风沙满目故人疏。

梦魂野岸频穿屐,诗债青山常对庐。

云暗自怜归去路,雁稀谁带寄来书。

出门便觉家乡好,莫笑山人独种蔬。

(录自石英中著明万历版《石比部集》第二卷)

藕歌

藕有四德：虚中通理，一也；甘节可贞，二也；色涅而不缁，三也；丝牵而不乱，四也。若夫充旨簌，膏吉鼎，登象筵，娱嘉宾。津杨妃之玉鱼，荐汉武之金露。珍美清越，冠绝品类。余且将赋之。

太液池上莲如血，太液池下藕如雪。十五红娥洗玉盘，笑拂金刀乎亲绝。大片婉娈叠瑶玦，小片错落飘琼屑。大片小片丝暗牵，连根带蒂情难绝。虚心不染污泥涅，出水尚握菖蒲节。一株价重青琅玕，金茎悬如让芳冽。

（录自《石比部集》第三卷）

序跋作品

乡试录序

维我明之制，建学以造士，设科以兴贤，考艺以征德，定伦以位事，盖仿唐宋之迹而师古意者也。

皇上嗣位，敷扬文教于天下七载于兹，会天下乡试，用辅臣议，出六曹尚书属主试，各省比旧益加重焉。某等恭承简命，敬畏朝夕，惟怠事玩纪、不称明天子求贤至意是惧。是故非正大不敢命题，惧破拆割裂之害文体，坏士习也。非虚心不敢临文，惧先入者为之主，而狥同疾异，党谬伐良，众议弗协弗取，众议弗协弗弃，惧识孤见偏，有得以幸，失以不幸者也。于是乎类以比之，额以检之，权度以次第之，录以姓氏之，而又择文之尤者献于上以彰之，兹亦可谓慎以精矣。呜呼！圣天子求之重也，诸有司择之慎以精也，凡所以为此者岂以是文焉已耶？

臣闻之，气直而昌者文壮，识练而达者文明，学邃而颙者文深，行茂而崇者文确。文也者，气、识、学、行之余也。气馁者，其词弱；识暗者，其词窒；学陋者，其词浅；行卑者，其词游。惟弱与闇与浅与游，皆有司之所必黜也。是故凛乎如秋霜之肃物也，赫乎如烈日之行空也，浩乎如江河之转东也，毅乎如猛将之御敌也，夫是之谓壮，可以观气矣。抱独见而破群疑,师遗经而废杂解,尊正术而距异端,贵仁义而贱功利,夫是之谓明,可以观识矣。语治乱则达其变,辨邪正则悉其微,格名物则阐其幽,谈性命则穷其奥,夫是之谓深,可以观学矣。典而畅、简而腴、温而理,取类大而称名小,见义远而述事迩,有意而言,意尽而止,夬是之谓确,可以观行矣。气,道之舆也;识,道之鉴也;学,道之符也。舆壮以动,乃破三奸。爱保慝、私败公、威挠节,所谓三奸也。鉴明以照,乃察四隐。声似形非、貌类情诬、阳利阴害、外厉内荏,所谓四隐也。府深以藏,乃发五政。严考课、饬兵戎、经田赋、谨学校、清刑罚,所谓五政也。符确以验,乃行六教。审好恶,斯民志一;别淑慝,斯民趋正;励廉耻,斯民俗兴;制等威,斯民视信;崇孝悌,斯民德厚;和礼乐,斯民心淑,所谓六教也。以共有位以治邦国,以康兆民以弼一人之治,兹非圣天子所以求之重与有司所以择之慎且精者乎?

在《易·革》之上六:"君子豹变,其文蔚也。"《贲》之《象》曰:"观乎人文,以化成天下。"所贵乎君子之文者,将以化成天下。诸士子乘龙飞之运,当豹变之期,而可不知所以自处耶?夫核文弗慎,取士弗精者,有司之罪也。若夫修之于家,而坏之于天子之庭,则有任其责者矣。诸士子其尚勉之哉。

(录自《石比部集》第八卷)

记文作品

告鹤文

思斋先生被天子召,行有日矣,留所蓄鹤二,且为文记之。是夕,鹤见梦曰:"和物者不弃细,挟大者不拘迹。我,宇宙湖海族也,公招我来,友我青松泉石间,高鸣妙舞,可以观,可以闻,六百里休休有弦歌诵声,虽公之教意者,我亦有微劳乎?今公远行,弃我归我也耶?将以携我迹,鄙迹是拘耶?"先生抚然,告某以梦。

乃呼鹤前曰:"子可谓爱先生,未可谓知先生者也。夫至观无形,至闻无声,太古之事也。观不忘形,闻不忘声,中古之事也。故钟鼓管籥,羽旄缀旒,明著诸象,以志感也。有感则视听。妙感则视听不渎,妙而贞,则视听专精弗易,可以保治。先生之留子,子知之乎?唯是六百里内,君子诚众,然顽梗暴慢,蓄奸怀邪,肥颜愿志,如蟠蝉狐狸,一旦无蛟龙虎豹号且舞者,既有之矣。且先生经画布在官,守僚师其训,属宣其泽,师儒刑其范,吏绳其束,民业其生,舆隶塞其私。一日二日先生去,无乃怠而忽,且忘之乎?故先生留子,欲子当夜气清明,矫首扬舌,一吐出胞中奇,唯六百里内,将子是听。广庭白昼,有众额集,子乃展翅舒足,俯仰中则,屈伸疾徐中节,以为六百里观其非心,有不渐消而怠忽者,有欣然跃然者乎?且使爱慕先生者,思先生不得见,见子斯可矣;思先生之话言威仪不得见,见子之鸣且舞,斯可矣。子独无意耶?"

二鹤乃畅若喜,举首若言,发声哑哑然,若笑之于台,飘飘然自适也。某又从先生就之,且告之曰:"子无忘先生之意哉。妙而感,贞而妙,人将应焉,化焉,化且成,无事于子,当放子翔于冥冥,游于四海之外。吾又闻海外有十洲,神仙萃,云烟缥缈,山水极奇绝,此殆子之居乎?"

是夕,鹤又见梦于余,曰:"先生作,舍子无足与语者。子非谓十洲有神仙,子非仙,安知仙?"既而唐生某持卷请文,遂书之,为《鹤台遗爱序》。

(录自《石比部集》第八卷)

陆楫作品选

作者简介

陆楫(1515—1552),字思豫,号小山。明代陆深子。以父荫由廪生入太学。读书过目不忘,属文善议论,于诗礼易俱能阐析奥旨。著有《蒹葭堂稿》《古今说海》。年未四十遽卒。居浦东洋泾。

诗词作品

次韵送顾龙山南归

官河春水送行舟,君去匆匆不可留。
须信故园春正好,莫因风雨驻扬州。

怀顾小川秘史

怜君日日侍彤闱,彩绶银章照锦衣。
冀北音书多阻绝,天南魂梦独依稀。
青山寒雨悲红树,画省香风对紫薇。
何日星轺过乡国,江园花木重光辉。

(以上2首诗录自《蒹葭堂稿》第一卷)

蝶恋花·赠别小痴子

江上韶光春欲暮。草绿汀洲,折柳长亭路。落红苦被东风妒,离人何奈愁无数。　　酌酒临流飞鸟度。三叠阳关,何日重相顾。横锁云山留不住,回头都是锁魂处。

风入松·为唐一涵题画

白云红叶楚天秋,兰桂香浮。青山万叠无人到,那堪落日凝眸。一曲瑶琴声彻,千竿翠竹烟收。　　夕阳衰柳野溪头,数点轻鸥。清夜独眠金露冷,最怜新月如钩。多少井梧飘谢,不禁凉籁悠悠。

武陵春·怀张野津

上林此日花如锦,天际独新阴。长安有个人如玉,鱼雁谩传音。落红万点江南雨,愁病苦相寻。凭栏回首不禁情,空折柳寄征人。

（以上3阕词录自《蒹葭堂稿》第二卷）

记文作品

奢与俭

论治者类欲禁奢以为财节则民可与富也。噫！先正有言,天地生财止有此数,彼有所损,则此有所益。吾未见奢之足以贫天下也。自一人言之,一人俭则一人或可免于贫;自一家言之,一家俭则一家或可免于贫。至于统论天下之势,则不然。治天下者将欲使一家一人富乎？抑亦欲均天下而富之乎？予每博观天下之势,大抵其地奢则其民必易为生,其地俭则其民必不易为生者也。何者？势使然也。今天下之财赋在吴越,吴俗之奢莫盛于苏,越俗之奢莫盛于杭。奢则宜其民之穷也,而今苏杭之民有不耕寸土,而口食膏粱;不操一杼,而身衣文绣者;不知其几何也,盖俗奢而逐末者众也。只以苏杭之湖山言之,其居人按时而游,游必画舫肩舆,珍馐良酝,歌舞而行,可谓奢矣。而不知舆夫、舟子、歌童、舞妓仰湖山而待炊者不知其几。故曰彼有所损则此有所益。若使倾财而委之沟壑则奢可禁。不知所谓奢者,不过富商大贾豪家巨族自侈其宫室、车马、饮食、衣服之奉而已,彼以粱肉奢,则耕者、庖者分其利;彼以纨绮奢,则鬻者、织者分其利。正孟子所谓通功易事羡补不足者也。上之人胡为而禁之,若今宁、绍、金、衢之俗最号为俭,俭则宜其民之富也,而彼诸郡之民至不能自给,半游食于四方,凡以其俗俭而民不能以相济也。要之先富而后奢,先贫而俭,奢俭之风起于俗之贫富。虽圣王复起,欲禁吴越之奢难矣。或曰不然。苏杭之境为天下南北之要冲,四方辐辏,百货毕集,故其民赖以市易为生,非其俗之奢故也。噫!是有见于市易之利,而不知所以市易者正起于奢,使其相率而为俭,则逐末者归农矣。宁复以市易相高耶。且自吾海邑言之,吾邑僻处海滨,四方之舟车不一经其地,谚号为小苏州,游贾之仰给于邑中者,无虑数十万人,特以俗尚甚奢,其民颇易为生尔。然则吴越之易为生者,其大要在俗奢,市易之利特因而济之耳,固不专恃乎此也。长民者,因俗以为治,则上不劳而下不扰,欲徒禁奢为可乎?呜呼!此可与智者道也。

(录自《蒹葭堂稿》第六卷)

书信作品

与徐阶信

昨冬小价回,仰荷手教,副以珍惠。焚香捧读,感激何言。恭谂台候,棐相骈休无任为慰。随得邸报,知荣转玉堂,典教中秘,馆阁清华,于此为极。调燮台衡,不日当甘霖四海,其为通家小子之庆,又何可言。窃念先公尝言,吾松先达由翰林者由顾文僖公始,得作光学推重无已。嗣后先公继之,毅翁继之,及我公仅得四人。至于简在圣心,典教吉士,又诸公所未有。况声华硕望,镇压朝野,行当与韩范争先。尽搛峰泖之秀,岂独增贲,一时为乡邦继美而已。先公近为当道表扬,两祀郡邑乡贤,尤为奇遇披扬奖借,虽子孙百世,其何敢忘。惟明公为先公之平生知己,故敢奉闻时下秋爽,仗维倍万珍炼,以膺简渥,以副区宇之望。

(录自《蒹葭堂稿》第四卷)

诸杰作品选

作者简介

诸杰,字子兴,号篁山,居横沔。嘉靖五年(1526)丙戌科进士,官尚宝司少卿。

诗词作品

中泖有塔过此偶题

乘流汛秋灏,披写一登临。

瞰彼蛟龙窟,会此江湖心。

九峰何参差,群浦清且深。

乐意自相关,鸥夷不可寻。

(录自《海曲诗钞》第三卷)

蔡懋昭作品选

作者简介

蔡懋昭,字允德,号溟阳,居周浦塘南。嘉靖十九年(1540)庚子科举人,历任嘉善教谕、肇庆府同知、赵州知州、思州府知府,所至有惠政,清正廉明,在思州城开井四口,人谓蔡公井。有清白吏之称。卒年九十,崇祀乡贤祠,其著作因家贫未能刊刻。

诗词作品

思阳八景

案横都哨转龙庵,晚渡归人映碧潭。
崒嵂一山屏拥翠,萦回二水带拖蓝。
管鸣白鹤闻清泪,鼎建元宫倚翠岚。
耀武牧场金鼓壮,前溪星石瑞光涵。

(录自《海曲诗钞》第三卷)

杜时登作品选

作者简介

杜时登,字庸之,号虚江。嘉靖三十一年(1552)壬子科举人,历任瑞安县知县、浪穹县知县。

诗词作品

寺前鼓枻柬具如上人

江上晴游似镜中,淡烟轻霭静浮空。
岸回舟自溪桥入,塔迥云从殿阁通。
听法鱼龙时隐见,忘机鸥鸟亦西东。
鸣桡更泛桃花水,不辨丛林返照红。

寄袁左史太冲

十载飘零一逐臣,即今肮脏老弥亲。
诸侯宾客谁争长,七子文章尔独新。

匣有双龙含紫气,门无驷马绝红尘。
从他歧路休相诧,轮长江湖得几人。

(以上2首诗录自《海曲诗钞》第三卷)

朱缨作品选

作者简介

朱缨(1520—1587),字清甫,号小松。明代高桥人。朱鹤子。随父家清浦,习其父之术而益精其学,不仅以图章奏其技巧间,刻镂牙竹沉檀为仙佛玩好之具见者,诧为神工,通儒术,善画,不轻为人作,故传世少。人购得片楮争相宝之。值倭乱遂徙家曌城。故宗伯徐太室延为上客,一时名倾吴会。缨为人貌古,神清,品高,行卓,不知者往往以□□;而缨特借以游戏寓情,其潇洒磊落之致,时亦发之乎诗。著有《小松山人诗稿》。

诗词作品

倭乱后过吴淞新城

萧条踪迹野烟余,三复临风叹旧居。
海甸频年多战伐,人间无处不丘墟。
朋游落落故乡梦,夜雨萧萧廿载书。
城郭人民都异昨,一番风景又新除。

(录自《康熙嘉定县志·卷之十九》)

朱察卿作品选

作者简介

朱察卿(1524—1572),字邦宪,号象冈,后号醉石,朱豹独子。诸生,一任侠义,慷慨高谊,诗文气势豪宕,与当时名流王穉登、沈明臣、文征明、李攀龙、王世贞、归有光、徐渭等有交游,著有《朱邦宪集》十五卷附录一卷,王世贞作序。

诗词作品

秋日过陆思豫山园

乱后重来百感生,青山无主鹤相迎。
已无金谷园中会,空有山阳笛里情。
曲径秋风衰草合,败垣斜日乱虫鸣。
门前江水依然在,却送归舟似掌平。

(录自明万历版《朱邦宪集》第三卷)

会稽狱中访徐文长

廿载神交意气同,相逢有泪洒阴风。
篾舆拟作五经笥,圜室今为一亩宫。
狱吏未能书牍背,侠徒那得载车中。
天王何日封三府,不使沉冤射白虹。

(录自明万历版《朱邦宪集》第四卷)

记文作品

露香园记

上海为新置邑,无郑圃辋川之古,惟黄歇浦据上游,环城如带。浦之南,大姓右族林立,尚书朱公园最胜。浦之东西,居者相埒,而学士陆公园最胜,层台累榭陆离矣。道州守顾公筑万竹山,居于城北隅,弟尚宝先生因长君之筑,辟其东之旷地而大之。穿池得旧石,石有"露香池"字,篆法螺匾,识者谓赵文敏迹,遂名曰"露香园"。

园盘纡澶漫,而亭馆崧嵷,胜擅一邑。入门,巷深百武,夹树、柳、榆、苜蓿,绿阴葰楙,行雨日可无盖。折而东,曰"阜春山馆",缭以皓壁为别院。又稍东,石累累出矣。碧漪堂中起,极爽垲敞洁,中贮鼎、鬲、琴、尊、古今图书若干卷。堂下大石棊置,或蹲踞、或凌耸、或立或卧,杂艺芳树、奇卉、美箭,香气陇芾,日留枢户间。堂后土阜隆崇,松桧杉柏,女贞豫章,相扶疏翁蓊,曰"积翠冈"。陟其脊,远近绀殿,黔突俱出,飞帆隐隐。移雄堞上,目豁如也。一楹枕冈,左曰"独筇轩",登顿足疲,藉稍休憩,游者称大快。堂之前,大水可十亩,即露香池,澄泓渟澈,鱼百石不可数,间芰草饲之,振鳞捷鳍,食石栏下。池上跨以曲梁、朱栏,长亘烨烨,池水欲赤。下梁则万石交枕,谽呀胶膴,路盘旋,咫尺若里许。过曲涧入洞中,洞可容二十辈,秀石旁挂下垂,如笋如乳,由洞中纡回而上,悬磴复道,嶒嵘栈齾。碧漪堂在俯视中最高处,与积翠冈等群峰峭竖,影倒露香池半,风生微波,芙蓉荡青天口也。山之阳楼三楹曰"露香阁",八窗洞开,下瞰流水,水与露香池合,凭槛见人影隔山历乱,真若翠微,杳冥间,有武陵渔郎隔溪语耳。楼左有精舍曰"潮音庵",供观音大士像,优昙华身,贝叶杂陈棐几。不五武,有青莲座,斜榱曲构,依岸成宇,正在阿堵中。造二室者,咸盥手露香井修容。和南而出,左股有分鸥亭突注岸外,坐亭中,尽见西山形胜。亭下白石齿齿,水流昼夜滂濞若喈,群鸥上下去来若驯,先生忘机处也。

先生奉长君日涉于园,随处弄笔砚,校雠坟典以寄娱,暇则与邻叟穷弈旨之趣，共啜露芽、嚼米汁，不知世有陆沉之苦矣。昔顾辟疆有名园，王献之以生客径造，旁若无人，辟疆叱其贵傲而驱之出。先生懿行伟辞，标特宇内，士方倚以扬声，以先生亲己为重，贤豪酒人，欲窥足先生园，虑无绍介，即献之在，当尽敛贵傲，扫门求通，非辟疆所得有也。彼郑圃辋川，岂以壮严雕镂闻于世，以列子王右丞重耳。露香园不为先生重哉？先生已倩元美诸先生为诗，复命予存记，故记之。

（录自明万历版《朱邦宪集》第六卷）

浦小痴传

浦小痴，上海人也，名泽，字时济。祖父居新场里，邻于素封倪氏，以农起家，至泽始读书识字。慕汉逸民矫慎之风，终身不娶，或劝之娶，答曰："不欲自苦耳。"早岁去家，从骚人、宿儒、诸贵人游，凡晋唐名帖，无不纵观摹临，穷古人波磔之妙。故字学著名，一时索书者，履舄交错。陆文裕公、顾御医最可其能，互为馆谷。泽内无他肠，而喜任侠，人邀之吴，即之吴；邀走燕、赵，即走燕、赵。朝诸夕发，无有蒂芥。与人交，不为重轻，慎言齰唇，所善家事，毫发不泄，间两家有交恶语，入耳必两为解纷，不作呫嗫耳语，以彼媚此，人以此贤之。性嗜酒，不得若饥渴，凡诸故人宵宴密坐，召亦至，不召亦至，周旋俎豆，欢如也。酣则膝席举觞筋人，抗音浩歌，响振林木。或起为寿，脱巾椎髻作仙人舞，顾影婆娑飒沓，极尽遗妍巧状，且大呼座客曰："何不奏乐？"似得蹑节陈鼓遗意。若明月中天，妇女环侍，增叹舞态又加十倍矣。未酣而酒兴不释，虽客散主卧，独留一豆一筋，自为答问而饮，侍者不胜罢遁去，乃已。储偫金二斤，许故人唐君赟、顾君从德代为子母以给，故橐中常满三百钱，值当意者，即为解橐中钱市醪膳，接殷勤，或悉与之钱无难色。钱竟复取诸故人，散去亦如故。避兵鸡鸣山，舍于缁庐，与浮屠常泰厚善，遂通其空理，不欲归。诸故人寓书力招之，乃归。归僦一廛于僻所，设一榻，横一破琴，左列图书与宿昔所嗜帖百卷，醒则焚香弹琴歌诗，醉则拥衾安枕，或一二日不起，贵人临况,率皆授谒于榻而去。平生喜睡,与嗜酒等,今已老,未尝夙兴,不亭午不巾栉,故里中人呼为"小痴",又呼为"晏眼人"。然于诸所善家吊丧问疾事,率未尝废也。

野史氏曰:余为童子时,闻先人言里中故尚书张公电始以师事余大父御史,后与泽同学书于陆文裕公所,并有声。称张公以书学见用于朝,得人主心,进为大吏,称尊显矣。泽乃藏名布衣,浮沉于世,终身无戚戚语,此其胸次有大过人者。老子曰:"名可名,非常名。"泽真知道哉。

(录自明万历版《朱邦宪集》第七卷)

书信作品

与殷无美书

仆为足下不鄙夷旧矣,生异乡县,竟同参商,良可慨也。往岁会足下元美舟中,仆为诸豪客出酒兵相攻,孤军不能备掎角,足下建偏裨旗鼓,仆一战即却,未及与足下尽平生语,已颓然作山公矣。足下身不满五尺,而才长古人,海内缀文士,皆知殷先生名,问长短,乃今未能如晏子尊显,御者亦拥大盖,策驷马,尚坐一片冷席,耕三寸砚田,为此区区状也。嗟乎!士何必抱异才若殷先生者,乃当如是哉?仆家五世以教授为业,极知滋味寂寥,足下意兴颇逸,得以马季长绛帐可耳,即不得如老铁在玉山草堂,亦佳。若朝幕在铅椠间,吾伊声不绝,恐殷先生瘦生矣。郡有元朗、玄超、子元、云聊在,试问而图之,何如?仆慕隐操,苦于门户计,息肩无日,乃浮沉于污渎中,实奉先人易箦时语也。念恐一旦死牖下,家声竟隳,真性不返,终不知朱生为何如人。前岁被病两年,今复疡发,左拇大如卵,几弗有于医,故有此感耳。元美寄挽于鳞诗绝佳,真是古来创有,宜其下视诸家也。雨窗作此,问起居,花片从破窗入来,病怀正恶,乃加恶矣。

(录自明万历版《朱邦宪集》第十四卷)

艾可久作品选

作者简介

艾可久(1525—1593),字德征,号恒所,浦东孙小桥人。明嘉靖壬戌进士,官至通政司使。

诗词作品

登第后舅氏赐诗慰贺赋此敬酬

金丹换骨非初意,只恐公车叹滞淫。
不负劬劳母教远,得蒙乐育帝恩深。
鸿名端藉诗书力,素抱曾无温饱心。
诗满瑶笺盥手诵,渭阳何以答嘉音。

（录自《海曲诗钞》第三卷）

谈伦作品选

作者简介

谈伦(1529—1504),字本彝,号野翁,居鹤坡里。天顺元年(1457)丁丑科进士,官至工部右侍郎,卒谥恭简。

> 诗词作品

同杜南坡登报恩寺塔

长干聊散步,古塔与云齐。

壮丽看谁比,崚嶒望欲迷。

迎风群铎乱,逗雨晚烟低。

足力犹称健,还登最上梯。

(录自《海曲诗钞》第二卷)

乔木作品选

> 作者简介

乔木(1536—1595),字伯梁,号玄洲,川沙人。大父晟尝捐田助义役、建义学、设义冢。父镗独筑护海塘,募士兵以御倭,乡人建仰德祠祀之,并祀忠义祠。木,明隆庆戊辰进士,知吉安,请罢贡栗以息民累,擢井陉兵备道。岁祲以便宜发粟。历福建参政。归里居,多善举。朝鲜贡使遭风汛,兵误为寇,木为导之归,其君臣上表谢诏褒许。卒祀乡贤,著有《玄洲诗稿》。

> 诗词作品

御倭口占

一城斗大计难施,变起仓皇势莫支。

兵法守陴防不备,书生摩垒致偏师。

铿砰炮石从天下,震慑妖魔向海驰。

凭藉皇威各努力,庶教万姓免疮痍。

(录自《海藻》第四卷)

乔拱璧作品选

作者简介

乔拱璧,字穀侯,号讱庵,乔木次子,川沙人。明万历丁未进士,授海盐令。除诸积弊,历兵部员外郎,左迁顺天府教授,寻擢南兵部郎中,出为湖广佥事转参议,未之任。卒祀乡贤。著有《息机园稿》《荆南敝帚集》。

诗词作品

晏鹊峰双寿

凤凰池,清且泚;仙女峰,峥且嵘;佳山佳水自天成。木公金母储其精,太翁垂髫补诸生。鸡坛牛耳扬芳声,孟光齐眉乐布荆。力赞夫子成令名,有子不欲遗满籝。缥缃万卷三尺蘖,天人策就献承明。浸浸通显致三旌,万钟之禄足代耕。皇降七十庆同庚,龙章璀璨下神京。旭日曈曈扶桑明,千秋万春兰玉盈。

(录自《海藻》第四卷)

秦嘉楫作品选

作者简介

秦嘉楫,字少说,号凤楼,秦裕伯族孙,居浦东川沙。明嘉靖三十八年(1559)己未科进士,授行人。却周王狐裘之行。拜御史。出为浙江佥事,以南京工郭主事致仕。家居校辑群书,手自抄录。著有《凤楼集》。

诗词作品

游兴为雨所阻

辜负寻秋约,萧萧雨意浓。
几声敲客梦,数点淡秋容。
残柳虫书润,苍苔屐齿融。
浊醪成独醉,怊怅隔林钟。

葺丹凤楼成志喜

丹凤楼倾付劫灰,谁知翙翙又飞回。
无边烟景檐前绕,不尽风帆海外来。
壮丽自应雄沪渎,苍茫直拟接蓬莱。
克承先志殊欣慰,只少登高作赋才。

（以上2首诗录自《海藻》第三卷）

黄体仁作品选

作者简介

黄体仁(1544—1619),字长卿,号谷城,居浦东北蔡,明万历三十二年(1604)甲辰科第二甲第三十二名进士,历任刑部郎中、登州知州、东兖道副使。卒祀乡贤,著有《四然斋藏稿》《奏议诗文杂著二十六卷》。

诗词作品

春尽日闻辽左报兼得彭钦之狱中书

不觉春光好,春归无限愁。

看花空有泪,对镜总如秋。

北地多戎马,南冠学楚囚。

终宵烧烛短,历历数更筹。

三月三日同朱叔行渡浦礼佛兼访赵绳之索饮

黄浦潮方长,梵宫烟半封。

野香随处发,春色晚来浓。

宿雨垂新叶,微风度远钟。

投闲才半日,莫惜酒千钟。

宫怨

(一)

纤月斜悬暮霭收,双星偏照玉搔头。

齐纨制得新团扇,一夜西风又火流。

（二）

银屏偏倚带围宽，遥望枫林玉露团。
碧海青天谁最恨，姮娥不耐九秋寒。

（三）

云锁空庭月满窗，强将心事对银釭。
何时化作巫山女，也得君王梦里双。

（四）

高楼何处不鸣筝，独有长门尘暗生。
莫向相如买词赋，且将妾命问君平。

兵秋日集碧漪堂

淡云袅袅雨蒙蒙，山色萧然浸碧空。
动地愁声来络纬，满天秋思上梧桐。
清尊未减看花兴，白苎那堪落叶风。
两岸不知司马泪，芙蓉仍发旧时红。

纪事歌

　　昔年倭奴入中国，中国犹能御蛮貊。今年中国自相残，四方蟊蠈将奚适。平居往来共里井，须臾酬酢变矛戟。青天无云惊轰雷，白日飞沙乱走石。千人哨聚若豺虎，素封立破何虺蜴。富家累积成金穴，那知强反为弱厄。奸民掉尾游釜中，见金不见法三尺。一朝屠戮骨俱灰，攫金仍入他人宅。天灾流行亦时有，浇风肆毒中肝膈。谁生厉阶至此梗，拊膺涕泣空叹惜。遥忆开仓汲大夫，还向青州歌遗泽。古来救荒信无奇，烹鲜不扰真长策。

（以上8首诗录自《海藻》第六卷）

序跋作品

梦花轩诗叙

当世士品卑,稍知掇拾唐人吐沫,辄挟之为贽,而东西借交氉蘼五侯之门,分其鹅鹜余粒。夜梦匜梦秒成然,觉而喜曰:是当出人珠玉锦绣也。

余从楚之漆博士先生衙斋识吾乡雷圣肃。圣肃仅弱冠,子衿青青,方抑首受经生笑,而贾其剩技,为五七言韵语,且斐亹成帙,所称兼才非与?以彼其才,稍炫鬻以买名声,岂不能倾动海内,令到处逢迎?乃圣肃独杜门结撰,时跳而吟啸于佳山水间,集中强半与栖岩逸士、面壁头陀相酬和,不多见贵人。问其家,直肃然四壁耳。至客岁丙午,圣肃举于乡,名始噪于里中,里中人始啧啧叹赏,以为贤者固不可测若是。而圣肃之四壁如故,无所纷华,此无论圣肃之诗秋神玉骨,卓然大雅,斯其品亦奇矣。

为圣肃作玄晏者,咸谓圣肃居尝梦游万花薮中,自是文章日进,一种清虚之气,淡荡之襟,宜其相感致然也。虽然,花幻形也,花而梦,幻境也。梦花而能诗,诗而能工,亦幻业也。余于圣肃,读其诗而知其才,论其人而知其品,将砥节砺行,庶几千秋,宁能采春华,忘秋实,日营精幻业乎?先正有言:梦寐卜所学。余固知圣肃且梦黄发叟而着决录,梦鹿裘道士而解《易》,梦游华胥之国,恬然悟至道,不可以情求矣。

(录自明万历刻本《四然斋藏稿》第二卷)

杜士全作品选

作者简介

杜士全(1551—1633),字完三,杜时腾孙,居浦东杜行。万历十三年(1585)乙酉科举人,万历二十三年(1595)乙未科第三甲第七十五名进士。历任大冶县知县、海盐县知县、刑部给事中、南京工部尚书。著有《寿星堂存稿》。

诗词作品

过唐嗣宗山房

筑室青山里,开门绿水边。
小窗窥远岫,高阁俯平田。
径欲来羊仲,图堪入辋川。
据梧还策杖,朝暮领云烟。

怀袁度兄

风雅衰宗旧,吾兄早亢闻。
函开武库卷,带拂草堂云。
捉尘同挥俗,衔杯但论文。
楚江秋雁过,南望忆离群。

秦淮渔唱

王气冲霄凿尚存,潆洄一水浸城根。
流波暗咽秦时雨,邀笛争开晋代樽。

风送笙歌藏密柳,月移欸乃近前村。
皇都春霭桃源在,何必沧江隔世喧。

栖霞胜概

宛转江流抱摄山,徐徐高步远人寰。
即岩为佛开灵境,采药成丹足驻颜。
云护珠林垂灿烂,树藏烟壑泻潺湲。
晚来更有悠然趣,月色波光共一湾。

(以上4首诗录自《海曲诗钞》第四卷)

杜士基作品选

作者简介

杜士基,字彦恭,号筏成,杜士全弟,万历二十二年(1594)甲午科举人,历任吏部主事、南京兵部郎中。博雅嗜古,善楷书,手抄二十一史全本,虽隆冬盛暑每日必写一二版,勤而有恒。著有《仍阁诗集》。

诗词作品

画眉词

踯躅樊中鸟,致之自远方。毛羽未丰美,朝夕养华堂。饲尔以香稻,饮尔以琼浆。恩深岂不感,胡为遽分翔。去去何时还,主人徒徬徨。好音不复怀,熠熠遥相望。金丸深可虞,罗网亦密张。弗因投林喜,反为弋者伤。

送从兄袁度内翰北上

尺五名高闾阖旁,彩毫沾得紫泥香。

弹冠色借风云润,瞻衮亲依日月光。

执戟东方容大隐,题桥司马好为郎。

拾遗旧事犹堪数,三赋悬知蚤擅场。

（以上2首诗录自冯金伯编《海曲诗钞》第四卷）

娄坚作品选

作者简介

娄坚（1554—1631），字子柔,明嘉定县东八都人（今浦东高桥），后迁居嘉定之南城,经明行修,学者推为大师。年五十贡于春官不仕而归。诗文典雅,渊源于归有光,书法妙,天下尺牍寸简,人争传购,与唐时升、程嘉燧为练川三老,并李流芳为四先生,崇祀乡贤。

诗词作品

娄塘桃溪

种鱼塘上连村树,低水桥边两岸花。

除却平沙玉壶酒,不知何物是生涯。

娄塘桃溪又一首

东风初急日初斜,苦忆江边千树花。

留取十分秾艳在,待携诗酒到田家。

题竹林院

聚篁非昔院,独鹤自秋山。

携客从容话,逢僧若箇闲。

（以上3首诗录自《康熙嘉定县志》第十九卷）

序跋作品

落花诗笺注序

　　文章之关乎世道,若诗尤其较著者。虽代有盛衰,词有高下,要于道性情、系风化等耳。盖其人未尝操笔为文,间出于农夫野老,闺房妇女之为。顾能使人口讽,心惟俯仰徘徊而慨然有动乎中者,正以未尝学为之词。发乎情而止乎礼义,诚足思也。至于学士大夫,其词盖有纤妍美丽,众所同赏而未必足以动人,何也？彼有意乎文,未若不求工而文自生焉者也。友人孙君续之,少负其奇意,常不可一世,晚而又喜为诗,务以才情自骋,不规规焉求合于尺度。见时之为《落花诗》者,少或十首,多至三十或五十首,则次韵和之如其数。积至百五十章,又复自为之笺注,刻而行之,以示于人,而属予为序。余读而骇焉,叹曰:"此殆所谓犹河汉而无极者欤!"当其笔落,旁若无人,务畅所欲言,若欲与夫同不同、异不异者争豪宕于百世之上。誉我不足为之喜,诮我不足为之疵,曰:"世有奇男子,当必能名我,岂与彼龊龊者较量得失于字比句栉之间哉？斯吾所为刻而传之其人者也。"予以为有才如君,不为世用,而终困于诸生,所谓诗文亦颓然不复屑于追琢其章。如所谓清庙明堂之器,而徒以横鹜叠出,务见其奇以警发世俗之盲聋,此盖予所称"道性情,关风化"者也。彼不能知,又将绳之以尺度曰:"惜也,有材而不肯加之雕琢。"是何足语以牺尊青黄乃木之灾耶!君既出其绪余,凡俗所吐弃者以鸣于世,而予又以狂言为之序,皆可为大有径庭不近人情者欤。

（录自清光绪版《江东志》第七卷《艺文志》）

瞿子受八十寿序

邑之西南，受松江之水，迤东而北入于海。其故家著姓，聚族而居，若傅氏、瞿氏、黄氏，皆其望也。而沈为尤著。起家登朝者，先后多闻人，而广信太守最后起，予先君尝师事也。其配，恭人瞿也。公之将赴江右，邀先君与其伯子同砚席。而瞿之族子亦渡江来从游，中表兄弟，相得驩甚。盖予方舞勺，便已识面，可称通家兄弟者，子受君也。父曰心畴翁，怜君使学为士，已，弃而归农，父子相继，遂以本富，为一乡所信服。比沈氏困于众嚣，翁父子弥缝其阙，诸嚣沈者皆严重之，无后言，所为德于沈甚厚。有弟幼真，以诸生廪黉舍，方有名而夭。君痛其逝也，思所以慰翁之心者，课其子若孙先后补诸生，而翁得优游以寿终。乡之人由是益严重瞿氏。

岁在甲子，君寿跻八十矣。届季冬生日，凡邑之懿亲好友，将往称觞焉，而属为祝词。既数世之交，且元孙又予妹之婿，不可以老眊辞。

窃尝谓人之生世，各以其时，为世重轻。世治，则兴朝之士出而展其猷，为上下赖之；比其衰也，即岩隐者常退而安辑其乡闾，悴者以苏，弱者以立，豪夺武断之徒靡敢以逞。凡司牧者之求，无旷于官也。所为纳约而要归于当，亦有赖焉。君既阅世久，更事多，于人情物理之变迁、轻重、缓急之差数，虑之而熟，出之以恬，故人之听受，若以石投水；君之条陈，若因风鼓钥。上有裨于长吏，下为德于小民。盖贤士大夫之所不能逮也。优游岁晚，享遐龄而受多祉，岂偶然哉！以较之先公时，人情弥变，世态日纷。所以调剂其间，固非迂疏之所得而详也。人或谓君悉心劳形，以图一邑之利病，而塞长吏之谘诹，其利甚博。而把锄犁者，固多所未悉；坐堂皇者，或偶不訾省。盖自壮强，至今公私劳瘁，常数倍他人，而乃得寿康。殆犹户枢之不蠹，其薾然疲役，乃其所以为寿康者欤。嗟夫，修短之数，岂不悬之于天？唯夫不诿其天者于偶然，而乐尽其人者为固然。而醉之备五福，而归于攸好德而已。夫呼吸吐纳而寿、力田服穑而寿,寿等耳,非人主之势能锡之,而攸好德者之宜有此锡也。区区以摄生言者陋矣。

(录自《江东志》第九卷《序》)

朱国盛作品选

作者简介

朱国盛,字敬韬,居南一灶。万历三十八年(1610)庚戌科进士,历任工部主事、员外郎、南旺分司郎中、漕储参政、山东右布政使、太常寺卿等职。

诗词作品

淮上石堤成志感

长川缭绕一堤成,使者非鲂尾亦赪。
敛衽截流河伯退,握香盈市郡人迎。
九重敢谓涓埃答,三载常随畚插行。
天子倘于都水问,为鱼非复旧淮城。

甲子秋大观楼迎练侍御任鸿

两度登楼江水长,天门一柱立中央。
千樯风燕语吴越,万叠云峦写晋唐。
秋尽玉浮瑶海碧,月生金点紫峰霜。
隔窗隐隐闻歌吹,遥望星槎下古塘。

(以上2首诗录自《海曲诗钞》第四卷)

陆明扬作品选

作者简介

陆明扬,字伯师,又字襟玄,陆深从孙。明万历三十一年(1603)癸卯举人,任靖江教谕,卒祀名宦祠。居浦东顾家路。著有《紫薇堂集》。

诗词作品

出都

策蹇出都门,喧然车马纷。
一肩愁落日,千里望飞云。
未入鹓鸾梦,聊为鸥鹭群。
家园樱笋熟,沽酒醉斜曛。

即韵赠周伯绳

游子缄题墨未干,折梅谁向陇头还。
不堪回首来时路,片片乡云隔远山。
历偏风尘六尺身,每从异地度芳辰。
屠苏不解他乡味,天北天南总任人。

(以上2首诗录自《紫薇堂集》)

孙继统作品选

作者简介

孙继统,字续之,明高桥人,秀才。以其子孙元化而得赠兵部司务,再赠兵部职方司主事,三赠武选司员外郎。著有《释义美人染甲诗》《释义雁字诗》《落花诗笺注》等。

诗词作品

释义雁字诗

其八

笔笔飞天字字同,原无墨色着高穹。
也知过眼为陈迹,偏喜亲身学苦空。
暗把月轮评朓朒,明将风气辨雌雄。
可怜到处成寒窘,绘句缔章不送穷。

飞天:飞天八会以前不可得而详也(衍极)。陈迹:俯仰之间以为陈迹(兰亭记)。学苦空:上人学苦空(坡)。朓朒:晦而月见西方曰朓,朔而月见东方曰朒(说文)。雌雄:发明耳目宁体便,人此大王之雄风,憞溷郁邑欧温致,湿此庶人之雌风(宋玉风赋)。寒窘:诗成天一笑,万象解寒窘(坡)。绘句缔章:江左余风,缔章绘句(唐六艺叙)。送穷:韩有送穷文。

笔飞字同非雁而何写上高天,原无墨色,亦既知过眼之为陈迹,而偏喜亲身为之。学苦空者,只以闲评。风月吟弄无已时也,何不以绘句缔章送出穷色。而到处寒窘,避冷就热耶。蠹鱼生死文字间,到此不觉一恸。

(录自明版《释义雁字诗》)

释义雁字诗

其八十二

气肃风骄正杪秋,偏夸冻笔法殊尤。
卿云衬作黄金册,明火融成刚铁钩。
应历高飞龟背斗,抡材卑笑凤池鸠。
原来不屑书名纸,记事应归十二楼。

杪秋:季秋曰杪秋(纂要)。冻笔:李白撰制,天寒笔冻,帝勒宫嫔呵之。殊尤:殊尤之境(柳)。卿云:卿云若烟非烟,若云非云,郁郁纷纷,萧索轮囷(史)。黄金册:勒洪伐于金册(张景阳)。明火:取明火于日(周礼秋官)。刚铁钩:或竖牵郊深林之乔木而屈折如刚铁钩(羲之)。龟背斗:尧时外国献一巨龟,背阔三尺,上有科斗文,命作龟历(衍极)。凤池鸠:唐王及善材行庸猥为内史,人呼为鸠集凤池(朝野佥载)。十二楼:天上白玉京,十二楼五城(李)。

杪秋之时,气肃风骄,而偏夸冻笔法,复殊尤斯,亦奇矣。其铭勒处宛如黄金册,是天上卿云之所衬也。其屈曲处宛如刚铁钩,是日中明火之所融也。斗出龟背,尧因之以作历。若雁则应历又能高飞之龟背斗也。鸠集凤池,人讥其为庸材,就雁而抡材,宁不卑笑,夫凤池鸠也,想其立志不凡。原来不屑书于名纸,故书于方外,所记之事非归十二楼而安所藏乎。是载笔之臣玉京所不废,当必无异同矣。秋来春去,何南史北史亦执简纷纷。

(录自明版《释义雁字诗》)

记文作品

黄氏祠堂记

今天子龙飞之年,玱氛净扫,圣治聿新,薄海内外咸庆,日月重光,乾坤再造,而黄氏之祠堂适成,属余为记,余闻而伟之,虽不文,其何敢辞?

夫黄氏之为吾乡鼎望,其来旧矣,乃其间绝续详略之故,即子孙间有不甚著明。近闻有求附城南之谱,恨不许而去其藉者,益信谱牒之不可不辑,世祀之不可不修矣。夫甲族单门各负胜气,一曰鹤数丁令,燕称王谢,条远者希;一曰乔木非故,芝草无根,迈种者异,而黄氏之加人非此。譬之物产,或以越乡而贵,或以方物而称。此中阀阅多由南渡,惟黄氏世居兹土,祖德不坠,安知非造物者厚其培护,为一方之土著,俾永无播荡也。虽然,古史犹列外纪,司马子长论《五帝本纪》曰:"书缺有间,叙三代世表。"曰:"殷以前诸侯不可得而谱,况其下乎?"自倭奴荐居,十屋九烬,从前家乘尽付郁攸。黄族纵横数里,错落百突,即不轻去其乡,而楮生非火浣,焉得独存安集?后有能怀铅摭遗,拂石摩断,留漏万一者,独南溟公秉彝一人。世谓派衍春申,在宋有兄弟联翩甲第者,公悉以传疑置之,惟信而举其略者,细一公绅为始祖。细一生于绍兴三年之九日,为杭州盐场官。淳熙间捐地一十八亩,命僧彦开建法昌寺,于清浦镇移钱塘废寺额为名,郡志具载。又设家庙于侧,令子孙于忌日聚族以祀其先,每岁仲春五日是也。后传至(宋)元,递革而中绝。至正三年,复有捐墓田十二亩于僧行高,建积庆庵于寺西,分主清明之祭者,谱失而轶其名。

国朝永乐间,岗虹公讳元纲者,亢厥宗,修寺宇,崇祀典,不幸遭变殒身。诚斋公以孤竖起家,克复其旧,今积庆庵后有乔木郁葱于干位者,即诚斋冢也。自后相传昭穆又十余世矣。嘉靖三十三年剿倭遍匿,两上方金事董邦政尽焚之,黄氏世功岌岌几殆矣。不数十年,复有守溪、思南两公念寺址为鹿场,痛庵地入虎口,思南踏汤火,捐踵顶以争之。势挠利诱,卒不为动,基幸以全。万历二十七年,乃命僧道通建庵,破产从事,守溪为助费,道通为置田。而庵既以复,至四十年守溪复捐金五百两,独力建寺于故址,而寺继以完。四十七年,思南又念祭祀杂沓于空门,无家庙以妥其灵,非吾祖初意,更捐金五十两建祠于庵后。不继,复倡义会以足之。虽从而和者有南城、心逸、绍溟、怀素、养静、显卿、叔涵数辈,而暑雨焦劳,晨昏拮据,以董其成者,皆思南力,而祠卒以成。即今登其堂而肃如,阅其位而秩如,绥其神而穆如,不允为始事之前茅,令终之后劲邪?回视细一、岗虹、诚斋三世全盛之业,一朝收之矣。按,河南程氏为会合族,谓化树韦家会法可取,只惧其散耳。兹假二祀以萃其涣,因托两刹以永其传,法似更倍于是,而知黄氏之族之滋大也。盖草木怒生者枝必秀,杰出者实必繁,往直蓄获传家,诗书接武耳。自三贤之后先干蛊,而今之兰筋汗血,即咸出于三公之子若孙。于左右二个结为精舍,相与肆力于文章。夫何芝兰玉树,偏汇于谢庭?鸾骞鹤举,不益振其家声也耶?余既叙始终而记其事,复系之以辞,托于禅家之偈颂云。

偈曰:驷马高车,稽古之力。鹏翼凤毛,岂其家食?启后承前,一举两得。猗欤休哉,曷其有极。

(录自清光绪《江东志》)

孙元化作品选

作者简介

孙元化(1581—1632),字初阳,一字火东,明嘉定高桥(今浦东新区高桥镇)人。自小由"嘉定四先生"之一的程嘉燧亲授经史诗文,好学聪慧。后入徐光启在上海县城内开设的私塾读书,明万历二十八年(1600)考取秀才。万历三十四年(1606)入京城,随徐光启向西洋教士利玛窦等学习,共同翻译《几何原本》。万历四十年(1612)考中壬子科顺天府举人。天启二年(1622)建言《备京》《防边》二策,钦授赞画山海关辽东军务,后任职方司主事。崇祯元年(1628)任职方郎中。辅助袁崇焕,任山东右参议、整饬宁前兵备兼摄学政副使。后升都察院右佥都御史、登莱巡抚。孙元化信奉天主教,于1621年在京城正式受洗入教。

出资在嘉定县建立第一所教堂。1627年列席天主教界召开的"嘉定会议"。崇祯五年(1632)因守登州城部下叛变,被金兵攻陷而获罪处死。孙元化学习西方技术,精通火器,为文章激昂精悍,尤长于论事。著有《泰西算要》《几何用法》《西法神机》《宁前抚赏志》《辽言》《枢言》《周礼类编》《姓系汇谱》《经武全编》等。归庄撰有《孙中丞传》,孙元化父孙继统,子孙和鼎、孙和斗、孙和京。孙和斗子孙致弥。

序文作品

季华韵经序

原夫舌自天,三风由吹万,清浊吐乎山水,宛质习于童儿。缘斯以流,遂乃无算,百里而外,象译攸颁。所贵征考后先,综通远迩,使口皆入耳之音,手尽应声之字。一言众解,总说殊听,敢曰亚玻殆乎通士矣。自诗韵代兴,聪明妄作,至欲揉燕秦之舌,按周孔之唇。传合诚勤,愈乖本质。文儒尚强,矧彼街村,固宜隔别殊言,部为土韵,令语各达情,调能如意,差为近古。有悖生今无已,则括其漏遗,订所讹异,浅学资以肆库,短才得而迁徙,斯亦韵学之一大成而已。友人吴季华少有古癖,尤嗜宫商,政以词律起家,益复研究中北转叶之次,恍晤元音狭小休文,聊参孙愐反切。经其咬嚼点画,费其推敲,古不违时,奇不骇俗。险难诛剔,则文约而用广;重累删涤,则途清而义着。所谓括漏订讹,允哉获我,妙写精镂,公诸同志。因落其成而识所始焉,迹使迂俚老生划开蒙覆,知律固宗唐,非嫌泛滥,韵宜还雅,渐觅原来。古咏方陈,咸归天叶,谐声转注,不假人劳也。

(录自《江东志》第七卷《艺文志》)

叶有声作品选

作者简介

叶有声(1583—1661),字君实,号震,隐居新场。明万历四十三年(1615)乙卯科应天府解元,万历四十四年(1616)丙辰科进士,官左副都御史。著有《绿天馆诗文疏议》四卷。

诗词作品

仙舟岩

藏壑难将不系同,白云深处瑞烟笼。
非关春雨天边坐,恰似星槎海上通。
弱水三千五岭度,长风万里一帆空。
茫茫圆峤知何处,掉破青山翠霭中。

江南乐

枯槔声歇昼眠凉,野风吹雨稻花香。
东村沽得西村酒,闲话桑麻到夕阳。

舆中遥望武夷

山翠重重杳霭通,玉华遥接武夷宫。
一麾阊阖五云外,赢得仙山在部中。

(以上3首诗录自《海曲诗钞》第四卷)

包尔庚作品选

作者简介

包尔庚,字长明,自号宜壑居士,居包家宅。明崇祯十年(1637)丁丑科进士,官罗定州知州,有惠政,召其入都,因祖父卒而不赴,隐居清溪之曲,闭门著书。清朝建立后,召其为官,以母亲年老力辞。著有《直木居诗集》。

诗词作品

授官岭南别同年揭潜铭时潜铭亦出为福宁守

遥闻明主意,珍重简方州。
拜命同槐夏,之官共荐秋。
事容车盖盛,地接鼓旗优。
莫为辞京国,徘徊动客愁。

(录自《海曲诗钞》第四卷)

李雯作品选

作者简介

李雯(？—1646)，字舒章，居南汇所城。少有才名，荐授宏文院中书舍人。清顺治二年(1645)，任顺天乡试同考官。工诗，与松江陈子龙、夏允彝齐名，时称"云间三子"。著有《幽兰草》和《蓼斋集》。李雯父李逢申，明万历四十七年(1619)进士，官至工部郎中。李雯七世祖李伯玙，住南汇城内，明宣德元年(1426)中举人，官至淮府长史。李伯玙子李澄与李清均得中进士，李澄官至福建左参议，李清官至四川左参议。李家显贵后，常居松江府城。

诗词作品

登楼曲

爱作登楼艳，绮窗四面开。银筝初出手，玉镜更安台。桃花吹满户，日暮香车来。

（录自《蓼斋集》第八卷）

江南曲

水谷桃花雨，风帘紫燕衣。流光常潋滟，迟日正芳菲。平楚川虹落，江楼画艇归。烟中黄鸟度，蘋上白鱼飞。折柳方春暮，徘徊蚕欲饥。

（录自《蓼斋集》第六卷）

南园即事

(一)

迟日通莺燕,春深杨柳边。
池寒新凤子,风落小榆钱。
香槛碧桃夜,亭空水佩捐。
薄凉犹自迩,憔悴百花前。

(二)

日照杏花薄,东风枝下多。
竹深疑有望,楼静不闻歌。
啄木荒藤老,含桃细鸟过。
夕阳春草上,淡淡复如何。

(以上2首诗录自《蓼斋集》第十九卷)

春日雨怀

(一)

雨湿青桃重,舟过碧岸齐。
烟波相对出,花草至今迷。
战舰黄龙急,城孤白鸟低。
栖迟堂上燕,犹是未衔泥。

(二)

灵雨朝朝合,春云日日阴。
潮深菰蒋没,阶静昔邪侵。
野渡迟桃叶,东风隔杏林。
茫茫芳草岸,何处寄愁心。

(以上2首诗录自《蓼斋集》第二十卷)

春时闺曲

无限东风浅草香,鹧鸪啼上赤栏旁。
秋千架冷胭脂雨,宛转屏开玳瑁床。
桃叶勤飞趁双桨,柳条深锁是斜阳。
相思锦阁空无赖,一夜红愁浸海棠。

春 游

解意春风剪柳条,含情独在曲栏桥。
衫名杏子调绿凤,水长桃花飞白鲦。
茂苑森森莺作侣,平池滟滟月当宵。
秋娘家住棠梨馆,罨画罘罳别梦遥。

（以上2首诗录自《蓼斋集》第二十八卷）

沈弘之作品选

作者简介

沈弘之,字茂之,赋性尫羸,明代浦东高桥人,深于经术,凡九边要害驰驱抵掌如在心目。曾入袁经略幕,未得展其奇,已而馆涿州。辑武事全书,五载书成。涿州以进御,上悦之。族弟廷扬例入中书。弘之为《海运策》,以是得上宠,四年之间省解费数万余金,皆弘之力也。归老江东,不复出。年八十有二,临殁,手不释卷。

诗词作品

吴淞江候潮

古庙门前换野航,渡头极目总悲凉。
云连海气埋春树,风助潮声撼夕阳。
草际牛羊晴放牧,沙边凫雁暖飞翔。
来游不为亲归觐,宁信荒郊是故乡。

(录自《康熙嘉定县志》卷十九卷)

传记作品

海运郎光禄寺少卿沈廷扬传

沈廷扬,字季明,崇明诸生也,崇祯中入赀,为武英殿中书舍人,思欲以文自异于诸钱虏。时余在相门,谋于余,余曰:"文岂可以一朝袭取乎?且浮词何足重?不若建言时事。时事最切要者,莫如饷我海人也,试言海运可乎?"然其事久,交繁不胜远引,姑就本朝洪武二年起至永乐十三年止,按籍缕陈画图以进。上览奏,大中圣怀,自阁臣杨嗣昌启其端,无有人知而能言者。遂命擢用,即疏辞,不允。公曰:"扬固茫然,恃兄无恐。今惟兄自为之,扬只奉身以从。"盖国制岁运南方米四百万石以实燕都。石费四金,因粮以治漕河又费石四金,岁费三千二百万金。及粮至京,恒少四分之一,其故又以每石捐五钱为赂部科上下之例,故凡预是职者视为金穴。天子欲用公复海运,岁可节省二千余万,将失所食,大肆吐骂。户科给事中张元始谓公曰:"言海运者,海贼朱清、张瑄也。清平之朝岂宜容此?"公曰:"朝廷三空四尽,此可省一大段。"元始曰:"朝廷岂待汝省乎?若如此省,将何所藉为吾侪进士地?"乃疏劾公。上不听,于是百计阻挠。大司农李待问问公曰:"海运可省几何?"公曰:"二两一石足矣。"待问曰:"若如此,省朝廷甚多。"此初念也,已而亦随声附和,乃计使往淮与总督漕务朱大典议试运,实阴令抑遏之。临行,又使郎中高斗光嘱公曰:"行徐徐,慎毋轻快。"时崇祯十三年庚辰春也。

公至淮，与大典议，大典乃谬为恭敬语言，诡遝密奏储粮二万，廷扬无舟。公归崇明，自募海艘至淮请粮。然实无升斗，日促之不应，乃强山阳县委曲以他粮输载。既解维，大典诈称有旨，飞骑追回。及请开读，竟无有。于是始出黄河，扬帆开洋，六月朔也。至鹰游山候风，六月初六日。长行十五日抵天津，举朝骇异，不信以为诈。上使宦者验粮及水程俱实，益大悦，深信海运必可复，廷扬必可用矣。公论劾大典无粮欺罔、假旨缇骑奸狡诸状，有旨无得角口。于是科道阁部以为如此不可复与大典分漕为海，又不敢抗上意，但使运山东登莱粮接济山海关宁远，以塞上意。擢为户部山东司郎中，给督押海运户部分司关防。夏月公往，乃抚道郡县承望风指，不与粮。历秋冬入春，不得已，参奏登莱青三府吏弊。大略言，初议欲召买以急济关宁，因时不能待，故令以仓储发运，而俟秋收召买以补仓粮。乃久候，而各邑报云仓无储蓄，皆用价二两五钱一石新买。则奉旨储练、修备四事、抚按册报者尽欺罔耳。间有输至者，粟皆黑腐，讯其吏书，云出自仓储。昨岁连荒，颗粒无征，此属三年前所收，故色黑耳。则二两五钱一石所买之说，是以朝廷之粟贵卖于朝廷也。至手衙蠹侵渔，支吾误运，更不可穷诘。疏上，即使内侍崔明彩夜发户部尚书李侍问。时及三更，卧中惊起，乃廷扬疏也。又传谕不许漏泄，侍问即驰檄天津、山东巡抚捕治之。三月，督运从山东渡宁远。

时督师洪承畴已往松山，与建州兵对垒红螺山下。宁远相去二百里，若又陆运，则山路挽输更费矣。常例计里论价，公虑费多，乃径往杏山，去松山仅二十里，令骑就舟驮月饷以省运费。时大饥，人相食，米、豆、黍、稷，石五金。有旨使先运豆五万以饲马，山东百姓苦之，公疏言："人饥死殆半矣，马孰与人？今时已涉夏，麦将熟而贱，何不以麦易豆，使人食面，马食麸，一举而两利。"德州相公谢升曰："此至经济也。"上嘉赏，亟行之，于是回舟即以新麦往辽，人马两得其济。又有天津用价召买山东粮以饷辽，山东从陆运至津，津出水脚海运至关宁。公疏言："何不径上臣舟，对过关宁为便。"又有山东运临、德二仓，天津移以饷辽。百姓输入临、德二仓，辄致破产。又出价运至津，津又出价运过海。公又疏言："亦何不径上臣舟，对过关宁？下省民间劳费，上省朝廷运价，若临、德二仓有阙乏，则截南来漕粮补之，且省漕舟半程而蚤回空。"上皆喜而亟行之。初，户部以山东二十五万限三运，公曰："关宁一冬阙粮，士卒嗷嗷待哺，岂能俟此粮足而后发，容臣满几舟发几舟，接续不断可也。"时天津候南漕不至而无运，惟山东络绎循环，宁远海滩日日上粮，百货山积，士民按担交踊，夷虏亦喜悦。初奉旨欲先运豆五万，登莱巡抚曾樱回奏，登州无颗粒。已而潍县令周亮工至，未匝月所限数千皆足额。高密令何平亦然。各州邑迎合上司指，不肯运粮至海舟，唯诸城令荆世爵最远，倡先、寿光令刘乐安、尹乔咸运上海艘，公直陈其实荐之。得旨减俸，一年行取。初，部中用公于山东也，本以难公，乃每奏辄徼温旨。天津巡抚冯元飚，公素所交知，乃谓所亲曰："粮从天津发，例有五钱一石，沈廷扬径从山东运去二十万余，则我无十万多矣。"自是遂不复容于山东。

时总漕朱大典已黜，史可法代，移公于淮谓公曰："运以春夏风和浪软可行，秋冬风劲浪高难发。"故滞其行期。十一月始关洋。溯风过成山头，黑夜遇飓退回，明日又遇，两日三遇成山亦天幸矣。至八角口，辽海已冻不可渡，乃至登州，十二月朔矣。奏报米云："臣海运四年，南北运过粮数十余万，济辽无阙，省朝廷脚价数十万余金。凡一夫一马一蔬一菜皆臣自办，不费朝廷一文。"上览奏，会廷遣抚宁侯朱国弼镇守淮扬，为榜样。"如今只有沈廷扬此人难得，天下难得。"廷臣垂首而听，莫敢仰视。上又顾谕阁臣曰："他在海中已四年，大劳大费，可与一京卿酬他。"吏部仍于中书上加光禄寺少卿，虽升实抑之。上抹去中书衔，复批"俟有功另行优擢"，盖特恩云。明年甲申春，从陆回淮，京师报急，户部檄运粮一百万，公日夜筹画输载。四月，周王、唐王、鲁王、崇王皆浮河至淮，闻京师已于三月十九日为闯贼李自成袭陷，帝崩国亡。时建州兵在山海关外，中前所提督吴三桂在关上，贼乘势进攻。六月至红花店，战及关，我兵稍却，不得已，请助于建州兵，约誓共破贼，恣其掳获酬之，以山海关为互市，开关延入。贼复来战,大破之,长驱直护捣。贼不能支,遁出保真而西,京师克复。建州兵不还,遂有京城,国号大清,建元顺治。是夏,福王子至江南,共立为帝,以明年为弘光元年。设四藩镇,封刘泽清为东平伯,悉夺运艘于淮。题授公为监军道,公疏辞不受,愿守先帝恩命。父愃受赠光禄寺少卿,母施氏,妻袁氏俱受诰赠宜人。时总漕史可法入拜,出领四镇,驻节白洋河,见公疏曰:"我悔受新衔,有愧于公多矣。"时吴三桂不降贼,自守山海关,淮扬巡按御史王(燮)议公运粮接济。已发,既又闻三桂引我大清兵定长安,因不果往,泊庙湾海口。高杰阴阳向背,振瓜洲阐往来。公不得渡江,已而杰为许定国所诱杀。明年乙酉春三月。公以催饷归崇明。四月,清兵破扬州,四镇溃,史可法亡。五月,北师渡江,南京陷,弘光君臣遁走。六月,苏松诸郡县皆不守,淮安总漕田仰及将校皆望崇明,浮海而至,以公为东道主。公倾养将士,募兵、置械、聚舟。时太仓先迎附,昆山、嘉定、松江起义拒守。先是,清副将李成栋驻镇吴淞,至是连破数郡县。八月,公率舟师顾荣等进吴淞江,达上海,兵自溃散。总兵张士仪渡刘家河入其城,以无援亦溃降。于是田仰等皆南走浙。九月,公举家随往。黄仲嘉杀顾荣,夺其兵。荆本澈从南至,又杀仲嘉。十一月,李成栋自吴淞航海击崇明,本澈遁崇明,亦不守。公之往浙也,鲁王守浙,公置象于宁波。明年,浙东旋陷,公悉遣诸妾去,独身往舟山。隆武遥命为提督、南直两浙军务粮饷专理、恢复都察院右副都御史。丁亥春,率海师至崇明,不登而返。其夏,肃虏伯张名振统海师进扬子江,直抵南京,至福山鹿苑大战三昼夜,忽飓作,舟相触破沉溺。公被获,至苏州,不屈,坑其梢水六百余人,余船皆脱去。槛送公于留都。见主者洪承畴,乃向所知识,终不屈,从容就死,七月初三日也。遗命以先帝丧,具冠带白布袍殓。适毁南京旧宫殿,以大内五凤楼梁木为棺,成之得正而毙,可以瞑也。

弘之曰:海运之说,启于大司马杨公嗣昌。盖成祖行在燕都,制鸟快船往来南北,日令数舟在张湾以备不虞。崇祯中流寇遍满,漕运时梗,东兵日逼,故嗣昌于督师讨寇临行疏陈,有"海运不可不通"之语,意有在矣。廷扬欲建言，故为代草，不图深契圣怀。当事者恐海运而失己利，百方阻挠，不知天下以实心行实事，何事不可为？海运自元盛行，国初洪、永踵行之。至隆庆末，暂试而止。旷世绝学，廷扬虽生长崇海不习，岂知余亦非熟谙海道者，第粗涉经济，考究稍明耳。廷扬能任余，圣明尤信任廷扬，谏行言听，故能功成名遂。迨初闻国难，私相窃计：天子欲通海道，未必不为此日。昔年己巳、戊寅、丙子，京城围逼，皆守数月。今能坚守三月，则我舟不月可抵天津，冒死以观圣意，则一帆飞渡矣。正尔装粮候开，讵知万事瓦裂，辜负圣心，虚愧圣恩。惜哉！痛哉！公于海运固自分茫然，至于兵事尤所未究，乃倾家泛海，随人附和，憧憧往来，不顾利钝成收，其志其愚真不可及。当其从容赴义，就死如归，明于大节，非烈丈夫孰能之？使公不去，则全躯保妻子，荣官犹夫人也。今捐十万之家，获千秋之名，所得孰多？且崇邑向鲜宦达，公一旦以京卿荣其父为开代之伟人，树两全之忠孝，由前成不世之功，由后植不朽之节。恪勤贞亮，炳然与日月昭于天壤，岂与夫怀禄希宠，觍颜犬豕之辈絜短长争旦暮哉？

公无子，诸侄不愿为嗣，第曰身后事当属茂之。余与公共海运，悉公独详，故已志其墓，又述其大节以始终云。公性度宽柔，初疏言海运也，部科皆谩骂，公谈笑不与辨是非。及至淮试运，朱大典使山阳丞飞骑追公还，暑夜逼寘小舟如穿，公亦泰然。钦命山东司郎中运登莱粮于辽也，泊舟于水城。登州海防同知周翼龙栅海口，使公俯伏钻入，公笑而钻之，略不动色。国变后，公罢运，停舟于庙湾。高杰令麾下将被甲露刃，逼公夺舟，公恬默以待之。又自简率，能耐劳苦。初奉命至淮，无官舍，栖荒庙，藉寝蒸湿。又鲜书记，每公移余削稿而公自手书。乃陆行山东往淮时，一日荒郊遇雨无旅舍，蜷缩茅檐破土炕中。余甚不堪，公亦自如。至于糠饭粗蔬，海舟逆旅，甘之如饴。夫马恒自雇，一日经临淄，邑令禁不容雇驴。日暮甚踉跄，公无愠色。平生疏于财，好行其义。岁饥，捐廪以粥饿者。有尝修隙于公，及兄罹于难，公不念前怨，奋身为控雪之。族兄贫病且死，托其孤，公为养教而婚成之。有黄冠苦行，化构二桥，未成而物故，公率为成之。有僧发愿化斋普陀合山僧,不遂而病将死,亦以求公,卒为济之。人有乞公转贷,后负约,公代偿之。亲知称贷于公,逋负至数千金,悉焚其券。后自海山入长江,被擒入狱时,囊无一文。余谓曰:"近年假贷可索乎?"公曰:"垂死之人,焉索以济?"余深悔多言。

(录自《江东志》)

张电作品选

作者简介

张电,字文光,号宾山。明代浦东川沙人。书宗李北海。从陆深游京师以书御制集礼序,为世宗嘉赏,遂由儒士入史馆供事,时建皇史宬,命题额,授鸿胪寺序班,迁中书舍人。历太常太仆卿,累擢至礼部左侍郎,凡朝庙典册必使之书。引幸游宴,未尝不从至,遣摄大礼,诸学士有不得比者。居官始终恭敬善藏。获"勤慎忠诚"之赐。卒赐工部尚书。

诗词作品

张城南师之弋阳王府教授任诗以送之

十载门墙积雪时,祇缘多病每趋迟。
幸垂清教为心警,叨遇明时受帝知。
宗室封章求国相,天曹抡选得吾师。
独怜道义邱山重,不尽燕关话别私。

(录自《海藻》第五卷)

陆起凤作品选

作者简介

陆起凤,字云翔,号俨若,明崇祯甲申岁贡,著有《映玉堂稿》。居浦东顾路。

诗词作品

辛丑六月彭德符夫子崇祀名宦祠敬赋

(一)

治行三吴孰与俦,流馨俎豆足千秋。
帝乡梦去云迷鼎,仙表归来月满缑。
召伯棠阴龙浦上,羊公遗迹凤楼头。
临风一向盐官望,不散当年国士羞。

(二)

精忠盖世血犹丹,二曜争光海色寒。
剑履已随箕尾去,文章犹向斗牛干。
诸生仰止圜桥立,三老讴思负杖看。
落落人琴成异代,凄凉山水复谁弹。

(以上2首诗录自《海藻》第二十五卷)

朱襄孙作品选

作者简介

朱襄孙,字宁馨,号古弦举人,明举人,居新场。著有《世荫斋诗》。

诗词作品

晓行

单车侵晓发,梦里数邮程。
云隔家山远,林穿旭日明。
落花游子泪,密树杜鹃声。
辛苦他乡鬓,繁霜已暗生。

梅影

东风吹醒古梅魂,扶上墙头淡有痕。
仿佛孤山人去后,一枝憔悴月黄昏。

晓晴

连宵细雨暗欺花,零花残英满钓艖。
晓起隔林听啼鸟,朝霞红上小窗纱。

(以上3首诗录自《海曲诗钞》第二卷)

李延昰作品选

作者简介

李延昰,讳彦贞,字我生,后更名延昰,字辰山,号寒村,世居南汇城,跟季父著名中医李中梓习岐黄术,以行医为生,曾走嘉兴,后居平湖。著有《南吴旧话录》《放鹇亭集》《药品化义》《医药口诀脉诀汇》等。卒于平湖,年七十,用浮屠法火化塔葬,所藏二千五百多册图书赠予朱彝尊。

诗词作品

归家作

吾生困行役,星鬓还自嗤。今始得暂归,劳歌难重思。洒扫怜老屋,风雨犹蔽之。布席聊宴坐,高吟古人诗。鼠饮期满腹,鸟栖择高枝。获遂丘壑情,吾道庶在兹。富贵非不欲,贫贱安所辞。愿彼闲云游,自得山野姿。

复得旧稿目录而作

弱冠以后所著《南征稿》六十余卷,屡遭祸患,凡有字画悉为家人焚毁。丙寅冬,忽于郡城中见旧本百余纸,皆诗文目录,细视之乃余旧稿也。用三十钱买归,因之追忆少作犹可得十之一二。屈指相与往还诸公无一人存者矣,老泪如丝,痛彻心髓,譬之梦中忆梦,乍笑乍啼,因题百余字。

年少气何豪,捷笔斗风雨。服膺太史公,蒙庄互吞吐。髯苏虽后时,屈指亦在数。偶然得佳题,呐哉如脱兔。至今南征稿,疑得鬼神护。蹉跎腼颜面,人见相哓呕。在理或有之,于我当自固。晦暝独闭门,一读再回顾。雷霆助声响,川岳骇奔赴。老境转萧条,语默成谬误。颇承故人哀,难回薄俗怒。此卷久零落,一旦委行路。披阅似梦中,频拭眼犹瞀。叹息。瘦筇不老芒鞋轻,青钱三百随我行。溪桥数折入人境,日落更喜群山青。酒垆遥对菊花好,东篱岂有陶渊明。

上海

万里朝宗水,喧豗沪垒东。
稽天新涨碧,浴日晓云红。
地控三吴尽,潮分两浙通。
春申遗庙在,社鼓赛村翁。

漾陂小筑

卜筑城西路,溪流面面通。
但教鸥鹭满,不畏稻粱空。
净扫延虚白,闲窥落小红。
闭关良醖足,便可傲无功。

有怀隐庐上海

江城我出君初到,异地相思恨转重。
老去为儒双鬓白,兴来寻友一□从。
鱼龙夜啸潮声合,桃李春寒雨色浓。
归路倘经黄歇浦,茅堂如昼白云封。

观海

野色凌空断,春潮正急流。
孤营云卷筛,荒井月沉钩。
健翮惊黄鹄,潜踪羡白鸥。
群山争蹈海,何处是神州。

东归

东归寂寞遂余生,不向渔樵负夙盟。
十亩低□劳筑岸,半间破屋待支楹。
编篱设棘为多事,贮月藏云本至情。
幸比蜗庐成就易,嘉宾雅意莫经营。

蜜蜂投蛛网救之遭螫痛定后示道士阆风

天地孕万物,而各具杀机。大小互为忍,其事尝因依。蜘蛛尤巧恶,以坐而制飞。蜜蜂翩翩来,含芳味所归。忽在罗网中,蛛喜逞其威。但肆齿牙利,不嫌躯体肥。举头乍见之,手与解其围。蛛既患得失,蜂讵解从违。贾勇螫吾手,负痛心力微。吾病蜂得生,儿童任相非。善且不可为,斯言识者希。

(以上 8 首诗录自上海通社编 1984 年 1 月上海书店版《上海研究资料》第 155 页《上海学艺老话》)

莫秉清作品选

作者简介

莫秉清(1612—1691),字子先,号紫仙,诸生,松江莫是龙之孙,莫如忠之曾孙。莫秉清隐居石笋里(今浦东新场镇)。其绝意科举,诗古文词高致,书法晋人,善于铁笔。著有《采隐草》诗集。其诗品卓绝,闲远幽邃,如孤梅铁干,猗兰幽芳。

> 诗词作品

春柳

酬唱阳关有曲传,只今犹似渭城年。
翠分眉黛三春恨,绿暗江皋二月天。
画舫乍归疑带雨,远山虽浅共为烟。
殷勤正是怀人候,几被东风一缕牵。

新晴

梅子初青谷雨天,卷帘添得落花烟。
春山忽忆寻香径,看到荼蘼又一年。

题画

暗香亭下湿残红,有客携琴叩隐翁。
更向西楼看雨色,春山多在乱烟中。

溪上漫兴

东风催雨乱莺啼,茅屋垂杨隔岸低。
春水渔舟何处泊,乱红流到小桥西。

襄左见过即别渡浦送之二绝

（一）

一片荒林一片云,暂时相见即相分。
荒江冷落潮初上,细雨孤舟独送君。

（二）

秋镫相对两年前,此日回思俗黯然。
莫话存亡添别泪,含情且共立苍烟。

（以上6首诗录自《海曲诗钞》第五卷）

清代作品选

朱绍凤作品选

作者简介

朱绍凤,字仪圣,号蒿庵,新场人。明崇祯六年(1633)癸酉科举人,清顺治六年(1649)己丑科第三甲第二百七十七名进士,先任临县知县,升吏、刑、礼三部给事中,后降为福建建宁府司狱。著有《浣花窝诗集》和疏稿。其子朱廷瓛为康熙十八年(1679)进士,官新郑县知县、吏部主事。

诗词作品

班婕妤

望里昭阳殿,愁来长信宫。
君恩不可恃,妾梦更谁同。
辇路余芳草,妆台满落红。
夜深怜薄命,团扇泣秋风。

塞上曲

书生本燕颔,结客度龙沙。
朔气金戈冷,边风玉辔斜。
射雕千岭雪,落雁数声笳。
坐看楼兰灭,铭功报汉家。

蓟门杂咏

雄关万里控神州,极目高空赋胜游。
刁斗夜寒秦塞月,笙歌晓度汉宫秋。

平时调马归天仗,壮士呼鹰上臂鞲。

惭愧十年珠履客,凭风独啸仲宣楼。

(以上3首诗录自姜兆翀编嘉庆版《国朝松江诗钞》第二卷)

春尽感怀适见蒋慎斋年例之报凄然成咏

(一)

春去肠应断,徘徊建水滨。

絮飞莺语滑,花落燕泥新。

迁客踰南徼,归鸿近北辰。

不堪回首望,又见别离人。

(二)

风雨摇残夜,春归人亦归。

蓟门花共泣,阳羡茗初肥。

双剑连云合,孤帆带月飞。

圣朝崇吏治,不惜谏书稀。

仙霞岭

千山回合万峰连,曲径斜分一线悬。

火道风雷泉赴壑,数声弦管鸟啼烟。

乾坤到此疑无地,身世于今别有天。

遥望武夷应不远,幔亭何处可长眠。

入闽即景

幞被间关赴七闽,幔亭风雨郁嶙峋。

杜鹃满地含新泪,蟋蟀先秋啸暮春。

醉去独眠千里月,愁来频看百年身。

边城角沸烽烟黑,堪使纯钩老剑津。

茉莉

疏星点点簇芳丛,素质含香玉露中。
抱影自怜今夜月,承恩不向蕊珠宫。

(以上5首诗录自《海曲诗钞》第六卷)

施维翰作品选

作者简介

施维翰(1622—1684),字及甫,号研山,居浦东闸港施家行。清顺治五年(1648)戊子科举人,顺治九年(1652)壬辰科第三甲第三十七名进士。历任临江推官、兵部主事、山东道监察御史、江南道监察御史、鸿胪寺少卿、光禄寺少卿、大理寺少卿、太常寺少卿、左副都御史、山东巡抚、浙江总督、福建总督,卒于浦城,谥清惠,崇祀乡贤祠。有《施清惠奏议稿》传世。

诗词作品

张洮候客武昌有诗见寄奉酬

故人客里念离居,江汉邮简一载余。
自拟望之惭结绶,更同叔夜懒酬书。
停云谷水怀春草,走马燕台恋故庐。
闻说比来才益健,题诗曾到武昌鱼。

(录自《国朝松江诗钞》第二卷)

城眺诸山

列嶂何修耸,三江在大荒。

女墙苔暗绿,戍垒火昏黄。

蛟卧金仙宅,龙归玉女房。

振衣天际想,落日古台旁。

(录自《海曲诗钞》第六卷)

陆鸣珂作品选

作者简介

陆鸣珂,字天藻,号次山,陆起凤子。居浦东二十二保十四图顾路。清顺治八年(1651)辛卯科举人,清顺治十二年(1655)乙未进士,历任扬州府教授、国子监监丞、户部员外郎、四川主考、山东提学佥事、山东布政司参议。天资高迈,自幼力学,著有《使蜀莱青》《湖滨》等。

诗词作品

过剑门关

凌晨饭大木,行行费登陟。群山莽回互,巀嶭更险仄。夹岸罗青林,阴洞蔽丛棘。古干何槎牙,根蟠石同色。双剑划然开,化工信奇特。大剑列崇墉,削壁净如拭。小剑从西来,峥嵘立岩侧。谁锡此嘉名,武侯建闉闍。茫茫人代改,割据纷蟊贼。王路方清和,声教被巴僰。中丞肃纪纲,周行如矢直。应歌栈道平,大书复深刻。

草凉驿

疑入桃源路,微茫一径通。

人行丛树里,泉响乱山中。

鸡犬林端见,烟云马首逢。

平生幽赏意,凭眺思无穷。

(以上2首诗录自《海藻》第二十五卷)

望中条山

我行已永久,最爱中条山。

青霭自朝暮,白云相往还。

桃花明古洞,玉女驻朱颜。

竟日车尘里,风流未可攀。

晚雨过真定

汗漫畿南路,冲泥仆仆行。

乱云迷古堠,远树拥岩城。

遇淖前驺唱,临歧候吏迎。

王程方万里,不敢惮晨征。

徐沟道中

搴帷行水际,六月转微凉。

草作江南绿,山连塞外长。

土人初种秫,仙令早含香。

夹道棠阴里,风流忆沈郎。

蒲关道中

却喜今朝霁色开,迢迢长薄绝纤埃。

封仍故绛流风远,关近新秦望气来。

击壤浑忘虞后力,济川还想傅岩才。

只今两地飞鸿集,无限恩膏遍草莱。

奉送汪舟次太史出使琉球

恩覃海外尽归诚,特简词臣拥传行。
诏向中山金作册,节从三殿玉为京。
相如彩笔陵云壮,博望仙槎狎浪轻。
采得方书来绝域,汉廷侧席待回旌。

谒西山悼灵王庙

烽火当年接建章,前朝王气日苍凉。
陵园极目惟秋草,宫寝伤心一女墙。
龙种依然余木主,鼎湖邈矣在山阳。
登临至此愁无限,不是悲秋欲断肠。

(以上6首诗录自《国朝松江诗钞》第三卷)

朱锦作品选

作者简介

朱锦,字天襄,号岵思,周浦人。清顺治八年(1651)辛卯科举人,顺治十六年(1659)己亥科第二甲第六十七名进士,会试第一为会元。授庶吉士,转户部主事,同考礼闱,以母老乞归。殚思著述,卒年五十四。有清康熙刻本《藜照堂诗稿》传世,吴伟业为诗稿作序。

诗词作品

袁将军墓

独树老风烟,将军姓氏传。
何来三古恨,不及六朝编。

海气凭戈挽,霜威借日悬。
忠魂如可作,碑碣有啼鹃。

虞美人墓

帝子悲歌罢,芳魂舞草凭。
尚传虞氏墓,无复汉家陵。
日暮鸣驴过,荒邨野烧腾。
千年龙战后,旅梦落残镫。

寄怀同年彭骏孙

倦游久已谢朝簪,静掩柴门独苦吟。
万里江湖芳草思,一镫风雨故人心。
晚花浥露光逾碧,积水连云气自阴。
吾道卷舒随造物,莫忧秋老鬓霜侵。

南翔白鹤寺鸳鸯殿

鸳鸯殿上淡朝晖,古木萧萧入翠微。
玉女捧帘云欲合,金龙盘柱雨常飞。
寺名累代看犹在,鹤去千年恨不归。
闻道有僧诗画好,竹房深锁客何依。

细林山过干一别

细林峰色雨中看,自古神仙隐炼丹。
双屐游来铭石烂,五云高处阁松寒。
箕山曾不离尧地,茅氏偏能弃汉官。
羡尔宦情如脱屣,园林卜筑傍黄冠。

(以上5首诗录自《国朝松江诗钞》第三卷)

江南曲

妾钓画桥阴,郎骑青山曲。荷花两岸红,杨柳一堤绿。软玉鞭前雉兔飞,轻兰桡上鸳鸯浴。门倚晚霞开,路与春风触。烟中深浅暮归船,珠帘明月漾前川。吹起罗衫伸皓腕,可怜昨夜枕郎眠。

燕歌行

郊原漠漠垂云黄,饥鸟永夜啼橉枪。彷徨四顾草木荒,思君不来心孔伤。翩翩飞燕归故乡,君独何为久朔方。朱颜憔悴不可当,妆前宝镜无辉光。织成纨素岁月长,欲往拭之增断肠。援琴呜咽声未扬,一弹再弹发清商。含悲击节泪沾裳,秋风萧瑟凝空房。

园居偶述

霭霭南山夕,采芝坐烟浦。
流水林间来,飞禽不胜数。
抱瑟吐芳音,开樽集灵雨。
仿佛上皇人,永言薄簪组。

剑池

幽寒一剑水,终日辘铲声。
下有阖闾墓,上腾金虎精。
野花敧峭壁,危石走飞鼪。
夜半月明里,璆然环佩鸣。

细林山怀古

细林孤耸出云间,缥缈仙踪洞壑间。
何处疏钟花外度,常时舞鹤夜深还。
金篦直欲参初地,玉辇曾闻驻此山。

向夕篮舆贪济胜,岧峣极望果难攀。

题雪田弟画

山中秋色坐来深,岩际无人水自吟。
独向板桥寻曲径,月明落叶满疏林。

(以上6首诗录自《海曲诗钞》第六卷)

赵子瞻作品选

作者简介

赵子瞻,字半眉,居浦东。其父赵东曦为进士,官礼部郎中。半眉为清顺治十四年(1657)丁酉科举人,顺治十八年(1661)辛丑科第二甲第三名进士,榜姓唐。授推官、户部观政,后免归里。闭门课子,书画自娱。著有《赵半眉诗集》四卷、《赵半眉词》一卷。赵子瞻墓在三林塘南。

诗词作品

柬寄于潜宰楚璧兄

不辞盘鸟道,吏隐未为非。
城对青山僻,邨藏碧树稀。
千家泉作碓,五月絮添衣。
为问鸣琴者,丹砂近有几。

茸城雨中访宋荔裳兼以秬园诗请正

风雨暗茸城,蒹葭动远情。

未能忘作赋,聊此复班荆。

凭吊空天地,悲歌赖友朋。

归来烟树晚,云锁乱峰平。

(以上2首诗录自《国朝松江诗钞》第四卷)

叶映榴作品选

作者简介

叶映榴,字丙霞,号苍岩,新场镇人,叶有声之子。清顺治十四年(1657)丁酉科举人,顺治十八年(1661)辛丑科第三甲第七十三名进士,授庶吉士,历任礼部主事、礼部郎中、榷赣关、陕西视学、湖北粮道等职,遇兵变,冒死极力阻之无果,以自刎殉职,康熙皇帝闻之震悼,予祭葬并赠工部右侍郎。康熙南巡时御书"忠节"谥以号。著有《叶忠节公遗稿》《苍霞山房杂钞》传世。

诗词作品

桥陵

大荒浮黄云,众山失故黛。划然川原开,苍翠出烟霭。居人为余言,桥陵在其内。下车拂征尘,屏息谨再拜。古木参青云,枝叶为偃盖。黄帝未仙时,此树乃先在。其余二千株,环陵而向背。陵庙与树连,云气时暧曃。沮水流其中,触石响清籁。怀古有余情,瞻眺得大概。当年神圣兴,制作史其载。采铜首山巅,铸鼎荆山界。鼎成龙下迎,其说近迂怪。左彻不能从,抱弓致忠爱。凿山葬衣冠,庙祀崇百代。且乩且学仙,汉武发深慨。至今祈祟台,芳草尚掩蔼。候神幸缑山,采药巡海外。封禅何纷纷,徒为公孙卖。余意帝至尊,不仙亦何害。缅彼垂裳时,今古所嘉赖。不死今有冢,此言良大快。惟有柏长生,风雨勿能坏。

二十日次介休县县有介之推禁火台

策马戴疏星,崎岖足未经。
水环三郡碧,城对数峰青。
寒食空烟火,丰碑蚀墓铭。
冷泉关下过,秋色正泠泠。

虔州杂诗

(一)

佳节重围里,衔杯涕泗横。
军声思北府,归路断西京。
战伐乾坤小,流移骨肉轻。
还闻二千石,间架税孤城。

(二)

城骑东西合,军心草木愁。
轻肥堪大将,功级耻通侯。
墟落无宁犬,衣粮责卖牛。
遗民复何意,箫鼓赛龙舟。

(三)

乘骢趋幕府,推毂下江津。
重镇惊新拜,微词避旧人。
櫗怜无益智,汤幸有茵陈。
得妇兵戈里,相看爱子亲。

(四)

落落南征将,逢人色惨然。

□偷裴度印,粮逐吕嘉船。
卷石封庾岭,悬军守瓮天。
回看滩水隔,跕跕堕飞鸢。

（五）

孙恩图窃据,岭暗百蛮氛。
遂有长生号,多凭娘子军。
番黎骑白象,旗鼓属红裙。
汝父今如在,焉知不负君。

（六）

将略徒知己,风云善屈伸。
全师真得计,能走即忠臣。
河上堪持狄,山中可避秦。
空城罗雀鼠,惭愧说张巡。

（七）

白下江头路,重围风鹤惊。
多凭李常侍,直取蔡州城。
杀气湮川谷,军声别姓名。
可知飞将少,今古不常生。

（八）

胆略大于身,渔阳拜后尘。
两城无立草,千里有行人。
神速先骠骑,风流爱角巾。
论功休树下,儒雅意恂崛。

（九）

八部螺山戍,围城隔大江。
飞涛横画槛,燎火照军幢。
未战皆轻敌,相持待受降。

鸣笳催月上,儿女话船窗。

（十）

白露洲前望,书生意不平。
九重空帑藏,一战惜身名。
师老轻民命,田荒藉寇兵。
依然春殿上,唯诺是公卿。

咏史

（一）

特牲告庙誓兜鍪,万骑从王度陇头。
政府尚思开蜀道,边书又报失梁州。
欲分处仲无君谤,故遣镌羌就父谋。
两将可怜膏野草,骰间白骨有谁收。

（二）

花门别部骑如云,饮马西湖落日曛。
绿酒自浇苏小墓,青碑却碎岳王坟。
千邨燕垒荒林见,八月潮声午梦闻。
天使无诸真授首,酬功可久李将军。

（三）

飞猿岭上夜鸣笳,野哭江邨泪掩沙。
八口贼中犹望活,全城兵到已无家。
平台宝玉门成市,明月歌钟女簇花。
便复豫章归版籍,不知何地种桑麻。

（四）

中原财赋大江通,特借贤王坐镇功。
遂有蛾眉陪曲宴,可怜猿臂怯雕弓。
田荒吏酷三丁尽,贼去兵来万室空。

牢落新亭杯酒后,更谁挥泪说江东。

酬杜让水孔目

武库真堪作史臣,编摩岁月彩毫新。
甘为李杜专门学,耻说机云同郡人。
野酎劝君偏苦口,嗔鱼食我不批鳞。
故园风味天涯得,莫指雕盘羡八珍。

酌酒与马玉坡

依然话旧帝城春,相视相惊鬓发新。
回忆六年风雨夜,同经万里乱离身。
沅湘赋就文憎命,祠祝官闲性爱贫。
莫笑浮沉甘吏隐,只今不敢羡山人。

重经渭南

贫缘生世结秦州,旧句重看感昔游。
山截大河仍北向,心随清渭欲东流。
奇文未逐风烟烬,巧宦知难笔墨求。
残雪夜窗期一醉,但浇块垒不浇愁。

送毛会侯归浙江

（一）

十年学易悟盈虚,笑别花封返故庐。
折简耻求韩众药,呕心贪著傅元书。
问奇屡满多因酒,作客歌阑不羡鱼。
归去奚囊何所有,一篇游记与诗余。

（二）

只今临水送将归，采采江蓠怅落晖。
此夜曲终谁画壁，到时春尽恰更衣。
身能出世真名士，论得劳生解息机。
一听越吟愁欲绝，那堪双桨去如飞。

（以上21首诗录自《国朝松江诗钞》第四卷）

获鹿道中望积雪

百里人烟断续闲，斜阳积雪水潺湲。
兴来欲借关仝笔，写尽今朝劈斧山。

连云栈道中

（一）

大散关头怪石横，不因路险断人行。
软舆细马争先后，谁听春林杜宇声。

（二）

山根细路曲随溪，身上前峰后岭低。
阁道三千三百级，当年何处着云梯。

出固关和王阮亭韵

径转沙回只此山，阴晴倏换白云间。
回头欲与恒州别，一路题诗出固关。

庚申夏至日自武威至张掖

武帝功成吏守边，伤心天末是居延。
人家板屋风声里，思妇寒衣泪眼前。
目断燕支愁见月，槎浮银汉渡经年。

怜余不作征西将,药裹书囊信一鞭。

次和宋声求念切昆仲双林禅院观荷

僧院通触作醉乡,风流敢效谪仙狂。
贫窥积玉饥能饱,老愧愁蛾昼不长。
但略形骸如邺下,便无箫管亦山塘。
输君一艇冲波去,烟水低迷见雁行。

别李天生

忆辞建礼入秦关,凄绝龙沙鸟道间。
穿栈百盘临汉水,披裘六月过天山。
不知马首行何托,但着征衫破未还。
试唱古来边塞曲,有谁听罢独开颜。

次汤阴谒鄂王庙庙为岳忠武王故宅

天意终亡宋,公生与桧逢。
有心归二帝,无计悟高宗。
莲幕阴诗议,龙沙自举烽。
功灰三字里,碧血淬芙蓉。

(以上8首诗录自《海曲诗钞》第六卷)

张集作品选

作者简介

张集,字殿英,号曼园。张淇之子,世居浦东三林塘,后迁居娄县县治所在地松江府城。康熙八年(1669)乙酉科举人,康熙十五年(1676)丙辰科第二甲第二十七名进士,授行人,擢御史,官至兵部左侍郎,性朴俭,为大臣自奉若寒畯,好赒恤,建义塾于筠溪。卒赐祭葬,墓在浦东十九保七十八图北四灶。著有《爱日堂诗》。

诗词作品

送杜让水之广昌任

莫叹分携向各天,交情原不隔山川。

飞狐北望骞缇幕,归雁南来寄彩笺。

琴伴一官心自抚,碑传众口齿常镌。

此行会见兰台擢,纶綍应将姓氏传。

(录自《国朝松江诗钞》第十五卷)

周金然作品选

作者简介

周金然,字广居,号广庵,又号越雪,居浦东三林王家渡。康熙十一年(1672)壬子科顺天乡试举人,榜姓金,名然。康熙二十一年(1682)壬戌科第二甲第二十四名进士。授翰林院编修,历官左春坊左中允、司经局洗马、翰林院修撰,曾典试湖广、山西。著有《饮醇堂文集》,书法尤为世所传。

诗词作品

春郊

一片风花逼禁烟,郊原极目总堪怜。
半生避世墙东地,三月怀人渭北天。
管别柔条新客舍,唤愁细草接江边。
即看欲尽春如驶,莫负新丰斗十千。

忆包山

乘兴扶筇出,门开见石公。
月波随步阔,霜叶照颜红。
烟景三山外,桐阴小门中。
偶然吟眺惬,取次落冥鸿。

频过遗民西园花下作

暇日相寻即胜游,往来二老亦风流。
青鞋布袜西郊路,碧草春波南浦舟。

只合庞公为对宇,最宜庾亮共登楼。
花时更爱频移席,香雪千秋一望收。

汴梁怀古

艮岳排空托降灵,胡然化石散疏星。
炼丹灶冷仙何许,流碧池荒草自青。
废苑累累堆阜蠹,故宫莽莽棘围扃。
岂知四海为家日,万岁山临万寿亭。

小憩崇郊禅林赠雪坞上人

名蓝容我解征骖,相对清斋弥勒龛。
落叶声中传逸韵,生花笔底生优昙。
游人未枉山王驾,通义先参支许谈。
岂是攒眉莲社侣,虎溪图里定须三。

蕲州卢氏阖门殉节诗

蕲山何峨峨,蕲水何汤汤。蜿蟺孕英灵,笃生此贞良。乘风驭灏气,挺然来帝旁。下为混浊世,挽扶已颓纲。绝学向千载,一朝辟混茫。微言宣大义,鸿文抽秘藏。衣被执经传,烂焉分无章。雍雍孝友声,琅琅通德乡。质成倚平反,金日上公堂。风声一思服,名教多激扬。幽冥尚可格,况乃孚党庠。相与尸祝之,曾不异庚桑。惟时胜国季,有寇薄城隍。公素静退闻,义勇发仓皇。振臂即云集,亚旅俨戎行。险隘既分布,公也一面当。登陴数力战,敌势顿沮丧。他关俄失守,蹂躏遂沸汤。身无一命寄,壮哉殉疆场。碧血裹丹心,虚无照八荒。为五岳拔地,为列星耀芒。熊熊不可磨,千秋仰灵爽。所难公有息,裔出望族杨。与母偕陷贼,志操坚冰霜。耻为贼所挟,相携投火光。焰灭遗殖存,男娠坠已僵。又有犹子绅,伉俪并罹殃。绅子震初者,从亲为国殇。其妇尤奇烈,抱子周岁强。拜辞祖舅姑，跃赴井中央。是为袁氏女，与杨并流芳。稽古节义事，旷代遥相望。卢氏胡独然，巾帼皆冠裳。一门萃三世，侠骨争馨香。兰阶荻不生，威凤无凡凰。正气所凝结，郁确排天阊。斯曰国之祯，斯曰家之祥。我闻忠孝间，其后必寝昌。长公金闺彦，勃兴振青箱。维屏开节钺，策勋在旗常。前修既彪炳，后业方焜煌。恻然述祖德，家乘垂珪璋。谁欤职惇史，载笔行取将。乡评请崇祀，国典用表坊。忍使大节泯，语焉或不详。萧萧株树林，累累土门冈。呜呼一门者，行道犹蠹伤。呜呼一门者，靡俗犹激昂。呜呼一门者，历劫犹孔彰。蕲山若加高，蕲水若增长。

(以上6首诗录自《国朝松江诗钞》第十六卷)

施惟讷作品选

作者简介

施惟讷，字于宪，号省文，居浦东闸港施家行。施维翰从子。清康熙三十五年(1696)丙子科举人，康熙三十九年(1700)庚辰科第二甲第三十四名进士，榜姓顾，赴部改姓又误改许。历任浙江兰溪县令、山西荣河县令、大同府知府。

诗词作品

仙霞岭

雄关虎豹踞高寒，闽粤分疆控百蛮。
天地为人留险阨，烟霞容客恣盘桓。
神戈旧扫挽枪尽，驿路新培雨露宽。
明日下滩凭纸铁，崎岖莫道路行难。

(录自《国朝松江府诗钞》第二十六卷)

蔡嵩作品选

作者简介

蔡嵩,字宣问,号中峰,八团蔡路外护塘西侧。清康熙三十五年(1696)丙子科贡生,康熙四十一年(1702)壬午科举人,康熙五十二年(1713)癸巳科第二甲第九名进士,历任翰林院庶吉士、翰林院编修、直南书房、云南督学、宗人府府丞等职。参与纂修《圣祖仁皇帝实录》。著有《四书题解》和手抄诗一册。

诗词作品

赵州店中和壁间韵

何处晨炊好,野塘一逗遛。

柳榆风叶晓,禾黍露花秋。

倦羽早思息,征车未放休。

闲吟题壁句,羡杀水中鸥。

古滇署闻蝉

一声高唱起庭柯,午梦惊回透绛罗。

噍杀似怜官冷落,悠扬如和客吟哦。

鸣残叶底斜阳暮,翼上冠来老鬓皤。

赢得翛然寥廓外,清风凉露饮天和。

荆门道中

（一）

重冈如带亦如环，林立诸峰左右间。
百丈丹梯今日上，荆州门户虎牙关。

（二）

荆门南下尽平冈，万顷田畴蔓草荒。
不似东南尺寸地，半载禾黍半载桑。

恭和御制千叟宴诗

（一）

玉阶晴闪玳筵华，蓬岛春回雨露赊。
寿世圣还世寿圣，星辉夜夜灿澄霞。

（二）

半生藜藿腐儒身，饱饫天厨陆海珍。
出语都入胥忭舞，舜瞳尧采倍精神。

重过陆凉州

篮舆又复过江皋，出水新秧渐次高。
白鹭自来还自立，停眸闲看使君劳。

（以上7首诗录自《国朝松江诗钞》第二十八卷）

王正五日皇上御乾清宫赐千叟宴臣年六十三得叨圣恩恭纪

（一）

次第纶言出石经，直从践阼溯于今。
已安已治黄农业，由溺由饥舜禹心。
胜国愆风供鉴戒，先儒理学赞高深。
修身养性延年术，不向神山海外寻。

（二）

暖入觚棱日影高，炉烟细细透宫袍。
话长共喜天行健，听久偏怜臣坐劳。
长此高梧楼凤羽，不教鸣鹤恋江皋。
亲闻天语丁宁再，敢说词臣已二毛。

过彰德府

前燕后赵古名城，贤守风流出送迎。
我欲停车登北岭，摩挲片石吊韩陵。

王正二日早起见大雪

昨朝微霰点鸾行，今日清辉满画堂。
应为圣朝筹积贮，特教瑞雪兆丰穰。
天开玉宇琼楼界，地献随珠赵璧光。
霁后渐看风日好，余寒消尽见春芳。

响水洞

横披得意大痴笔，细雨浓云着色鲜。
恰是我来点缀好，轻帆一幅小鳅船。

（以上5首诗选自《海曲诗钞》第九卷）

序跋作品

《金管集》序

生平爱诵小崖文章，微独其诗也。顾诗之衣被词人都正嘔，循新城之矩度，而学以充之，识以空之。甲午，和同年王未岩卧龙松及紫玉砚歌，和前辈周寒溪咏雪，用聚星堂韵，声震红兰白玉间。辛丑，客凌榆山邸舍，唱和最多，若浴象行诸作，遒上实逼杜陵。犹忆其喜晴诗"朝晖暖暖天宇净，宿露泽泽庭风清"之句,诵之不能去口。癸卯,奉使滇南,邀之同往,道远不获。丁未,公车后复得交手京华,屈指欢聚,时远则十五年,近已八年,人生几何而不眷眷也。投示诗草二千余首,予无能甲乙。昔梁元帝遇圣贤,忠教懿行,以金管书之。因择其中显助风教者,呼善书人录出,别为一帙,题之曰《金管集》,为篇四十五,为章八十三。塾中隽子弟有事吟咏,诸体具矣,取式于兹,庶不失性情之正,何俊窥全豹而识蔚然之动变哉!雍正戊申同里同学弟蔡嵩拜手序。

（蔡嵩对顾成天的诗十分推崇,从顾成天的两千多首诗中选出83首,编成《金管集》并撰序文。蔡嵩选辑此书的标准是要有助于世教,使阅者能从诗文中感受到圣贤、忠良、孝悌、懿行的教化作用,并以其为榜样,使世风淳厚、仁者爱人。）

朱鉴作品选

作者简介

朱鉴,字旦平,号映川、泖君,居周浦。清康熙三十五年(1696)丙子科贡生,康熙五十年(1711)辛卯科举人,雍正元年(1723)癸卯科第三甲第一百四十七名进士,时年已61岁。任宁国府教授。编著有《静观楼时文》《古文评注便览》。其子朱良裘为雍正二年进士。

诗词作品

仙霞岭

御驷无媒况解骖,长安面目十年参。

士林垂白间挥手,枉是咨嗟吾道南。

(录自《国朝松江诗钞》第三十五卷)

钱武肃王庙

富贵寻人不自由,小名犹忆唤婆留。
平提江左三千骑,坐断淮南十四州。
自翦锦衣封大树,亲擎铁弓退潮头。
只今剩有新声在,陌上花开无限愁。

(录自《海曲诗钞》第九卷)

唐班作品选

作者简介

唐班,字晚野,号荆严,浦东一团人。清雍正二年(1724)甲辰科举人,同年甲辰科第二甲第十四进士,榜姓程。历任山东邹平县令、凤阳府教授、池州教授。归乡后迁居南四灶港,颜其斋额"诵耘处",学者称其"柴溪先生"。卒年八十一。

诗词作品

题闵笤谷听泉图

(一)

退老荒村泉石难,爱将图画静中看。
危峦曲涧君游处,流水恍疑弦上弹。

（二）

非关采药入云深，为爱山间漱玉音。

直沁心脾幽意惬，芒鞋不受俗尘侵。

（以上2首诗录自《国朝松江诗钞》第三十五卷）

朱良裘作品选

作者简介

朱良裘，字冶子，号补园，居周浦，朱鉴之子。清雍正元年（1723）癸卯科贡生，雍正二年（1724）甲辰科举人，又中甲辰科第二甲第七十名进士。官至詹事府少詹，曾任四川乡试正考官。著有《鹤浦书堂诗余》。

诗词作品

南苑大阅恭纪

（一）

风和雪霁动轻寒，犀甲成行矗豹冠。

德耀两阶光舜日，典昭九伐凛周官。

熊熊雾集千城寄，鹅鹳云屯列阵看。

共仰天威临咫尺，嵩呼舞忭奉宸欢。

（二）

貔貅霆震尽鹰扬，佩锷盘缨浴日光。

铁骑星流青羽箭，珠幡云绕绿沉枪。

已歌文德超三古，更颂皇威亘八荒。

深愧小臣忝珥笔，彤墀肃穆仰垂裳。

（以上2首诗录自《国朝松江诗钞》第三十五卷）

叶承作品选

作者简介

叶承,字子敬,号松亭,举人叶棠之子,进士叶有声曾孙,新场镇人。清雍正二年(1724)甲辰科举人,雍正五年(1727)丁未科第二甲第四名进士,历任常山县令、贵池教谕。归乡后教授里中学生。工小楷,善写山水,著有《松亭诗文钞》,卒年七十九岁。

诗词作品

题曹北居妹倩采药图

(一)

人生贵适意,舒卷体自然。
焉能逐尘网,扰扰成劳牵。
山前白云合,山下松林幽。
山中芳草生,时有野鹤游。

(二)

杖策行空山,携筐入萝径。
四顾寂无人,松风满山静。

舟抵池阳

依然萍梗泛,复睹翠微姿。
客怅离家速,舟嫌抵岸迟。
孤城春色里,双培夕阳时。
风景年年是,谁知两鬓丝。

(以上3首诗录自《国朝松江诗钞》第三十六卷)

顾成天作品选

作者简介

顾成天(1663—1744),字良哉,号小崖,南汇城人,其祖父顾其言为明末进士。清康熙五十六年(1717)丁酉科举人。雍正七年(1729),雍正世宗皇帝在顾成天所著的《金管集》中看到"恭挽圣祖仁皇帝升遐诗"六章后大恸,不久召顾成天进京,钦赐顾成天为雍正八年(1730)庚戌科第二甲第十一名进士,授翰林院编修,上书房行走,赐居澄怀园之花语山房,直皇子讲读,不久告老归乡。乾隆皇帝登基后,召顾成天进京,晋侍讲。乾隆皇帝阅顾成天所著《东浦草堂文集》后御赐序言,又题《镜容诗》一律。顾成天还著有《花语山房诗文钞》《离骚九歌解》。

诗词作品

谒孟庙

疏星烂三五,残月垂帘纤。驱车古邹道,虬柯揭我檐。睡梦惕将曙,长林隐崇檐。入门肃拜跪,庙貌亲岩岩。低回七篇指,悚惧隔圣凡。仰谒已三度,微躯愈自嫌。兰茝宿纫佩,薋菉犹苦黏。斩归安陇亩,无复着征衫。胡能恝径去,日上看山尖。庶几羹墙慕,长临尊且严。

鲁烈妇

清流淙淙万安桥,白日杲杲风萧萧。谁将其下贞魂招,已脱凡骨骖云轺。特为巾帼建大标,濯淖污泥志不消。古来苦节都无聊,烈妇身死尤飘摇。晨昏纤绩资箪瓢,十年荼苦如一朝。松柏岁寒知后凋,祀在千秋不可逃。行在众舌无为饶,瓣香瞻拜申桂椒。词卑愧非琼英瑶,焉得遗像图生绡,高悬日月遍荒徼。

题沈孝子默夫传后

从来至行须至文,从来奇事须奇文。事奇行至纷楮墨,笔花怒发排烟云。前年栖托清河邸,蟾阳高洁旧播闻。今年冬尽喜交臂,玉韫珠含未尽君。焚香读传三叹息,拜伏床下初殷勤。缺陷天伦血泪并,至诚郁烈蒸蒿焄。忽然海天翻混沌,指南有器不可分。随风掀泊得指点,骨骸竟收荒岛坟。梦诉生平呼小字,乍醒痛哭牵衣裙。登舟寻返蛟门道,水天一色入斜曛。归来佳城郁松柏,潜身玉局却世氛。寒不忍炉暑不扇,不婚不宦不血荤。瑰琦苦心夐英企,正是庸常君子群。呜呼孝德乃臻至,高洁全真乌足云。

吊孙烈女

遗香亭畔说遗香,郁郁青丘翰墨场。
愤决风霆歼伏莽,贞回日月照容光。
神人下散烧婴气,天子亲题若药房。
油碧娇魂应恸哭,可能相见鄂坎旁。

都门留别

八载郎官清禁从,承恩新忝大夫封。
乞身不羡陶贞白,受禄犹惭邴曼容。
笔珥延英详议礼,编开崇政广明农。
衰庸只合归田去,九点还余未到峰。

渡河

闰九辰还是暮秋,片帆光借月如钩。
古来江汉同归壑,今日淮黄合作流。

星宿远涵华夏势,宣房常厘紫宸忧。
从兹指点金焦过,略约汀溪自在游。

辛亥十月十三日夜间吟

砧杵声声逼夜凉,草间久已息啼螀。
勇夫仗剑夸擒虎,童子挥鞭解牧羊。
寒意几番侵坐榻,幽情一缕结焚香。
甲兵净洗丰年屡,宵旰无忧化日长。

(以上7首诗录自《国朝松江诗抄》第三十六卷)

序跋作品

《离骚解》序

孝子不得亲,如穷人无所归,忠臣亦然。惟其不忍离,而不得不离,无所控诉,作此以告天下后世,明臣道之变,故以离名篇。从来注疏未免削趾适履,使缠绵恳恻之诚都□于模糊影响。虽经朱子表章艺林,但猎其文采而不求甚解,至以求女为求君。此王逸以来之谬误,实非古而背理,乃因仍至今。旧著《九歌解》已梓行正世,此篇向欲订之而未逮。近兀坐小斋,鲜赏奇析疑之友,无聊中正堪与古人晤对,因取而梳栉其大意,澄涧分沙,血脉流贯,盖熟复之后宛相告语。若夫搜罗诠释,取合舍违,俟我同志如听直中多有可采者,衰老精力弗能矣。昔章惇谓《离骚》取诸颂以其流丽而庄严也,其实诗亡之后灵均杂糅六义创此别调,为赋家之祖,盖永言转移之大关键也。故曰赋者古诗之流。杜陵之沉郁顿挫,资于骚者,实深亦朒恳,不谋而自合尔。乾隆辛酉新秋七十一叟小崖自叙。

(录自顾成天著清乾隆刻本《离骚解》)

《归田赠言录》序

夫求全则难,节取斯易。士鲜尧舜君民之志,学而独洁其身,特远于贪冒耳,可谓贤乎?况衰老无能,并无当于洁身之义也。予以乾隆元年五月二日入觐天颜,二年六月二十四日乞身,七月初九日告行期,十七日辞陛,二十一日出国门。遭逢迟暮,难逭旷官,曲荷圣慈,免于罪戾,幸已矧更,获被宠荣。桐城张相国手书,朱夫子青云白石聊同趣,霁月光风更别传之句以赠,方深惶恐辱诸公篇章,络绎尤耻过情,然以善善欲长之意,济之风雅,斐然蔼然。云锦分闲,输情不吝,不可不留示后人,以志不忘也。匆整行装,恐其遗失,属友人随到随录,付梓不复次云。岁丁巳闰重阳日顾成天序。

（录自顾成天著清乾隆刻本《归田赠言录》）

《分建南汇县志》序

皇帝闿开仁域,大邑分鳌,雍正三年乙巳,定建南汇县议。其明年,邑侯钦公迪简于廷,首莅兹土,德孚才驶,民和事集,乃延众论而修邑志。成天与及门士叶子承、从子昺获珥笔焉,朝夕参考。数月,将脱稿而侯去,成天亦随奉恩诏入都,觐天颜,伴皇子讲读。从子试南宫,留余直庐,叶子令常山。而侯独于驰驱鞅掌间,摅所见而荟萃焉。又阅□月,书成,成天受而序之。盖尝论南邑之建,其治较他邑颇易,亦颇难。邑东薄大海,申浦带其西,鲜往来舟车行旅,异物气以蓄,而不过人心无所荡,故风不甚漓,治之所以易也。地多斥卤,水泉不厚,旱干可患,海若冲突可虞,兵防盐,杂糅其间,小民生齿繁,生计鲜,姑息则弛,武健则蹙,治之所以难也。以其易者而顺导之,以其难者而补救之,侯之绩,皆有明效矣。是志之作,又以其顺导补救之策,遵昭代章程,参前人法戒,验人情之所欲恶,胪而列之,俾行人可采,外史可掌,守土者可考镜,侯盖有无己之心焉。夫分土以亲民,天子之仁也。克勤乃事,新猷永赖,有司之良也。谨编摩而备一得,乡人士之职也。侯能上报圣天子,而余三人得藉手以黼黻升平,厥功懋哉!雍正八年嘉平月,邑人顾成天撰。

（录自顾成天著清乾隆刻本《分建南汇县志》）

黄槐作品选

作者简介

黄槐，字晋望，号果亭，张江栅人。乾隆元年(1736)丙辰科举人，乾隆二年(1737)丁巳科第三甲第八十九名进士。历任松阳县令、平阳县令、河源县令、徐州府教授，卒于任上。著有《果亭诗钞》。

诗词作品

和廖樾千不惹庵诗韵

（一）

数椽小筑邺西偏，一卷公余阅几年。
面秀三峰图画里，不须妙手皴云烟。

（二）

茗碗熏炉位砚南，黄华山色护云龛。
从来尸祝原多事，不愿人呼畏垒庵。

（三）

辛苦年来鬓欲丝，千村麦浪尽三歧。
官清羞与旁人说，惟有阶前白鹤知。

（四）

故园一发九峰青，云影天光翠欲零。
薄宦岂能营别业，此州尚有狎鸥亭。

（以上4首诗录自《国朝松江诗钞》第四十卷）

碑记作品

铁沙义学碑记

古者家有塾,党有庠,术有序,国有学。无地无学,无人勿学,故其时风俗敦厚,有怀葛之休,以教之有数也,民生其间,抑何幸欤!邑治东南隅有川沙堡者,虽僻处海滨,而人都朴茂,咸知诵读,雅不乏菁莪之泽。只因贫富参差,不能户户延师训迪,以致贫民之子每多失教,良可慨也。张君振南、瞿君瀛若,堡城之好善士也,惓念桑梓,欲建义学以造就人材。于乾隆七年夏因同志田子京山呈请于督学使者,督学可其请,下诸郡县,以董厥成。张君即捐田出资,构学舍数楹,延有士行庠生为之师,于是一时负笈来游者已踵相接。而四方慕义诸君子皆高其行,以良田助。余时方待铨休沐,与田子实左右其事,孤寒者至是可无失教之虞矣。荏苒数载,奈梗化者每视为公所,司教者恒目为传舍,亦乌知三君之设学民善俗,如是其重乎哉?以故倾圮颓坏而莫知省也。戊辰岁,容城胡公复莅兹土,缘公事抵堡,见学舍摧圮剥落,风雨割其隅,霜露降乎席,喟然兴叹曰:"此养育人材之地也,将坐视其废乎?果有所不可也。"首捐清俸为都人士倡,爰命重而新之,即又为之详请各大宪,命镌诸石以志不朽。而余已出宰松阳矣,张君邮致其详,余谢不遑。第思堡为海邦之要地,其士必深于礼义,其民必习于教训,而乃当恃以安,故濒海莫不重学,而声教之所讫,时铁沙为尤,其宁可忽乎哉?使居是职其率生徒而肄业焉,日有课而月有程,奖其勤而绳其嬉,使得明于伦常性命之学,忠信廉节之行,油然而不能自已。则教化之源,其机已兆,庶几于古之治矣,而何可不思百世之后言念诸君姓氏于勿谖。余故不揣固陋以记其事云。赐进士出身浙江处州府松阳县知县、前山西解州太平县知县黄槐书于浙西官舍。

(录自清道光刻本《川沙抚民厅志》第二卷)

凌应兰作品选

作者简介

凌应兰,字春藻,清雍正十三年(1735)乙卯科举人,乾隆二年(1737)丁巳恩科第三甲第一百五十四名进士,官江西万安县令。其父凌如焕为康熙五十四年(1715)进士。凌如焕、凌应兰墓在浦东下沙东。凌应兰著有《静圃诗草六卷》。

诗词作品

吴江道中忆八弟时在楚中

九月涉平江,秋高水气碧。霜风摇岸草,伫望远帆白。栖鸦鸣古树,荒村下泠日。潇湘雁未来,吴苑梦愁夕。萦情属令弟,服劳在行役。

防工书所见

(一)

黄河日夜射海东,百川秋至俱来同。
长空一碧势漭滉,气与山岳相争雄。

(二)

奉职防工下相里,晓立堤旁看漭漭。
赤鲤腾空浪欲翻,白鼋簸荡窟频徙。

(三)

入秋旬日多淫雨,涂泥沾体足贫窭。
万间广厦徒空谈,深林一枝聊可取。

（四）

金风不日残暑消，白露渐生波不骄。

补葺旧巢聊入处，毋令雨雪来飘摇。

访友人不值

小桥接石坡，溪流明可数。

深树寂无人，此间疑太古。

（以上6首诗录自《国朝松江诗钞》第四十卷）

张端木作品

作者简介

张端木，初名若木，字昆乔，号林长，张煜子，世居浦东三林塘西林。清乾隆三年(1738)戊午科举人，乾隆七年(1742)壬戌科第二甲第四十三名进士，历官浙江金华、诸暨、镇海、常山、临海等地县令。著有《双清堂诗集》《钱录》《三林杂记》。

诗词作品

石屋洞观苏文忠公题名

（一）

法书流传勒山石，名山又藉名人迹。

愧余爱山又爱书，为访题名拂石壁。

（二）

苏公去今七百年，摩崖数字人争传。

鬼呵神护风雨避,苔藓不生蜗绝涎。

(三)

京惇气焰犹粪土,眉山翰墨归天府。
碎金留得在空山,仿佛陈仓获石鼓。

清涟寺

遥闻钟磬下香台,为叩禅扉访辨才。
新阁忽然穿石出,昔年曾此听泉来。
池鱼半作蛟龙化,庭树重添桃李栽。
流水出山清似眼,在山转自染尘埃。

赤山访勾曲外史隐居处

浴鹄湾头丛竹林,仙家只爱入山深。
三间茅屋闲开卷,万壑松风独抱琴。
遗迹难论前代事,清诗常击后人心。
樵夫指点丹成处,一树虬槐散绿阴。

心斋弟赴任永道寄此代书并约明往晤

南岳峋嵝石,西山钻姆潭。
古人留胜迹,仕宦任幽探。
地远峰回雁,时和桑再蚕。
明春思理楫,帆影转湘南。

(以上6首诗录自《国朝松江诗钞》第四十卷)

吴世贤作品选

作者简介

吴世贤，字掌平，号古心，世居浦东下沙。乾隆六年（1741）中贡生，乾隆十年（1745）辛酉科举人，乾隆十三年（1748）戊辰科第三甲第三十一名进士。历任安化县令、咸宁县令、兴国知州、南密县令、乐昌县令，卒于粤。著有《香草堂诗稿》。

诗词作品

夜雨

劳生会合亦匆匆，遍拍阑干倚晚风。
愁似远山来未了，事如积水渐成空。
雄心半减秋声里，渴疾难消夜雨中。
独对尊前浑欲绝，碧天嘹唳有哀鸿。

题董渔山芝龛记

（一）

万里烽烟落日惊，蚕丛愁听乱蛙鸣。
绣襦甲帐桃花马，知是秦家白梏兵。

（二）

忠孝神仙不二门，玉芝苕秀佛龛温。
竹林繁露春秋笔，莫共香奁一例论。

（以上3首诗录自《国朝松江诗钞》第四十卷）

金王谟作品选

作者简介

金王谟,字宿来,号东瀛,居浦东七团江镇西市。乾隆十七年(1752)壬申科武解元,乾隆十九年(1754)甲戌科武进士,官守备。其父和弟均为武举人。著有《颐志轩诗稿》。

诗词作品

平台纪事

(一)

崇武登艨舰,波涛万顷平。
激昂衷甲士,慷慨弃繻生。
马似龙池种,人如天上行。
八更昕夕渡,默佑感神明。

(二)

兵势如潮涌,长驱抵贼濠。
霓旌翻雪浪,白刃泻银涛。
困兽犹知斗,游魂何处逃。
画成罗兔计,三窟总徒劳。

(三)

壮怀张杀伐,诚意格豚鱼。
不愧司军命,真能读父书。
试看跨海日,想见入川初。
世泽云礽永,鸿名载德舆。

(四)

南人不复返,泽国庆安澜。

归马鲲身畔,回舟鹿耳滩。

凯歌赓骏烈,颂语涩毫端。

自问无长策,徒铺毳暮餐。

(以上4首诗录自《海曲诗钞补编》)

陆锡熊作品选

作者简介

陆锡熊(1734—1792),字健男,号耳山,陆秉笏子,祖居浦东二十二保十四图沙桥(今曹路镇安基),后迁居上海县城。乾隆二十四年(1759)己卯科举人,乾隆二十六年(1761)辛巳科第二甲第六十六名进士。官至左副都御史,总纂《四库全书》。历任内阁中书舍人、方略馆纂修官、直军机处、宗人府主事、刑部员外郎、刑部郎中、翰林院侍读、右春坊右庶子、侍读学士、充日讲起居注官、文渊阁直事、光禄寺卿、提督福建学政、山西乡试副考官、浙江乡试副考官、广东乡试正考官,两充会试同考官等。著有《宝奎堂文集》《篁村诗集》《雪帆集》。曾在顾路镇西顾集宅居住数年,读书于培心堂邀月轩,顾集系陆锡熊故府。陆锡熊也一度寓居周浦镇。

诗词作品

巽龙庵看秋色

禅院淡深鸟散烟,樵踪细绕绿波前。

巽龙桥上重回首,十里红霞欲暮天。

旅舍对酒

乐酒当今夕,悲歌感昨非。
为儒生计薄,远道故人稀。
少壮行殊昔,田园胡不归。
谁能信漂泊,终负越山薇。

富春江行即事

喜将晴色破愁颜,不负江湖独往还。
留住秋光莫教去,白云红叶富春山。
无多茅屋枕江壖,隔崦依稀有炊烟。
斗觉新寒上衣袂,数株衰柳驿门前。

友仙亭

独鹤一朝去,仙人殊未还。
白云吹不散,流影满空山。
风雨双崖断,莺花万壑间。
蓬莱何处是,亭下水潺潺。

培心堂诗

(一)

悬谱已看满皂囊,风流还接次公狂。
红牙拍酒秦筝急,黑浪堆云楚畹香。
烟水九江名士座,琴樽三泖散人装。
玉溪萧洞通家旧,惭□冬郎与衮郎。

（二）

铜龙门外听箫韶，射策身曾到九霄。
只为汉廷怜吏虎，却教公辅缓卿貂。
琼文掷地知名久，锦绶朝天去路遥。
阙下定知凫化后，道旁人共识王乔。

周浦永定寺

精舍留初地，苔碑失记年。
寒潮清梵里，独树劫灰前。
五字青邱子，千秋自足禅。
不胜今古意，落日下苍烟。

袁崧墓

多难隆安日，孤忠长合侯。
黄云沧海阵，白骨战场秋。
壁垒余荒蔓，经过吊废邱。
孙庐前事在，立马重迟留。

（以上8首诗录自《海曲诗钞三集》卷十一）

吴省钦作品选

作者简介

吴省钦,字充之,号白华,又号冲之,南汇人,祖居下沙,为官后迁居松江钱泾桥北。乾隆二十二年(1757)钦赐举人,授内阁中书。乾隆二十八年(1763)癸未科第二甲第三十名进士。历任翰林院编修、侍读学士、左右春坊庶子、光禄寺卿、顺天府尹、礼部右侍郎、工部左侍郎、都察院左副都御史、四川学政、湖北学政、顺天学政,七典乡试,为同考官者三,为副总裁者一。卒年七十五。著有《白华前稿》《白华后稿》《白华入蜀文钞》《白华入蜀诗钞》《刻烛集》。

诗词作品

大相岭

既拜丞相祠,遂陟丞相岭。祠荒岭更荒,石笋怒交迸。一鞭虱其间,尺寸靳移影。碎石轧马蹄,危栈堕人顶。所喜身历高,下方瞰眢井。蓬蓬铺白云,万古混溟滓。得毋龙与蛇,嘘气蔽曦景。蛰物忌阳灵,鼓角响斯屏。当时景川侯,只手揜顽犷。为德苦不终,鳖行命须并。不知未遣初,丞相辔焉秉。时清险自夷,世乱坦皆梗。我亦渡泸人,吟成越罗冷。

大渡河

南条尊大江,木塔溯戎徼。滥觞非自岷,特以禹功导。平羌首效职,直下卷飞瀑。是川不受成,突起势雄暴。蚴蟉青龙尾,矫然作东掉。寻源在土番,到此极慓姚。虽亦归夔门,其利溥黎徼。揭来万工坡,牲醴冀神劳。绝壑戒舟航,县流成旗纛。大泽徙龙蛇,深山迁虎豹。如何画斧人,断渡弃南诏。智乃逊韦皋,积弱可先料。击楫歌慨慷,何时计鱼钓。

成都

参旗并络影溟蒙,霁景难流吠犬同。
岂有山川归李特,更无父老怨唐蒙。
碧鸡祀罢危坊损,金雁书来古驿通。
不独东吴悬万里,舳棱回首五云中。

登郁姑台

郁姑台似郁孤台,杳渺霜钟法界开。
乱水北吞三峡下,断峰南拥七星来。
荔枝一过霓裳散,桂树重招鹤驭哀。
为是两川冠冕地,醉扶藤杖独徘徊。

城南武侯祠精舍

丞相祠堂胜草堂,平消秋暑鬓生凉。
二千尺荫森森柏,八百株围暖暖桑。
略检琴书参法座,竟携荤酒破斋房。
心知万里桥头水,不共行尘下故乡。

下相岭历象鼻至白石塘雨大作

下岭马足轻,微闻仆夫语。来程皆小坡,息肩谢邪许。峡泉舆下行,泸沽汇支股。渐西势渐骄,万山更幽阻。化为蛮象奔,鼻卷脊尚俯。臃肿堆囷轮,戍削立城府。两岩斗欲倾,一哄葬行旅。藉彼白玉龙,鸿沟判汉楚。奈何飞上天,作阵打急雨。洞门避不遑,深恐伏黑虎。虚空涉嵌阁,屦声湿于鼓。石磴如卵危,石棱如剑举。人生非草木,胆气敢豪卤。云栈本夷庚,区区复谁数。

陵云山壁大石佛

岷水来自东,蒙水来自西。沫水来西南,其冲山作堤。山下蛰鲛鳄,山上腾虹霓。峭立此终古,撇潎声沙漸。九门突万轨,舟势轻凫鹥。自非道人道,焉得慈航慈。椎凿肖五体,坐卧忘六时。堂堂弥勒相,竞礼天人师。覆以千花塔,智灯明琉璃。于时韦南康,赞叹雕丰碑。厥象类金狄,厥功同石犀。我乡近淮海,横绝支巫祁。此佛如有灵,雷雨俾徙之。江流既以平,河流亦以治。长啸陵危椒,浩浩天风披。

双飞桥

一溪冲一桥,一桥束一溪。溪双桥亦双,胡乃名双飞。劈开乌玉峡,积下元冰澌。侧耳三日聋,怒蚪腾水嬉。伏地奋擂鼓,坤轴翻东西。崖倾路磬折,咫步皆纤威。四山起杀气,黯黮沉裕衣。魑魅昼寒栗,彳亍行且嗁。万灵意恍惚,直以牛心支。力持二水交,磨洗棱与圭。颇闻卜应泉,晴雨征浙炊。道人修道处,取径便扳跻。花坛炼铅灶,松院敲枰棋。草木死不萌,要足陵丹梯。喻彼广长舌,去去踪难稽。

雷洞坪

山精纵荒率,挂眼了无剩。决起风雨师,出奇肆雄横。砰訇钟发杵,喧啧舳走硠。雷车载鼓来,万仞劈悬磴。彼坪殊不平,劣断采樵径。岩霏滑如乳,盲昧照孤橄。九霄落九渊,垂趾即危窜。丛攒交拄之,深景一扶凭。不见人迹投,矧乃人语应。略持精进幢,为揽妙明镜。

(以上9首诗录自《吴省钦集》)

序跋作品

《白华前稿》序

序者,所以序作者之意也。有作者之意,斯有作者之文。以文载道,衷诸经;以文载事,裁诸史。苟其事无与于道,即其文亦可不作。作者之意必与道不远,而以法准之。举古人之规矩绳墨循循焉,不敢少放,操之既久,养之渐熟,继且文成法立而不自知。所谓自此人,非自此出也。然其所谓作者不出两端,一曰学、一曰才。才浮于学则为策士之纵横,而记载或同小说;学囿于才则为学究之训诂,而征引或似类家。特纵横之病较甚于训诂,彼不根于道,抑且并其糟粕而失之矫,其病者又不求之道,而第求之短长离合之间。孔子曰:"辞达而已矣。"达者达其理,非达其意也。吾之意达,而吾之理未达,则质既不立,文亦不光。以韩昌黎之文与道,而朱子只许为文人,则余子之所为文者何文,而所为道者何道?予束发后,一汩于科举,再汩于声律,妃俪之学,操觚率尔,散佚实多。戊子冬,使黔返觐,仰承天语谕以。凡为文必先从见解始,谨以是审古人之文,而不敢以苟作。使蜀五年,始置副墨。前冬入楚间有论撰,搜罗芟订,凡得文二十三卷,诗三十六卷,诗余一卷,名曰《白华前稿》。前稿云者,犹唐人前集、中集、小集例也。不曰集而曰稿,犹宋人类藁、初藁例也。不从藁,从稿,取其近也。先文后诗,犹刘梦得编柳集例也。冠以经进御试之文,犹唐人应制应试作,或入外集,或别附卷例也。五经破句,洪景庐尝论列之近贤,于句读易混处,自注句字,或注绝字,亦非古法。因酌毗陵唐氏抹点《文粹》中策论,归安茅氏圈点八家文之例,每句点断取其便也。不点断诗与诗,余者易为句也。撰拟册文、碑文、祭文皆不存,臣下不敢私也。代人之作多矣,存为粤西朝士寿陈公序一篇,以其非一人之请,余则既应人请,不当复为己有也。诗各编年,应试作联句并以时次,粗识踪迹;论而录之,仿史记自序、前汉书叙传之意,记其缘起。质钝业荒,去道甚远,惟是幸际圣明,职志文字,敝帚既享,痴符用□。异时若续稿成,容浼人序之。乾隆四十八年癸卯正月二十八日,南汇吴省钦书于武昌使院。

《南汇县新志》序

志之为言识也,语多见而识,识其大,识其小,古本作"志"是也。周外史掌四方之志,郑氏谓若鲁《春秋》、晋《乘》、楚《杌》之比,近省志、府县志因之。然志之名分,系之天文、地理、职官、选举、艺文诸类,而省志、府县志统及乎诸类,以观其通。然失之冗者摭引不根,失之漏者阙轶有间,故志之修与作也其难等。吾邑以雍正二年割上海分建,时邑侯长兴钦公琏,据《上海志》《鹤沙志》,撰县志十六卷。不载分野,不专立艺文,义例最为明简。阅今六十余年,生聚日蕃,风会日盛,民物之丰悴,政令之张弛,今之视昔,犹后之视今,不有传焉。意司牧者未以具史才,抑亦邑士夫之耻也。岁癸丑发春,予在假,持妇服,闻款门者至,则携胡侯志稿属定。伏读累日,叹其事增文减,所应有者尽有,所应无者尽无,史事如此,即吏事可知焉矣。三十年前,县号难治,民有"摸金校尉"之智,士有邓思贤之书,击断鸷猛,俗尚斯变,虽变之者非必其道,而其底于变也则同。侯究心利病,举所以治之道,一再致意。为农桑学校计,至深且远。而余以衰迟屡病之身,亲见之而执简序之为,何如厚幸也。汇之名,始自《禹贡》。《禹贡》言水,以小注大曰入,水力大小相配曰会。惟彭蠡受豫章九水,越大江之南,地势北高南下,故其入江处,反为江水所遏,而不得遂,遂却而自涿者,曰"东汇泽为彭蠡"。言汉水,入江以东,回为大泽也,曰东迤北会为汇,言江水,与汉所汇之彭蠡会也。汇者,回也。大海抱县东南,地势旋折。南派受浙水,北派受大江水,波澜回复,潮汐激荡。海底铁板沙,寇舶至即败,城踞要害,贻乐利于无穷。官是邦者,手是编,以周知夫疆宇夷险、民物丰悴、政令张弛之数,而于治思过半焉。是又侯勤施所在,而邑士夫不能谊者夫。乾隆五十八年二月十六日,工部右侍郎邑人吴省钦撰。

(以上2篇序录自《吴省钦集》)

书信作品

与朱画庄信

顷诵县志六篇,以新造之邑为无米之炊,体例谨严,搜采明备,过康氏之志武功远矣。其皮毛枝节无害于义。例而当改正者,如卷首结衔系臣字,篇中则系画庄朱氏。古经进之书,如刘向校《七略》、薛瓒注《汉书》、裴松之注《三国志》皆称臣。近时敝郡王司农鸿绪表进《明史稿》,其板心称横云山人集,遂停颁发。又新令府州县志,先上礼部勘覆然后布行。今志未经呈覆,则臣字似可节去。至本官须系本阶,如未奉敕授,书官不书阶可也。石溪亭诗骚坛,今改诗情,骚之传者,只屈、扬二篇,非如作诗之多,可云坛也。历城家明府当改从朱。东坡有《次韵子由送家退翁知怀安军》诗,退翁谓家定国。苏天爵《元文类》载,林霁山有《家大参归自北寄呈》之作,大参谓家铉翁则堂,定国、铉翁皆家姓,非本家之家。嘉隆后诗文,每以同姓之某为家某,无所依据。拙序无可观,行箧中亦无一卷书可资考证者,益以念作者之甚难也。

(录自清乾隆刻本《白华前稿》第二十卷)

薛鼎铭作品选

作者简介

薛鼎铭,字象三,号苇塘,据光绪《川沙厅志》记载,为川沙二十二保人,父仁本,系中医。薛鼎铭弱冠后就得秀才,清乾隆十八年(1753)考中癸酉科举人,乾隆二十八年(1763)考取癸未科进士,官浦江县知县。著有《桃研斋诗文稿》《春余吟诗文稿》《述训篇》《墨谱》。

诗词作品

大阳岭用金华钱处士原韵

志称大阳岭者,谓与太阳齐也。绝顶为金华,浦江分界所,故有金浦寺。偶阅府志见钱作,遂次其韵。

高高大阳岭,金浦寺间分。

欲界两边邑，长留一片云。
寒星马上摘，语鸟雨中闻。
百里堪为政，滕连错彩文。

得迁居八字桥家信仍用迁紫堤作居字韵

七十三年欠，全家始有居。
古人甘陋室，此屋异蓬庐。
轮奂惊非分，衰残乐有余。
山中旧寒士，漂泊尚何如。

（以上2首诗录自《国朝松江诗钞》第四十八卷）

序跋作品

朱岵思先生会元薪传

先生讳锦，岵思其号也，居上海，今隶南汇县之周浦镇，洎其为孝廉时，有讲论墨法传布艺林。洎顺治己亥科中会元，以故后名之曰会元薪传。吾乡之言揣摩者奉为枕中秘久矣。甲戌春，鼎铭计偕北上，逆旅中得是编于吾友徐超亭先生，盖自甲戌至癸未数年之间，殚精研思不逾是编，而逮今需次家居，所斟酌诸同学之问字者，亦不出是编焉。惟因远乡之人不克朝夕讲贯，而此书义括而文简，恐未能了然于心，或并因而误解者有之。丙戌之冬，不揣固陋辄加注释，自喜数日而成，笔间无滞碍，或于先达之见，庶几舛谬者鲜矣。及门好之笃而信之深，且请授梓以公同好。予惟揣摩之说，名流不屑道，而要以先资拜献，自有体裁。历来闱墨彰彰可考，而必屏弃之，岂非类于沮溺文人之逃名绝俗者耶。第揣摩不必讳，而得其途者鲜，尽得其途者益鲜，题名雁塔，各抒所长，言人人殊，偏而不举。欲如先生之言墨，先之以勘题，次之以谋篇，然后再及于声色词调之间，而总归于根底厚而涵养深，中正而不偏，包举而无遗，盖未之有见也。既以是幸叨一第，窃愿同志之士，沉潜体味，得之于心，而注之于手，则先生之书仅数百言，而每科之登龙门以翔步于玉堂金马间者,沾溉何可悉数耶。爰识予之所以得是书而释之者如此。

（录自清乾隆刻本《墨谱》第一卷）

乔钟吴作品选

作者简介

  乔钟吴,字云门,号欧村。清乾隆二十四年(1759)己卯科举人,乾隆二十八年(1763)癸未科进士。历任满城县令、迁安县令、岷州知州、平凉府监茶同知。著有《宜亭诗钞二十二卷》《洮南随笔》,卒年六十四,其墓在浦东二十四保白莲泾。

诗词作品

夜行峪儿岭

  穹谷万籁希,夜半陟危岭。榛樲陵回飚,飒若虎豹骋。蹴踏归岫云,披拂流星影。屐齿黏磴萝,岚□湿衣领。绝壑振崆谾,两耳瀑声警。炬火列穷崖,苍荒木征境。

过野孤桥

  洮流如带峡风泠,颓岸输囷石作屏。
  簳木纵横漩溜下,板桥逼窄纤舆经。
  孤村傍水连笔架,荒堠沿岗出戍瓶。
  衰草前堤穿诘曲,夕阳无限数峰青。

次洮州

葺屋参差半枕山,枯林烟散石堤湾。
边城荦确千崖赤,番市駸骊万马斑。
戍险丹巴严蜀道,军雄铁步障秦关。
西来绕遍临洮路,越巇穿溪去复还。

分水岭遇雨询番民土风感而有作

簸林蹶石狂风颠,鞠鞍帝鼓震九阡。策骞嵚崎断崖侧,斗龙结阵驱神鞭。万丸跳荡穹檐乱,双瀑淋漓绝涧穿。冲刷危磴石尽露,荡涤孤峰壁乍悬。传闻此地界南北,前接岷江后叠川。丛薄蓊蔚木征旧,改流归化民廛连。则壤同赋通汉语,树领蛾伏颈尽延。手持草笠褐宽博,跪迎道左色可怜。把锄妇女垂辫发,呜呜莫辨歌蹊田。笑指出岩屋鳞比,亦安耕凿欣尧天。牧羝月织赛百丈,劂药岁储茶千缗。犊车盈上束薪伙,榰板村边填石便。绝俗朴诚劳来易,殊方浑沕羲皇前。莫嫌荒徼异族类,食德饮和二百年。抚绥愧乏长民术,驱鸡喻政企前贤。群岭冲霄万壑下,御风冲雨行争先。

百日稻悯农夫

百日稻,百日熟。当午勤莳秧,汗滴秧几簇。终年勤戽水,趾酸水不足。东陇穲秅歌,西畴桔槔曲。江乡无露田,宽狭任杼轴。一夫三百甽,佣佃十五六。圣朝丁赋蠲,什一古制肃。辛苦悯泽农,薄敛犹仰屋。

(以上5首诗录自《国朝松江诗钞》第四十八卷)

徐长发作品选

作者简介

徐长发,字象干,号玉崖。清乾隆二十五年(1760)中举人,榜姓金,授户部司务职。乾隆三十六年(1771)中辛卯科第三甲第九名进士,官兵部主事、兵部郎中、四川建昌道、署按察使。徐长发墓在浦东二十保三十九图。著有《寒玉山房诗钞》《经稼堂诗集》《雪岭集》《严道集》等。

诗词作品

重阳

三间土舍听风号,石作江湖雪作涛。
万里穷山登顿遍,重阳何用更登高。

赋得冬虫夏草

小物旋形幻,葩经未识名。徂冬方在穴,入夏又舒茎。不斗春时色,何争秋候鸣。异萤原不腐,向蛰却重生。耐冷冰堪语,乘炎风自迎。芊芊疑昨梦,蜿蜒忆前盟。得免泥涂辱,还承雨露荣。奇情归演雅,采撷互闲评。

过大关山

梯崖百转势腾骞,飞瀑飞霞迸作缘。
谁拔鲸牙翻碧海,直骑鳌背上青天。
云岚一气千峰化,风雨平分两地悬。
叱驭未妨陵极险,兹游奇绝兴超然。

(以上3首诗录自《国朝松江诗钞》第四十九卷)

施润作品选

作者简介

施润,字泽寰,号秋水,浦东闸港施家行人,湖州府通判施念祖之子,进士施维讷之孙。乾隆九年(1744)中贡生,乾隆三十三年(1768)中戊子科举人,乾隆三十七年(1772)中壬辰科第三甲第六十七名进士,任凤阳府教授。著有《居敬堂诗集》。

诗词作品

保定遇易斋舅氏

十六年前别,三千里外逢。

相看余涕泪,各讶改形容。

偕老荣双树,诸郎秀五峰。

天涯家庆集,笑恋旧吴淞。

九日叔父同游曲江入慈恩寺登雁塔次纪兴韵

浮图直上与天通,径似登高太华巅。

秦岭浮云三辅外,汉原落日五陵前。

几回吹帽人今古,一样题诗辈后先。

绝顶望来逵路合,京华近在斗东边。

乾隆戊辰山东李学宪捐赀倡同官赎王新城各部书板还其家纪诗二十二韵

峨峨王司寇,著书等其身。洪韪叩十典,修缛汲万春。诗文各为集,说部弥纷纶。家言洎他氏,卷卷手自编。纸本布海内,枣木藏之山。乌衣夕阳下,稍见门巷寒。剞人旧刻瑑,转易留通阛。谁肩青箱重,求返兰亭真。黄阁李学士,卓荦大雅群。藏史盈柱下,嗜书逾河间。凝香绛纱帐,沁心珍珠泉。济南多名士,商榷评前贤。新城访旧简,闻失心怃然。独捐杜逞俸,各解阮孚钱。昂直赎奇货,得版如宋刊。部三十有六,廿架一屋安。倒颠春明本,诋墨汲冢文。汶阳一朝复,此义高天云。仙僚互欣赏,尘客亦愿闻。或譬郁林石,疑取押归船。而公不自据,亦未贮于官。命将车五两,故物还青毡。

(以上3首诗录自《国朝松江诗钞》第四十九卷)

吴省兰作品选

作者简介

吴省兰,字泉之,号稷堂,世居浦东下沙,后迁居松江府城。清乾隆二十七年(1762)考中举人,官国子监助教。乾隆四十三年(1778)戊戌科第二甲第三名进士,历任翰林院庶吉士、翰林院编修、文渊阁校理、《大清一统志》总纂、武英殿分校、浙江乡试正考官、詹事府詹事、侍读学士、内阁学士兼礼部侍郎、文渊阁直阁事,提督顺天、浙江、湖南、湖北学政等职。著有《听彝堂偶存稿》《听彝堂时文》《听彝堂试体赋》《续通志谥略》《奏御稿存》《十国宫词》《五代宫词》,编辑丛书《艺海珠存》。

诗词作品

水仙花

瑶京细琢朵枝鲜,领得冰衔是散仙。尘外格兼流水韵,腊前香结冷风缘。素心绰约花能语,绿意缠绵叶为传。珠幌低围森似玉,晶帘虚护淡如烟。姗姗最忆凌波步,落落何妨选石眠。雪澡神依瓷斗净,月明身倚镜屏妍。藐姑望去真壶峤,逸客携来共砚田。对影试弹琴一曲,移情底待访成连。

佛手柑

南州五月摘柑黄,伸屈如如万印藏。软逊兜绵偏着相,名依多宝自生光。疏枝露浥催尖绽,广苑风摇透甲凉。布指弗关灵钵咒,成拳讶许妙轮张。昙花交映玲珑诀,智果同舒璀灿装。磊磊凌霜拈茜袖,掺掺候火斗茶枪。心斋欲证波罗蜜,鼻观微参解脱香。可惜元宵传未到,只教叉手礼空王。千手空灵慧业含,宁容色相俪园柑。飞穰珍重群芳谱,舒掌轻圆揭谛参。尖透玉光清拂拂,钩分蜜渍蔚昙昙。庄严合付如来藏,供养同皈弥勒龛。似悟诸天时竖一,若超初地有摩三。黄苞细擘中无窍,素里分打味作甘。应少爪痕留雪北,别饶风韵压香南。便宜借字金衣果,携听鹂声晚绿酣。

(以上2首诗录自《海曲诗钞二集》第一卷)

张位中作品选

作者简介

张位中,字立人,号石虚。张成之孙。浦东顾家路人,后迁居上海县城。清乾隆五十四年(1789)进士。官四川射洪县、大竹县令。嘉庆时,率乡兵剿教匪而亡,入成都慰忠祠。著有《石虚稿》。

诗词作品

鹦哥石

石本不能言,能言史纪异。顾兹能言鸟,岂与石为类。何年成合并,肇锡称名字。雄飞知无时,雌伏应得地。迢迢卷洞门,矗矗鹫峰寺。依依雁塔旁,一鸰栖犹悸。说法疑点头,诵经勘会意。从来美巧舌,聪明竟安试。有斑如鹧鸪,有文如翡翠。嘴距落花殿,羽毛涩藓渍。宛然戢其翼,鹰扬垂盼视。灵顽讶殊科,巨细复异致。拟以狮虎蹲,翔走凭位置。汝立朔风前,客冲飞霰至。鸿飞留指爪,感汝雪衣侍。

同人各示和诗意在挑战依韵和之

酒酣诵新诗,凡骨飘然换。诸君竞倚声,俊语纷涂窜。如逢善射人,各自佩玦扞。遇人类追捕,此捕无能遁。令我心胆寒,围炉屡添炭。频年苦烽惊,到处稀烟爨。鸿离近稍安,蚁聚应遄散。寒城刁斗声,彻夜犹不断。幸兹片刻闲,致师迫迫旦。三施聊一酬,自嘲还自叹。

吴枚庵借书图

郑皮三绝画书诗,精妙乃尔人言痴。州来伯子更痴绝,还书借书无休时。无钱买书借亦可,点图自诒夫奚为。揭来作客楚水湄,捆载戢戢牛腰垂。案头群书稍借读,一一细楷阑乌丝。积铢累寸行箧满,问君右手将毋胝。君言手钞尚强半,出门恐饱蟫鱼饥。男儿识字亦寂寞,如此嗜好宁非奇。乃知借书不徒借,遇得意处无停披。菁华取尽糟粕在,还人空本人遭欺。偶然相诮幸勿怪,伸纸窃效神仙疲。君真痴绝不可訾,嗟彼童子夫何知。两脚重茧应告瘁,手提肩荷还欣嬉。

观察徐玉崖丈寄示诗集怀旧之作每及先子读之不胜感泣谨次集中韵志谢

登山临水手谁携,望里灵光未许跻。
一代高文推典册,两编新咏重缄题。
筝桥军渡秋输粟,雪岭书飞夜刺闺。
料得催诗同火急,荚罗绝景在庭蹊。

己未除夕和竹楼原韵

一年争一宵,宵尽年已换。譬如缚狗尾,脱手即狂蹿。簿书徒自扰,牧圉谁当扞。念兹伏莽戎,三岁犹多谖。足食先足兵,祈丰验悬炭。劳薪岂任炊,良材或遭爨。暂喜夜围炉,终恐晨星散。以此感中怀,浇愁愁不断。既令壮志消,坐失鸡鸣旦。非徒搅华丝,对影用忧叹。

(以上5首诗录自《国朝松江诗钞》第四十九卷)

赵荣作品选

作者简介

赵荣,字伯期,号子启,赵秉冲子,居浦东高行。嘉庆二十二年(1817)丁丑科第二甲第十名进士,选庶吉士,授内阁中书,协办侍读,充军机章京,辛巳顺天乡试同考官。嗣丁母艰,奔丧回里,遽得疾卒。

诗词作品

题毛凤洲竹坞煎茶图

(一)

乍听新簧解箨声,飔飔帘外响瓶笙。
近来诗思真如水,为有清风两腋生。

(二)

绮岁清才誉竹林,丰标人想玉千寻。
定知曲坞茶烟歇,月下重弹叔夜琴。

(以上2首诗录自《海藻》第二十二卷)

赵柄作品选

作者简介

赵柄,字寄权,号斗垣,赵秉渊从子,居浦东高行。清嘉庆二十二年(1817)丁丑科第三甲第二十名进士,选庶吉士,散馆授编修,道光癸未充会试同考官,称得人,擢福建道监察御史,转刑科掌印给事中,巡视东城。卒年四十九岁。

诗词作品

题冰蟾夫人兰闺读画图

（一）

河阳花暖玉生田,亲迎香车到日边。
记得红梅方饯腊,照来银烛月团圆。

（二）

偶乞针神半日闲,便拈螺黛写青山。
太常更倩图仙蝶,留证官家供奉班。

（三）

琉璃翡翠镇相随,对镜兼工绝妙辞。
紫禁春风催秘直,定吟夫婿乐昌诗。

（以上3首诗录自《海藻》第二十二卷）

王憺作品选

作者简介

王憺,字士悦,居下沙。顺治十七年(1660)庚子科举人。著有《尊鼎堂诗钞》《五经原流》《四书要旨》《性理辑要》。

诗词作品

吊元秦行省墓

山河故国重欷歔,万里逃名海畔居。
新主屡裁五色绍,逋臣不受两朝糈。
心驰塞北行台久,身老河南待制余。
今古玉埋龙浦上,柏翳里后孰旌间。

过二陆读书处

二俊才华千载名,我来凭吊不胜情。
薜萝何处藏书洞,吟啸惟余落雁声。
故国河山吴地最,南朝宫阙晋家更。
至今谷水潆洄处,犹说平原好弟兄。

送来雍侄出宰泰宁

分符遥隶会稽南,闽峤烟云好驾骖。
城枕露岩飞翠瀑,林栖威凤绕晴岚。
县中璀灿花应满,车下滂沱雨自酣。
倘得吾家飞鸟术,不愁千里隔缨簪。

(以上3首诗录自《海曲诗钞》第六卷)

闵玮作品选

作者简介

闵玮,字介申,贡生闵峻之子,新场镇人,其先祖由山东迁徽州休宁,再迁南汇鹤沙,六世祖闵克平迁居新场镇受恩桥南,人称闵家湾。康熙十四年(1675)乙卯科举人,官中书舍人。

诗词作品

送春

相逢殊缓缓,惜别太匆匆。
况有清明雨,兼之料峭风。
红稀莺舌冷,香断蝶魂空。
安得长绳挂,淹留伴老翁。

读书斋小集次韵

传模自古重丹青,曲观收藏笔墨精。
水涣山连俱易理,花飞鸟啄总诗情。
窥从雪后神逾爽,玩到镫残倦不生。
席上词人争叹羡,隔帘如听诵吟声。

岁暮忆轮钰两儿

草草衣裾种种颠,客情半为两儿牵。
战残冰雪岁将暮,目断江关书未传。
几点玉虫寒榻畔,数声干鹊冻檐前。

梵香兀坐扣心曲,不信人缘只信天。

(以上3首诗录自《海曲诗钞》第八卷)

艾汝成作品选

作者简介

艾汝成,字玉立,号就亭。艾宪芳子,浦东孙小桥人。康熙十六年(1677)丁巳举人,官内阁中书。著有《三余草》。

诗词作品

郁郁孤生桐

郁郁孤生桐,托根在江浒。枝杆凌层霄,卓哉绝尘土。制之为鸣琴,一弹复再鼓。借问此何声,哀音此凄楚。碧叶一以凋,西风来大浦。征马惨不嘶,幽禽自能舞。和者既不谐,听者还自忼。解弦且徘徊,孤惊向谁吐。百岁无相知,尔心亦辛苦。

(录自《海藻》第二十四卷)

张申永作品选

作者简介

张申永,字月丰,号春浦,又号春所,居浦东二十保二十九图张江栅。清康熙八年(1669)己酉科岁贡生,康熙二十六年(1687)丁卯科举人,官太仓州学正。卒年八十二岁。

诗词作品

落花

绿杨影畔子规啼,淡淡东风日又西。

春色不留行客住,故教红雨逐征蹄。

(录自《海曲诗钞》第八卷)

刘贞吉作品选

作者简介

刘贞吉,字正凝,号固斋,居南汇城。康熙二十九年(1690)庚午科举人,官长洲县教谕,卒于任上。其父刘道源与名医李中梓为表亲,刘贞吉亦精医术。著有《众忻吟诗集》《腊云池馆文集》《正字条辨》《古今事宜》《历代史论》。

诗词作品

开山庙

济河南望阻重关,大辟蒙茸任往还。

岱色远分青漠漠,汶流旁出响潺潺。

车轮雷动惊岩谷,马足风驰过市阛。

当日五丁谁假手,至今遗庙号开山。

(录自《海曲诗钞》第八卷)

高廷亮作品选

作者简介

高廷亮,字日采,号介岩,居周浦。康熙五十年(1711)辛卯科举人,榜姓奚。著有《复林吟稿》《四书就正言》。

诗词作品

秋江舟次

豁豁天风晓渡江,中流意气自无双。
遥看云影晴犹舞,俯听涛声怒未降。
六幅蒲帆遮竹簟,一汀木叶打篷窗。
高怀正是逢秋甚,岂肯莼鲈老此邦。

(录自《海曲诗钞》第九卷)

闵望作品选

作者简介

闵望,字夏声,号蓬屿,新场人。康熙五十二年(1713)癸巳举人,官富阳县令。

诗词作品

余忠宣公墓

堂堂大节震乾坤,独奠椒浆拜墓门。

七载干戈悲血战,一家妻子尽忠魂。

敌人尚识诗书帅,烽火谁将戎马援。

清水池塘愁日暮,英风来往怒涛翻。

(录自《海曲诗钞》第九卷)

张煜作品选

作者简介

张煜,字昊沾,号荆园,张集从子,浦东三林塘人。清康熙五十二年(1713)癸巳恩科举人,以教职用。著有《有怀堂诗集》。

诗词作品

酬王敬衣移寓

逸态飘然不染尘,兴来随意卜居新。

胸中皇甫三千字,坐上平原十九人。

墟曲携琴闲对月,池塘得句梦生春。

遥知王翰声名大,韦杜家家愿作邻。

(录自《国朝松江诗钞》第二十八卷)

叶棠作品选

作者简介

叶棠,字召南,号芦村,居新场。康熙五十三年(1714)甲午科举人,授内阁中书。其子叶承为进士。

诗词作品

忆归

君归我亦布帆西,湖上垂杨鸟乱啼。

曾是玉人经过处,剩将愁绪满芳堤。

(录自《海曲诗钞》第九卷)

陆瀛亮作品选

作者简介

陆瀛亮,字熙载,号宏山,陆鸣珂从子,居浦东顾路。清雍正七年(1729)己酉科顺天乡试举人,以诗文名,著有《濯烟阁未定稿》《恒堂诗文稿》。陆瀛亮墓在二十二保十四图。

诗词作品

新秋竹素堂雅集

小园面面绕清流,避暑方之河朔优。

知己献酬甘博醉,风光检点已怜秋。

蛮声夜静吟幽砌,月影更深入画楼。

犹忆昨宵归棹阻,吴山烟雨望中愁。

(录自《海藻》第二十五卷)

张成作品选

作者简介

张成,字修已,号澹庵。浦东顾家路人。清乾隆三年(1738)戊午科举人。朴诚敦笃,文词外兼工书法与墨竹,精岐黄,著有《医学心参》《万竹居诗集》。

诗词作品

乙丑二月琉璃河遇雪

雪趁严风洒客衣,长途此日辙偏稀。

催来牛意何由见,压尽红尘不敢飞。

柳眼乍舒还似倦,梅魂已瘦欲添肥。

可能无酒酬清夜,旅榻支寒梦暂归。

赠王日初

画中有画画未真,画外有画画始神。个中元妙唯尔识,使余高望怀先民。荆关董巨合一手,云梦胸中吞八九。画卷之气盎欲流,凡笔泚然僵不走。我不解画有画心,高山流水成知音。酒酣作歌为君赠,上游千古同开襟。

买杖

特地探幽制短筇,屈蟠形似葛陂龙。

莳区一段梅花兴,扶到溪桥分外浓。

陆秉笏作品选

作者简介

陆秉笏,字长卿,号葵沾,陆瀛龄子,世居浦东二十二保,后迁居上海县城。清乾隆六年(1741)辛酉科举人。著有《云间予谥诸臣传赞》《松南小隐集》《葵沾杂稿》《唐宋律赋举隅》等。

诗词作品

将抵家喜作

已过毗陵驿,舟行近五茸。

客程初计九,乡语竞呼侬。

雨洗山容瘦,霜酣树色浓。

回头北平路,云水渺重重。

(录自《国朝松江诗钞》第四十卷)

黄文莲作品选

作者简介

黄文莲,字芳亭。号星槎,浦东高行镇人,清乾隆十五年(1750)庚午科举人,历安徽歙县、全椒教谕,迁泌阳县知县,甫下车,誓于神不妄取民一钱,有"黄清天"之名。移署唐邑,泌阳士民争之,遂回任一年,卒于官。九岁能诗,与王昶、王盛鸣、吴泰来、钱大昕、赵文哲、曹仁虎并称为"吴中七子"。居官廉洁勤政,曾让产于弟,著有《听雨楼诗稿》《书传盐梅》《道德经订注》等。黄文莲妻曹柔和工诗,著有《玉映楼吟稿》。

诗词作品

阊门

皋桥杨柳乍飞花,倚棹东风日又斜。
依旧金堤环绿水,不知何处泰娘家。

晚眺同外舅曹东岩先生作

野色归樵牧,斜阳下荜门。
寒山将薄暮,极浦映孤村。
飞鸟没溪口,乱虫吟树根。
于陵灌园子,习静欲忘言。

寄赵晴川先生

先生竟栖隐,卜筑向荒村。
汐社逃名客,清时通德门。

连波狎鸥鹭,细雨长兰荪。
倚杖空林暮,悠然意莫论。

寄内

（一）

落花飞絮渺愁余,双鲤遥传尺素书。
吟到香闺肠断句,小楼红鱼燕来初。

（二）

一林雨雪上征鞍,又见春光取次残。
写得新词无处寄,楝花风里独凭栏。

焦山

汉代高人宅,巍峨峙水隈。
地形江势束,天堑海门开。
日射千岩晓,潮回万马来。
碑铭留瘗鹤,零落满苍苔。

石琴精舍用韦公义演法师西斋诗韵

西峰古岩下,日夕闻清磬。
兰若无人踪,松风悦禅性。
茅茨带修涧,香积依樵径。
回首望林端,白云度山暝。

落花

断粉零香满玉墀,一番花信欲残时。
何人解读伤心赋,有客重吟长恨词。
紫陌春深风袅袅,红楼夜静雨丝丝。

江南无限韶华景,禅榻茶烟付梦思。

润州

东南锁钥控三吴,酾酒西风客思孤。
一代文章属苏米,百年烽火靖孙卢。
江天门外帆明灭,海岳庵边树有无。
最是伯符遗恨在,孤坟落日满榛芜。

（以上9首诗录自《国朝松江诗钞》第四十一卷）

序跋作品

《西岳华山庙碑》拓本跋语

予秉铎古歙四载,遇所嗜好辄以俸钱易之。得黄山松四老干离奇,又得罗纹石一、金星石一,质极温润,皆制为砚,系以铭。最后得此碑及文节公横幅书,时时展玩罔释,人皆以为痴。惟郡博谐宇胡丈(名樊臣,我郡娄县人)见此摩挲良久,喟然叹曰:"亡友有陆君者,生平工汉隶,酷慕此碑,而仅得钩本,岂非希世珍欤。"时门人何数峰青在座,闻而欲之,亟请于予,予于物无所靳,而惟此特爱惜焉,因赠以金星砚稍酬其意以去。夫物无常主,松与石皆歙产也。至文节公书,明昌中曾入御览,此碑又久在关中,不知何时流传至歙,予适在歙,尽归于予。自今而后,又将归之何人,我乌乎知之。但当什袭藏焉,以明我所嗜而已。丙戌冬,以忧归里,行李萧然,里中人有嘲予者,指砚与松曰,此星槎宦囊也。噫,孰知予之更有此宝哉。乾隆三十四年己丑春二月除服后书于听雨楼。

（录自该跋手迹印刷版）

《道德经订注》序

《书》亡于秦火,而乱于注家。注家之言各以所见训释原文,或发明一句之旨、或疏通只字之义。按简讨寻经、传自别,迨秦火后,方策散佚,诸家网罗旧闻,笔而存之,嗣经传写之误,读者惑于疑似,更强为附会,而经、传乱矣。昔老子去周度函谷关,从令尹喜请,著书上下篇,言道德之意。下篇之首章曰"失道而后德",是其于道德有轩轾焉。玩其词,知其旨与子思所称天道人道、孟子所言性之身之者略同也。五千余言之说见于《史记》,第就今世所留传者而论,恐非复关尹之旧藏,而出于汉人之采摭也。度秦火以前,本有五千余言之文,学者习知其数,网求之而不足,乃杂取近似者以附益之。不然,每章之文多者百余字,少者二三十字,何以彼此重复前后淆杂、又其间支离浅薄之词不一而足欤?八十一章之目出于河上公注本,而唐刘氏知几谓《老子》无河上公注是以世鲜传者,吾无从考其优劣矣。邻氏、傅氏、徐氏说虽载《汉书》,今皆不可得见。惟晋王氏弼注尚存,王氏之注以上下篇互相引证。十九章"绝学无忧",注用四十八章"为学日益,为道日损"之文;四十一章"进道若退",注用七章"后其身而身先,外其身而身存"之文;凡若此者不可枚举。乍阅之,颇似贯串,乃寻绎《老子》之文,言道言德各有宗主,则亦未免紊乱其旨。安知周秦之末不先有如王氏者牵合上下篇以为注,暨乎网求遗失,采取失真,传写滋误,因以有彼此重复,前后淆杂,与夫浅薄支离之病耶?谨就臆见略为删节虽不足五千言之文,要使老子之言道德者湛然秩然不离其宗,兼取王氏以来注家之言、驳而不醇者加以商定,名其编曰订注。属草甫成,许孝廉芳谷,名如兰,全椒人,见之曰,世人习言老庄,尚不知老庄之异,乌足以知《老子》上下篇立言之异,更何能知注家之言与老子之言之异,今子所言老子有迥异乎?世俗之言老子者,第恐泥五千余言之说转议子之不足于文耳。予曰:多而滋惑不若少而见真,吾宁贻非笑于后人,而不欲古书之乱其旨也。遂举而笔诸篇端。乾隆庚子嘉平朔日,上海星槎黄文莲芳亭氏书于全椒学署。

(录自清乾隆刻本《道德经订注》)

唐芬作品选

作者简介

唐芬,字驯叔,号竹心,进士唐班之季子,浦东大团人。清乾隆二十一年(1756)中丙子科举人。诗文和书法俱佳。著有《见天阁诗文稿》。

诗词作品

题姓道人买花图

道人寻春兴不穷,芒鞋踏遍春山空。

回头一笑看春色,那知身落春风中。

题王皞如画

(一)

鸦噪西风木叶凋,疏林夕照莽萧萧。

故人家在寒烟外,落日扶筇过板桥。

(二)

春山雨过竹鸡啼,嫩绿烟梢鬲鬲齐。

记得芙蓉江上泊,倚楼人在夕阳西。

(以上3首诗录自《国朝松江诗钞》第四十六卷)

张熙纯作品选

作者简介

张熙纯,字策时,号少华,浦东张江栅人。清乾隆二十七年(1762)壬午举人,乾隆三十年(1765)召试,得一等第五,授内阁中书,充方略纂修。著有《华海堂集》,叶凤毛作序。《海曲诗钞》第十四卷选录其诗。

诗词作品

茅篷

洞复松栝深,寺门足烟景。檐际宿层云,林端见苍岭。石窗清磬微,丈室定香永。晴昼好风来,悠飏弄幡影。山僧采蕨还,高卧云壑冷。终岁不出山,都忘在人境。

万峰台对月

藉草舒幽赏,双林月皎然。
平湖环下界,仙梵静诸天。
松涧滴清露,花田含夕烟。
万峰辽绝处,一宿信前缘。

晓渡京口

月落暗潮生,烟江闻橹声。
长风催晓发,遥指石头城。
白雁芦中起,青猿木杪行。
沉寥秋气肃,怅望客心惊。

自长洲赴云间

秋涨华亭谷,扬舲晚向东。
晴云淡初夜,凉月照孤篷。
虫响沙洲暗,渔歌荻浦空。
近乡归未得,漂泊感征鸿。

送质上人归天谷

萧然巾拂数归程,台岭迢迢碧嶂横。
谁向石梁乘蹻往,独携金策御风行。
翠屏日暝岩钟起,华顶云开海月明。
一濯灵溪尘梦断,应从初地证无生。

穹隆山上真观

三峰高削倚层云,杰观清霄隔紫雯。
迢递丹梯凌倒景,飘飘绛节散灵氛。
石潭风暗闻龙气,铜岭烟消见鹤群。
羽化至今虚想象,拟将真诀问茅君。

桐柏宫

杰观平临日月标,华琳琪翠郁岧峣。
金庭古洞黄云护,玉陛高真绛节朝。
下界风雷鸣绝壑,上清鸾鹤降重霄。
何缘抗手招仙伯,碧月琼台奏凤箫。

赠泽均

夫君才地擅清华,仙骨亭亭引曙霞。
疏雨一旗山店酒,春风双辔野塍花。

金荃词格逾三变，虎仆吟毫丽八叉。
此日江东称竞爽，风麟谁复数琅琊。

护国寺即目

云廊才听下堂钟，微步旃林倚瘦筇。
过雨溪山浓翠滴，一痕残照鹤归松。

水村二首

（一）

水村榆柳绿参差，鱼屋微风漾钓丝。
菱叶藕花相间碧，圆纹如谷浴鸬鹚。

（二）

杨林小筑枕横塘，雨过前村漏夕阳。
闲听篱根吟络纬，紫藤花下纳新凉。

（以上11首诗录自《华海堂集》）

赵文哲作品选

作者简介

赵文哲(1725—1773),字损之,号璞函。赵文鸣弟,浦东高行人。乾隆二十七年(1762),皇帝南巡,江南学子献赋行在,赵文哲得御试一等第二名,钦赐举人,授内阁中书,军机处行走。丁亥坐语泄,免。时缅甸用兵,将军阿桂奏令军前效力,复故官,旋擢户部主事。寻小金川构衅逆酋僧格桑窜入金川,分兵三路进讨,文哲随将军温福由西路进驻木果木,六月布朗郭宗失守,贼匪掩袭大营,取军籍册付家人乘间使出,随将军被难,年才四十九。恤赠光禄寺少卿,祀邑之忠义祠。文哲博雅能文章,尤以诗名。沈德潜选吴中七子诗,文哲其一也。著有《娵隅媕雅堂》等集。

诗词作品

度汶川索桥

平明出郭门,驾言度绳桥。征人黯无语,水石为怒号。入关江始雄,荡激百丈涛。鼍鼉驾无力,乃欲仗索绹。两头系巨弋,压以石屋牢。如锁支祈兽,恐挟骇浪逃。仆马戒少留,短策手自操。俯聆惊雷鸣,仰瞩浮云飘。中流一掀簸,目眩心魂摇。始知吕梁游,忠信良可褒。一仆送既济,辞归语忉忉。从军乃吾分,胡为累汝曹。

沧浪亭

长史当年此放闲,孤亭七尺倚孱颜。
卜居自爱林泉好,失意宁论杯酒间。
树杪寒烟分断塔,城头落日见诸山。

清风明月原无价,一曲沧浪任往还。

对月怀吴泽均

雨余眷清夜,微风汜崇兰。依依玉绳转,渺渺金波寒。露下揽衣坐,孤影流云端。永怀谢希逸,徘徊起长叹。宁愁素心改,但恐芳岁阑。澄辉矢相照,怅望南飞翰。

春感

江楼一望草芊芊,寒食东风欲禁烟。
柳外谁家闲试马,花前有客倦闻鹃。
春愁似水当三月,好梦如云已十年。
赢得鬓丝今渐改,生涯禅榻自萧然。

夏日客感

盛夏草木繁,广庭蔼深碧。微雨一来过,层飔扇几席。散发临前轩,浩歌遣愁疾。晚蝶犹被畦,候虫已吟壁。会心岂在多,感时竟安极。羁旅非素怀,即此谢物役。寄言离居子,何当共晨夕。

题琴德三泖渔庄图

泖湖十里秋波肥,圆沙曲渚相因依。遥山倒影碧四围,谁家草阁当清晖。中有一人美且顽,幼好奇服穷芳菲。闭门诵经甘忍饥,天根月窟探依稀。雅材百五供指挥,兴酣落笔摇珠玑。如鱼纵壑马脱鞿,一息千里谁能几。揭来吴中歌五噫,故人邂逅停骖騑。吹箫击筑兴未违,乡心时忆秋山薇。画图虽工不当归,那侯猿鹤喧嘲讥。九峰回首接翠微,渔庄仿佛开林霏。一丝钓艇三尺矶,掉头径去寻荷衣。人生慕道隐不腓,雌雄岂关伏与飞。多君汉阴早息机,我亦负郭思耕□。卜居他日依松扉,捞鰕射鸭无是非。

江亭绝句

系缆江亭下,沙鸥共夕眠。
更无人入梦,风露罨空船。

辰溪望大酉观

泸溪接辰溪,计三舍而遥。县郭枕溪水,喧喧杂渔樵。堞楼何岌岌,载以巨石牢。隔岸大酉观,如霞冠单椒。冷然清盘响,时逐溪云飘。颇闻阆灵册,远自姒与姚。龙威守扃钥,不使俗手钞。我思圣人心,典谟已昭昭。焉得有怪牒,秘之若鸿苞。殆即百篇书,永并琅环韬。外或贮邱索,如镛佐弦匏。后儒乱经训,烈于秦焰烧。大航及破冢,万舌同沸蜩。真本倘复出,明两荧爝消。终当抉此洞,不畏风霆遭。

至日山神沟作

枯崖枯尽不回春,无蕊苔梅已作薪。
万里冰霜长日至,四年戈甲未归人。
蜀笺擘处军书亟,郫酒传来驿递频。
犹有余生赐环后,鼓笳声里望风宸。

雨后兰谷招游易罗池小饮赋此兼示魏星园司马戏效五仄体二十韵

积雨断剥啄,两版尽目掩。屋角噪午鹊,霁色豁有渰。定着几两屐,野兴老未减。胜侣枉短札,出郭袂共掺。指点远岫列,尚觉翠黛敛。有水自觱沸,尔雅释曰滥。此地我从容,屡至看不厌。弥弥漾一碧,似展八尺簟。百湃到处涌,入掌不可揽。水底岂有穴,气蜕九地坎。往往见白小,腹与日影闪。颇喻惠子乐,倚遍录曲槛。叔夜齿少亚,纵饮剧勇敢。司马本妩媚,古貌硕且俨。酌我迫我啖,俯仰动百感。世事但指口,匪以在谪贬。素志寄述作,欲使后有览。此语复妄发,见笑适自点。对酒不作达,岁月去荏苒。后约更秉烛,醉卧柳下舰。

七夕招明碧梦王述庵小集即席次碧梦韵

天涯同是劫余身,清浅银湾未起尘。
隔岁双星空誓愿,入秋初月已精神。
蛮童笑问知莲节,旅席惊看试橘春。
料得长安小儿女,堆盘瓜果话征人。

哈敬斋军门自京复至永昌感赠次云岩先生韵

叩陛辞何切,犁庭志尚违。
自修先息谤,不怒藉宣威。
事已疏今昔,人谁定是非。
班荆复穷塞,搔首对斜晖。

(以上12首诗录自《海藻》第二十二卷)

华锡瑞作品选

作者简介

华锡瑞,字辑五,别字砚晨,浦东横沔人。清乾隆三十年(1765)乙酉科举人,官昆山教谕,后在去京领知县职时卒于通州舟次。

诗词作品

游安山闸堤

湖堤饶野趣,到处即题襟。

往事输求点,归途慕向禽。

临流多别调,前路少知音。

南望云深处,迢迢烟水心。

（录自《国朝松江诗钞》第四十八卷）

唐承华作品选

作者简介

唐承华,字诞仲,号肯畲,原名丕承,进士唐班之子,南汇大团人。清乾隆三十五年(1770)庚寅恩科举人。

诗词作品

晤冯君南岑于永定禅院

为访骚人宅,来寻佛子居。

长廊何曲折,大树正扶疏。

竹翠晨侵幌,灯青夜蓟蔬。

悠然尘外趣,著述近何如。

（录自《国朝松江诗钞》第四十八卷）

唐祖樾作品选

作者简介

唐祖樾(1746—1815),字荫夫,号述山,南汇人。清乾隆四十二年(1777)考取举人,又考取景山官学教习,钦点第一名,铨授山西宁乡县知县,历署乐平、安邑两县,又任云南路南州知州、开化府知府、黑盐井提举。嘉庆十三年(1808)回乡。其祖父唐班为进士,其父唐承华为举人。

诗词作品

晓发泗泾望横云

江亭曙鸟鸣,残月逗前渡。榜人夜半起,推篷惊宿鹭。隔岸渔舟来,棹声暗中渡。须臾初阳升,霭霭明江路。远树分烟墟,浓霏散沙步。回首横云峰,秀色近堪数。绀宇钟梵清,碧岑云木吐。披衣吟未阑,汀花堕余露。

登报恩塔怀古

绀塔凌层霄,金碧耀江甸。渺如梯仙关,险若蟠曲栈。石户豁屋羲,珠宫丽葱蒨。下上历九檐,檐檐心魄眩。慨惟靖难师,逆谋妖僧建。旌幢一南挥,流毒被畿县。势比冲人孤,祸缘智囊煽。庙廊非中兴,戈矛启内变。阃外委纤儿,丧师动千万。谋疏谢傅棋,事去顾荣扇。济险须雄才,长平昧殷鉴。幽燕实强藩,威福敢久擅。骎骎万马腾,堂堂九门战。象同破斧凶,势岂委袞晏。中天堕阳精,劫灰飞烈焰。水窦窜枯鳞,疑案渎史传。义旗摧盛平,忠肝戕铁练。诛屠肆中朝,摘瓜讵留蔓。峨峨木末亭,英风生顾盼。回瞻金川门,颓垣秋草遍。蚤晚朝群乌,高低逐飞燕。运去陵谷沉,时来风云劝。吊古一凭栏,商歌下寒雁。惟有长明灯,沧桑几回见。

诸葛瑾墓在陶宅

连云宿莽翳榛芜,地比南阳旧草庐。
江介声灵夸得虎,朝端姓氏漫题驴。
动侔周鲁参前席,谊绝曹刘洒谤书。
石子冈头歌箧络,摧残巢卵痛何如。

(以上3首诗录自《述山诗钞》)

登烟雨楼

湖波蘸柳碧于油,好缆蜻蛉一叶舟。
似有鳌身擎小岛,可无鸳侣戏中流。
景开远旷差宜夏,客岂神仙也好楼。
试补江南青一发,和烟和雨点浮沤。

晓过泖塔

章练塘东云水深,小蓬壶影俨遥岑。
阿谁催醒篷窗梦,半是潮音半梵音。

书估行

(一)

赤虹韬光紫苞秘,邈佶烈文渺人世。
鸿都石刻半销沉,何处琅嬛寻福地。

(二)

雪溪估客巨艑来,居奇议值音啰哝。
琳琅金薤灿盈目,三仓五车奚有哉。

(三)

紫阳麻沙示绳矩,陈解元坊堪接武。
江乡近数琴川毛,高阁隆然标汲古。

(四)

使星近耀牛斗墟,南孤东马差相如。
雍容橐笔承明庐,遍读人间未见书。

郊行

郊行逢雨霁,春色未曾阑。
野水桃花涨,孤村麦秀寒。
支筇忘径陋,步屐趁泥干。
烧笋谁家饷,闻香羡饱餐。

(以上7首诗录自《述山诗续钞》)

乔凤翔作品选

作者简介

乔凤翔,字宗佑,居浦东二十四保百曲港三桂桥西北,小地名叫乔家旗杆。清乾隆四十四年(1779)以金山卫学生员考中己亥恩科举人,榜姓郁。乾隆五十年(1785),与叔父一起重修《乔氏族谱》。乔凤翔墓在二十四保黄二图。

序跋作品

重修《乔氏族谱》序

族之有谱,谱其族也。而世乃以非族者而入于谱,假冠冕附簪缨也。谱以志族,族在谱也。而近乃有列谱者而昧其族,荷蓑笠忘箕裘也。由斯言也,族曷其奈何弗谱,谱曷其奈何弗修?即吾家梁国,系出有熊黄帝，葬桥山，支子为桥氏。周桥庇受易于商瞿，汉桥仁孝礼于戴德。迨后，周桥达帝令去木为乔。他如卫乔子良、晋乔智明、五代乔顺，皆有时地而无宗派者，其杜宗则大临杖朱励之苍头行简华英，君之弊政执中列三矣，秦孔齐其誉。乔国年八十，苏轼赠之诗，以此登诸谱，何不可与国史并垂？顾同时若苏氏则有族谱，引族谱亭记，而乔后迄今无闻，岂苏有谱而乔无谱欤？老泉之文脍炙人口，犹东坡之诗传诵至今，故历千载而如新耳。至论其世次之若干分派之安属，则眉山谱牒亦与梁国世系同湮没于古今之变、朝市改易之中，引与记胡为者哉？

虽然自得姓以来不能纪远，乃纪于近。夫南渡而吾族来江南，元兵燹，而我宗栖海上，其一在川沙，是吾始祖之兄东隐公也，瓜绵椒衍，散处上南两邑间，而或以忠勇报国、或以政绩及人，然非吾所自出，故置而不载；其一在百曲，则吾之始祖南隐公也，枝附叶联居东西三林塘侧，而或为素封好施、或为胶庠俊秀，然非世所称著，故载而不光。所可幸者，自吾父吾祖溯曾高而上，耕读传家，差无愧焉。岁庚子，余自都中归，叔昆良即以修谱告，而余以现领坊仪亟欲成朝廷大典，爰鸠众工以建竿且辑敝庐。而使因岁不得间，而嗣后又笔耕于外，族之人亦鲜可共事者。迟之又久，乃命男成治偕姑祖而修之至旧岁粗有成。其可考者，讳某、字某、号某，游某庠、就某职、娶某氏、葬某所，诚如苏洵所云，尊且详矣。间有相隔无几代，而目不识丁，至问其高曾之名号而不知者，则支分派别且并忘其水木之本源，非不欲详，亦姑从其略也云尔。因忆昆良叔之父景炎叔祖，是余暨胞兄铨之蒙师之，喜吟诗、勤学书，虽未获一衿，而颇以文墨自慰。故前余曾祖禹宜公修谱时，叔祖尚幼，而后亦作序以附俟焉。今昆良叔又与余同事，是其果有遭乎？后有君子欲汇而辑之，则东隐、南隐两公本嫡昆季，其传次可得而接，非若门大者之牵连附会也。行将采取各支勒成全谱，是所望于有力者，而余叔侄今兹之修未必无小初也已。乾隆五十年乙巳蒲月望后，十三世孙凤翔识。

（录自民国版《乔氏族谱》）

赵秉渊作品选

作者简介

赵秉渊,字少纯,号实君。浦东高行人,清赵文哲子,荫袭恩骑尉,授内阁中书,迁兵部主事,出知四川眉州,擢成都知府,随剿川楚教匪,着劳勋。性慷慨善言事,著有《卯君初稿》《小斜川丛稿》。

诗词作品

东阿道中节日

朝来快意添诗兴,翠嶂烟峦觌面迎。

笑我图经看未熟,远山虽好不知名。

草凉驿

云栈层层峻,吟鞭得得行。

危崖枯树络,峭壁活云撑。

雾气含岚气,风声杂涧声。

何当烦妙手,皴法写关荆。

(以上2首诗录自《海藻》第二十二卷)

赵秉冲作品选

作者简介

赵秉冲,字砚怀,号谦士,赵秉渊弟,浦东高行人,以监生值懋勤殿,清乾隆四十七年(1782)壬寅钦赐举人。授内阁中书,供奉南书房,累迁至户部右侍郎,居官以勤慎称,工书法。

诗词作品

恭和御题宋人布画山水原韵

前人漫说收藏富,布画从来未入哦。
时阅元明迹已古,神留织缕景难磨。
机丝远自罽宾始,绚染工应侧理过。
秘籍遭逢为物庆,睿题寓意匪夸多。

(录自《海藻》第二十二卷)

叶凤毛作品选

作者简介

叶凤毛(1709—1781),字超宗,号恒斋,新场人。忠节公叶映榴孙。恩授内阁中书,转典籍,嗜古力学,工书画,以病假归,年七十三而卒。著有《内阁小志》《说学斋诗文集》。

诗词作品

自怡斋赏牡丹

手种名花今盛开,异香烟雾接深怀。
君妃正位真无并,鸾凤和鸣欲下来。
上客新诗裁琬琰,中庭绝艳起楼台。
君家真有千堆锦,不似城西贺秀才。

(录自叶凤毛著抄本《说学斋诗》第二卷)

梅花书屋

此地何来车马喧,萧然松竹带梅根。
花枝冷淡标孤格,春色微茫见一痕。
荒草断烟残雪岭,棘篱茅舍独间村。
端居自与常情异,闭户高风未敢论。

(录自叶凤毛著抄本《说学斋诗》第十卷)

吴淞江听雨

吴淞江上雨萧萧,回首家乡路已遥。
父子弟兄同一处,不嫌深夜坐无聊。

(录自叶凤毛著抄本《说学斋诗》第十一卷)

题王曾麓印谱

累累印纸红斑斑,开编如坐石鼓间。史籀字体久弗用,独有摹印留人寰。王翁积学自童草,符玺博采汉以还。使刀如笔笔如铁,智巧叠出穷机关。眼中奚有今作者,匠心欲并公输般。我初识翁已耄老,六书拥坐清昼闲。肃然筋骨古心貌,似揖庐霍窥屏颜。论书历历究终始,请索杳至无微悭。惜哉将满百岁死,真手忽坏难追攀。盛名日挂好事口,收拾遗迹藏名山。雕虫篆刻共小道,无心入圣徒招酬。吾翁技能有如此,谁谓鄙事当从删。息焉游焉古有训,一编展玩时循环。格言韵语多隽永,省览亦足惊愚顽。

(录自叶凤毛著抄本《说学斋诗》第五卷)

记文作品

南屏诗屋记

曾大父罢官之后,于宅后浚池累石植竹木作心如堂,今属从伯父家其东隙地可半亩,作亭曰香来,大父忠节公易亭为屋,树梅桂,堑小沼,聚石为坡陀,西南作廊以达于内室。屋庳隘,南向三楹,右耳二小楹,东向三楹,外为廊即西廊也。先君诸父暨余两世读书于此。余本生先君爱西湖南屏山之胜,题曰:"南屏诗屋",请舅氏李紫笈先生书匾悬之。余官京师挈家去,守舍人阖扉不省。阅十年归,视五间者亡其耳东向三盈者,薜荔蒙络之栏窗朽堕,池塞苇蒲、断毂山积、室黕昧罦,漫不见日月。于是斩薜荔、刈苇蒲、粪断毂,举右耳之废、还六楹之旧,乃设几榻图书,增栽杂卉,室可坐以憩、庭可步以阮、廊可免雨沾日曝,常日问寝视膳之余则必于是居。耳不闻阛阓之声、目不接衰俗之物,枝鸟啁哳、游鱼瀺灂、晦明风雨、光景不一,有会于心欣然自得。是非荣辱、毁誉得丧,无由介余之怀抱。因忆吾先人寓居南屏山诗所见皆真山真水,然不过岁得弥月居。及借境于家,不久而复东西其辙计。自幼至壮得优游偃息于此屋者仅数年。盖先人志在四方,故不以家居为乐。不肖一病之后,志气昏惰,株守于斯,不能克家而承先泽,是又予之所恨也。而往来之人动比予于高人逸士,安得为知予者耶?然予今日者,虽欲去此而无从,则姑读书咏诗、流连光景以乐其志焉云尔。

(录自叶凤毛著抄本《说学斋文稿》第七卷)

说学斋重葺山池记

居无山,辇石而聚之即山也;山无水,凿坎而潴之即水也。人苟非愚贱村俗,孰不知山水之可乐而不能尽有其乐者,非力有所不能,即其意有所不暇也。夫拳石勺水人所易致,必广池穹峦密林靓室而后以为乐,则无财而不暇者病焉。需财无几多暇而不知为可乐,则与愚贱村俗者何异？余故贫家不能为园林池馆之胜。先人之敝庐有山隆然,有池窅然,百年来残缺崩陷,中间虽时有葺治不得其理,待能者而未遇焉,以为恨。今年春闻有平湖石工吴隆山善累石,召之来,观其指挥措置绝无烦劳,不数日而散乱无纪者咸就高庳向背,疏数偃仰之位,坡陀巘崟,涧水回折,势若天成,不半亩之庭,俨如园林池馆之观。给稍食五千有奇,财不至于竭。晨夕多暇盘桓徙倚而不嫌其陋,予悲夫有广池穹峦密林靓室而不能为予之赏者之有愧于予也。故记之。乾隆三十一年竹醉日。

（录自叶凤毛著抄本《说学斋文稿》第七卷）

重葺水亭记

南屏诗屋之西旧有亭跨水而构,有轩窗栏楯而砖于板上如屋者也。亭在水之东面北。先典籍府君别号东亭,义取于此。历年久远,轩窗栏楯悉亡,亭且欹倾欲堕,予不忍先人之意之所存而亡之也。呼匠度其费云万钱可扶而正之,再万焉则故观复矣。然不能具是钱也,姑扶而正之,甓其壁、直其楹、益其瓦,栏其三面,潦草蒇事。望之亭轩前轻后桩腐而石陷也,使升其后楹则平矣。是匠之疏也,今无及已。亭之北古冢累累向有墙蔽之,今不暇为,亭之水碧浊腥秽无道以通流之,则是亭者其不足供人之眺览憩游宜也,而犹悉索万钱以葺之者,是予不忍亡之也。张云不忘亭,不忘先也。读者毋忽诸。

（录自叶凤毛著抄本《说学斋文稿》第七卷）

谈艺堂记

余居东小厅事,先祖构之,落成适有以旧匾鬻者曰"澹真堂",款曰"叶灿为震翁年丈书,因其与先曾祖之字同,遂用之,康熙六十一年冬。"

第二字为世庙御讳之偏旁,改曰宜。所改之字粉地黪黑,见者咸谓当更治之。尝读姜西铭持敬堂记,言世之名堂者备极五福之辞,类于巫祝,深美吴氏之志存乎道。今澹宜之名虽不关于巫祝,然于修身问学之事无所与。盖吾先人因仍简陋,每欲更之而终不暇。以余之不肖不能如先人之笃实践履,思得箴规儆策之言,念堂之名于视最亲,未有睹于日而不惕于心者,今更之曰"谈艺",取其音之近,使人仍习于口。尔有明徐昌国著《谈艺录》专言辞章之事,诗家骎之。而余之谈艺则六经也或者曰六艺不可以空谈。余曰易象曰君子以朋友讲习,夫子曰学之不讲,讲非谈乎。即非诗书而辞章,不犹愈于言不及义乎?学圣人之雅言,法先人之躬行,用以自勉焉。

(录自叶凤毛著抄本《说学斋文稿》第七卷)

书信作品

与曹声振书

承属书册已竟,纳上见所裹字纸,乃内府新刊《通典》二叶,又各半叶,此当属奇零残剩,遂以作废纸用,然甚可惜,特熨平而裘之。记内府于《通志》《通考》皆重校刊,此书思繁重,度非一二百金不能售得,荷赐书者当时唯一二品大臣内廷翰林。今不知若何?先从父员外公一生好书,闻朝廷已成此书,恨莫能见,于张文敏公家假宋椠《通志》陈数几观之,叹曰:"吾老不能记,记亦无所用之,第日开一册玩宋物而已。"留数月归之。今仆亦六十余岁,纵有力得之,亦如吾先从父之观而已。昔郑渔仲作《通志》,吕伯恭纂《宋文海》,儒者讥其博而寡,要人生即过目不忘,亦不过为书簏。然与其饱食而嬉事稗官小说,则杜郑诸书孰非圣人博文之道乎?余往往见士大夫家藏有赐书者未尝一启视,吾辈愿启视者又不得有书。天下事如此类者甚多矣。

(录自叶凤毛著抄本《说学斋文钞》第二十四卷)

序跋作品

渊美斋七夕诗序

会稽有修禊之会龙山开九日之宴,因乎胜边乎时,其会大其声远也。春秋佳日,良友过从,行酒赋诗,息游景物,以无足称述。然一时风雅之盟,酬适之趣,往往有不能忘情者,则声诗之所寄、骈词之所寓,亦有可纪者焉。乾隆丙戌之七夕,北居堉集八人于斋,快新凉之袭襟,饯斜钩之照席,谈无俗调抗言,在昔爵酬无算。主宾温克各陈篇章,具见风格,琳琅盈握,汇萃成册寄余观且请作序。予诵而喜曰:"善哉。"此集也,北居处城市贤不肖杂居之地,能择而交之难矣。苟第以饮酒谈笑之为乐也,则弗如下帘对卷尚友古人之为,愈以敬业乐群假杯酒为亲师取友之资也。则吾闻此八人者皆一时之选也。北居既择而与之交,当不徒以饮酒谈笑为乐者也。《易传》曰:"同心之言,其臭如兰。"吾观是集有芬芳之发焉。《诗》曰:"既醉以酒、既饱以德。"吾观是集有德名之机焉。会稽龙山有不足道者矣,若余者僻居郊薮,每当花鸟之晨,花月之夕,块然一室,益者无徒,第知春之为春,秋之为秋而已。遥望渊美惟有赋蒹葭之章,志企慕焉。

(录自叶凤毛著抄本《说学斋文钞》第三卷)

渊美斋诗序

作诗如写山水,先观用笔,或劲疾或顿折、或锐利或枯秃、或干或湿,有则有情,勿滑、勿板、勿乱、勿率,使人玩之有余味者善也。次观用墨,近者浓、远者淡,阴阴向背,反正浅深,不违其度,使人观之以为真树、真石、真景、真善也。次观丘壑,应密者密、应疏者疏,若应昂应伏、若应有流泉、若应有径路、若应有亭屋、桥梁、沙洲、云气,位置各得其所,使人观之若可慕可即可游可憩者善也。笔墨丘壑既工,虽不设色可也。然唐李思训父子俱用金碧为色,宋以后亦少有。只用墨者,盖有质有文，然后能尽山川晦明阴晴春秋冬夏之变，不可尽弃其文而独存其质也。诗之道何独不然，十九首苏、李、阮公、陶公类皆短制，羌无故实，其笔墨丘壑何如也。庐江小吏木兰、杜少陵、李供奉煌煌大篇，无物不抚，无情不到，其笔墨丘壑何如也。谢临川之初日芙蓉，颜延之之镂金错彩，以至于吾朝之渔洋山人其设色又何如也。不佞于二事学之有年，备尝甘苦，故常诫画家宁写人物花鸟，勿写山水。人物花鸟有迹象可寻，山水当寻之迹象之外，虽无所不用其笔墨，而山水之道尤微，天资高者下笔即达其理，钝者白首不能通焉。故尝诫文士宁作时文试帖，勿为诗人诗。时文试帖有题可按，肖之即工。乐府古选歌行律绝，惟吾之所欲言而有无穷笔墨丘壑在其中，非如吾前所言之得失而体会之弗能以工也。故以时文试帖名家者多，以诗人之诗名家者少。今写山水者遍国中，求一国工无有也。而人物花鸟家多有能者，此虽天资学力之不齐，实有难易之势存焉也。外孙曹洪儒能为时文试帖矣，又能为诗人之诗，每以示余，余辄赏之。然其道至深至细，非积日累功潜心壹志未易以言工也。洪儒天资高，下笔无格格不吐之病，有可造之基，勿矜勿怠，未有不与年俱进者。然诗与画皆技也，非道也，非士君子所急。今因以诗问序，且亦有志于画者，故余之言如此。

（录自叶凤毛著抄本《说学斋文稿》第三卷）

慧光遗稿序

女子能言，举世异之，其实非可异也，三百篇中多有巾帼之制。而曹寿妻韦逞母且不第以韵语见称矣。男女同得天地之性，而赋以智愚贤不肖之气质。然父母多严于教，男子虽鲁钝必强之学，女子虽颖异忽焉。向非出于天性自律其勤，枉其才智者多矣。余女慧光幼尝延师教之，比长问余以比兴之事，余授以名家选本，时为之讲说，非必欲其能，亦非必其必能也。年十六纳婿，婿旋卒，益寄志诗词，有作辄深至亦不意其能尔也。见人若无能者，殁后披其荩箧得赫蹏书诗词数十纸，异之，为录出稍加文饰凡若干首。大抵女子之言，卑弱浅近其常也。独其笔意轩举，气骨不类闺襜，岂穷苦之辞易好者耶。欧阳公序谢希孟诗，谓其不幸为女子，莫自彰显于世无有杰，然巨人为彼重之。若吾女者，但自写性情而已，奚用彰显辄重于人。而余之不忍其湮没者，惜其能言女子类多短命。噫！余又奚取其能言也哉。乾隆十九年长夏付镌刻，记之。

（录自叶凤毛著抄本《说学斋文稿》第三卷）

阙里孔信夫刻玉泓馆帖

张文敏公始学董氏，吾侄孙家多有其迹庸庸尔。雍正庚戌辛亥间若有所悟，脱离故境，自成一家，变幻百出，其壮也，若尉迟之舞稍；其静也，若迦叶之拈花。荡焉而不离其徽纆，敛焉而不窘于囚拘，如有鬼神相其笔端而纵其灵机之独运，近代书家鲜有能及之者。此刻皆临古帖，如杨凝式步虚词、杳冥君铭之类，皆学书者之所不欲观者，一出公手但见公之妙而忘彼之劣，直是点铁成金，非青出于蓝也。当公在时世未重其迹，唯王公麟照、陈公世南叹其独得信其必传，谚所谓好汉识好汉乎。

（录自叶凤毛著抄本《说学斋文稿》第二十七卷）

片玉堂陆氏词翰

片玉堂词翰上九卷文裕公，下三卷公曾孙舜陟书。公书严整轩昂，其妍美处似吴兴耳，实未尝学吴兴也。吴中江谓雅宗松雪，云卿谓出吴兴上。董思翁亦谓与吴兴同师北海。愚谓公自有其胜处，何必北海也，有明一代无胜公者。舜陟消散轶宕似子瞻、元章，破其家法，然不失为书中之豪。是板梨木，今藏陆氏竹素堂南小楼，无力搨行，故世少知者。九卷之外和王元章梅诗、格言屏幅、来鹤诗话数种，又别为石刻，曹氏五亩园刻于屏门插屏者，皆绝妙得意书，莫能考其墨迹所在矣。

（录自叶凤毛著抄本《说学斋文稿》第二十五卷）

唐曾赐作品选

作者简介

唐曾赐,字楸村,号竹舟,大团人。清嘉庆三年(1798)戊午科举人,由挑取实录馆誊录议叙知县。著有《听琴轩诗稿》。其父唐荷薪为贡生,好诗文工书法。其曾祖父唐班为进士。

诗词作品

雨后约张大重游昆明

濯枝新雨下龙津,筼筜微凉不染尘。
料得望湖亭子外,拍堤新涨碧粼粼。

(录自《国朝松江诗钞》第四十九卷)

姚伯骥作品选

作者简介

姚伯骥(1750-1811),原名之照,字圣和,号泰莽,周浦镇人。清嘉庆十二年(1807)考中丁卯科江南乡试第四十九名举人。著有《素安居存稿》《四香书屋吟稿》《五经札记》等。其父姚仁,其祖父姚江业医,其曾祖父姚眉善医,其子姚炜琛、姚炜瑛、姚炜琥、姚炜玘、姚炜球皆儒生。炜琛著有《洪景堂诗集》。

琐院竹枝词

（一）

又是云间第一班，五更初转赴荆关。

故乡舟子多情甚，整顿兰桡渡水湾。

（二）

万千酸子闹蜂衙，三次呼名接卷哗。

才进龙门寻号舍，螺蛳壳里做人家。

（三）

龙门进后向龙腮，第一场犹草昧开。

酌取新泉煮新茗，细听墙外唱群才。

（四）

金乌未下已高眠，更漏姗姗题纸传。

珍重抚军能恤士，今年茶饭胜前年。

（五）

忆昔初游泮水日，曾拈首艺受佳评。

迄今历岁刚三十，又向此中认老彭。

（以上5首诗录自顾炳权选编《上海历代竹枝词》）

蔡云桂作品选

作者简介

蔡云桂,字策群,号静香,居浦东川沙。清道光八年(1828)戊子科江南乡试第九名举人,官潜山教谕。著有《面圃轩诗文稿》。

诗词作品

题啸隐独坐幽篁图

十年不到庐山上,今日披图见远公。

鬓发已经霜雪染,襟怀仍与水云同。

琴边有月参圆觉,竹外无尘悟大空。

剩些爱根难尽划,绿天清兴正蓬蓬。

(录自《海曲诗钞三集》第二卷)

祝椿年作品选

作者简介

祝椿年,原名钦梓,字春木,号楚翘。清道光二十九年(1849)己酉科江南乡试第一名举人,为解元,授知县职,然以居家不出。性耿介,落落不合,工诗词。世居八灶港,其祖父祝尔和始迁居川沙城内厅署西。著有《来复轩诗稿》。

诗词作品

寇警后书怀

连宵听尽短长更,壁立相如百感生。
祭到诗篇伤贾岛,算来考绩误阳城。
心如野马尘无定,腹有河鱼疾未平。
盐米光阴湖海志,十年出处两无名。

题清河节母盟心古井图

大节清河重,遗徽闺范真。
绮罗虚早岁,松柏失同春。
麟角传余子,熊丸味独辛。
试看古井水,碧月照常新。

(以上2首诗录自《海曲诗钞三集》第三卷)

沈树镛作品选

作者简介

沈树镛,字韵初,浦东川沙城人,清咸丰九年(1859)己未科第一百八十名举人,官内阁中书。博学能文,嗜金石考据,收藏金石碑帖富于东南。著有《汉石经室金石跋尾》《汉石经室丛刻目录》《书画心赏目录》《养花馆书画目》。卒年四十二岁,墓在十七保新二十二图。居浦东川沙。

诗词作品

题六廉耕墅图

半村半郭中,小结三间屋。

隔溪绕渔舟,左右多修竹。

摩诘隐辋川,子美吟杜曲。

心迹淡而清,于焉远尘俗。

(录自《海曲诗钞三集》第七卷)

书信作品

与魏锡曾信

稼孙仁兄大人阁下:

十四日奉到印谱各种及将乐纸,谢谢。所致执叔信函——诵悉,前月初,将委购拓本以一半寄李太守,闻至今未行,而又无他便可寄,深为焦灼,以后所发两信,想可先到。月余来一无所得,近见汉碑十册,内六册《礼器》《曹全》《史晨》二册、《孔羡》《乙瑛》非常之精。孔庙四本系冯氏快雪堂藏本,字字逼清,毫芒毕露,定是明初佳拓,须百金方能到手,此时实无力量,弃之又甚可惜,"不见可叹"二语实为我辈说法也。帖肆中枯甚,数日前书肆中存造像三巨册,系刘氏喜海物,约有四五百种。惜书估不懂,受人愚弄,竟要数十金,恐无人能买矣。近日为遂生买汉铜印谱三本:一国初人手集最精;一朱蕉堂先生手集;嘉兴郭氏藏印,皆极好而精。大丁龙泓十六印拓奉去,望检收,不敢失信。惟范氏《始平公造像》万不可夺,至祷至祷!《谷朗碑》近未见过,《爨宝子碑》去冬于虞山王御史处见一张,浓墨精拓,非常之妙,惜不可夺,至今耿耿。《寇谦碑》张叔平比部处有二分,此君不甚重,然与予甚疏,不能遽图,当属樊文翁可以设法,惟扨老亦甚喜,未必能归清閟耳。《白驹谷》十九大字昨又得一纸,为遂生要去,义无可释。让翁字篆隶固不必言,楷法实有古拙之趣,倾倒之至,拟再求之。《始兴忠武王碑》可否调换?如能,许我即望寄京。鄙性最急,谅蒙鉴及。弟近况窘甚,每购佳拓,必须变卖字画套帖,而出价不吝,所以外人见之如出两手,背谬处甚多,自知之而不能改,亦癖好太过之故也。遂生字学篆刻俱有进境,皆扨叔诱掖奖劝之力。印谱不能日日拓,天热立后印沿易湿,不如冬天之干净。范氏物何日可到,盼切之至!嗜如太过,亦不受用,每闻佳本,心胆刻刻提起,至极着想时,如场前等榜一式,岂不可笑?闽中如有新得,幸示悉,即望还云,祷切祷切!此敬祺安,不具。

弟树镛顿首　四月十七日

与吴大澂信

掷还董恽两册收到。承赐读横幅,沉厚中有疏荡气,是从酝酿得来。此境甚不易到,近廿年作家皆不谈此,以不见宋元真本,又无学养故也。如有兴动笔,弟愿求绘小册一叶,鄙拟画两乔松,据石床坐,不必用屋宇,山闲有疏旷之趣,或不出此,则屋宇外多峰峦树木为幸。以弟喜山居而不可得,只能于图画中寓之矣。侄须俟爽健时为之,万勿勉强。至属。此上

恒轩主人
弟树镛顿首　五月廿日

> 序跋作品

《补寰宇访碑录》跋

物之寿无过金石,然惟藏也历久不敝。故千载前旧物日出而不穷,及出之则天时人事得而成败之,转不能自存,其能存者在著录家。宋以前著录之碑,近数十年所出之碑,或皆不可见,其名可道也,著录存之故也。世不及见宋以来著录之碑,今时所出宗以前人亦有不克见者,有宋后若元若明皆不克见,今复见者,曷以知之,著录存之故也。扬叔集近六十年中所出及所见碑版文字,著之以补孙氏访碑之录,为之十余年,复失之,失而再为之,未敢自为成书。余既促成之,且决其刻之,以其出不穷,录必无尽也。虽然,凡此所录更数十百年,石之存否且不可知,惟著其名乃以长存则可知也。同治甲子四月,南汇沈树镛均初甫跋于汉石经室。

跋《宋拓定武兰亭序》

是帖为仁和龚定庵先生旧藏本,右题字一行及尾叶跋语皆其手迹。先生再有《洛神赋》九行本,与此帖并奉为瑰宝,惜不知流转何所矣。丁卯八月既望,郑斋。

《揅经室集》跋《王右军兰亭诗序帖》云,原本已入昭陵,当时见者已罕,其原来本无钩刻存世者。今定武、神龙诸本皆欧阳率更、褚河南临拓本耳。夫临拓之与原本必不能尽同者也。观于欧、褚之不能尽同,即知欧、褚之不能全同于右军耳。又云,《兰亭帖》之所以佳者,欧本则与《化度寺碑》笔法相近,褚本则与褚书《圣教序》笔法相近,皆大业北法为骨,江左南法为皮,刚柔得宜,健妍合度,故为至佳,若全是右军之法则不知更何景象矣。永和八年秋,殷浩北伐无功,再举进屯泗口,羲之移浩书曰,区区江左,力争武功,非所当作,莫若还保长江,引咎责躬,与民更始,以救倒悬。若犹以前事为未工,复求之于分外,宇宙虽广,自容何所?浩不能从,遂有九年秋七月之败。《兰亭序》作于浩屯泗口之后、败走谯城之前,其忧国之心含于文字之内,非徒悲陈迹也。同治丁卯八月十八日即潮头诞,录于吴门寓斋,韵初。

论禊帖者自宋迄今不下数十百家,如治乱丝,如遇歧路,令人心目俱昏。惟阮文达二跋独得右军书旨,论欧、褚两家流派亦简当而赅。因摘录定先生所藏定武本后,足了却诸家聚讼矣。郑斋又记。

（以上4篇作品录自2018年1月上海远东出版社《汉石经室题跋》）

王蓉生作品选

作者简介

王蓉生,字子勖,号钦裳,世居南汇县城内。咸丰九年(1859)已未恩科江南乡试第一百十四名举人,官海州训导,钦加同知衔。著有《好古堂集》等。

诗词作品

规冶游者

粉香成阵妓成围,十万黄金信手挥。
可忆娇妻风雪夜,熏笼斜倚等郎归。

规嗜赌者

黄金虚牝掷年年,日在迷龙阵里眠。
夜半归来妻向问,卖儿还剩几多钱。

题清河节母盟心古井图

瓦甓月照冷如水,寒泉澡雪清且泚。碧梧夜落秋风多,此心终古波不起。清河孺人氏曰唐,久娴母教称贤良。何期顿折连理树,松贞柏健凌清霜。有子尚未离黄口,事大如天一肩负。饮冰茹蘗甘如饴,盼儿成立儿知否?吁嗟乎!孺人之心石比坚,孺人之节玉同全。君不见,古井之水流涓涓,彻底澄清年复年。

(以上3首诗录自《海曲诗钞三集》第五卷)

顾麟作品选

作者简介

顾麟,字祥甫,号芷卿,又号双红豆子,居黑桥,晚迁居周浦。同治六年(1867)考中丁卯科江南乡试第二百一名举人。选教谕职。著有《临池小草》《双红豆馆诗存》《总宜居词稿》《灵素表微》《内经疏证》《蜡溪吟稿》等。

诗词作品

避乱旅泊

暮色逼江喷,行人怅失群。
北风吹急雪,独鸟下寒云。
书剑飘零甚,关河战伐纷。
中流频击楫,谁为策奇勋。

山行

山行不厌远,信步独寻诗。
寒溜带潮急,湿云归岭迟。
路香樵弛担,院静客停綦。

欲访赤松子,烟霞慰夙期。

闺思

琴声一再弄,条脱冰如许。
孤灯照独眠,门掩苍苔雨。

读朱雨苍刻眉集

青鸟窗间绿绮琴,嫩寒帘幕锁春阴。
枕留玉马驮香重,屏拓金鹅障梦深。
机锦九张丝合股,炉熏百和字同心。
长卿才调飞卿笔,旧集纆头浪费吟。

昔年

结伴寻春记昔年,乌衣裙屐尽翩翩。
绮筵金谷黎花盏,晓骑铜街杏叶鞯。
短梦惺忪迷史枕,秋怀懊恼寄涛笺。
情痴未化菩提果,枉听维摩丈室禅。

（以上5首诗录自《海曲诗钞三集》第六卷）

顾曾铭作品选

作者简介

顾曾铭，字新园，号壶叟，居浦东顾路，清咸丰壬子年恩贡，同治中补举孝廉方正，赏六品职衔。性廉洁，耽经史，居乡授徒，足不履城市者几四十年，善绘芙蕖，有得其一帧者，珍逾拱璧。卒年八十三，著有《二壶中诗稿》。

诗词作品

吴郡王礼堂大令殉难闽中其弟索诗

龙溪宦绩颂贤臣，佐幕才名动八闽。
致命应知能遂志，杀身转幸得成仁。
昭忠列祀金章赉，袭荫绵延玉树新。
终恐九原难瞑目，庭萱老泪尚沾巾。

题耐圊汲古图

不须木榻与匡床，仰面看天兴欲狂。
左右图书任高卧，也同元亮傲羲皇。

（以上2首诗录自《海藻》第二十四卷）

清代贡生作品选

吴定作品选

作者简介

吴定,字澹庵,浦东北蔡人。清顺治八年(1651)辛卯科拔贡生,授澄城县知县,升行人,擢户部主事,后任夏镇河道。著有《河渠志》。

诗词作品

咸阳道中

策马咸阳道,岩疆不易行。

乱云吞日过,远树插天生。

地阔春花少,山空朔吹鸣。

风尘多鞅掌,不敢滞王程。

(录自《国朝松江诗钞》第六卷)

闵峻作品选

作者简介

闵峻,字山纤,号筠庵,新场人。顺治十一年(1654)甲午贡生,授卢龙县令,擢职方主事。著有《筠庵诗文集》。

诗词作品

友人召饮别业

陇雁入江乡,迎寒过草堂。

月归帘影细,露滴竹枝凉。

落寞非诗瘦,飘零尚酒狂。

与君暂舒啸,人自拟山阳。

陇西行

刘生壮志满关河,安得朝廷议止戈。

海甸秋来芳草尽,画楼人去落花多。

征衣不及西江浣,陇树曾无越鸟过。

鞬掌沙场思凤辖,问君裘马竟如何。

(以上2首诗录自《国朝松江诗钞》第六卷)

沈沐作品选

作者简介

沈沐,字禹臣,又字雨臣,居周浦。顺治十七年(1660)庚子副榜贡生。著有《四书讲略》,其门人有朱鉴、高廷亮辈百余人,卒后私谥贞素先生。

诗词作品

寄怀吴梅村太史

猎城春尽雨萧萧,梦想高凤尺素遥。

海内动名惟著述,樽前人物半渔樵。

澄湖玩月兰桡转,小阁摊书桦烛烧。

读罢江南新乐府,六朝花柳尽魂销。

(录自《国朝松江诗钞》第三卷)

朱霞作品选

作者简介

朱霞,字赓方、耕方,号初晴,新场人。清康熙二十三年(1684)甲子科岁贡生,授高邮州训导。工诗文、善绘画,用笔超迈,最工画鸡,尤长草书。著有《鹤野堂集》《一拂斋诗文稿》。

诗词作品

猛虎行

饥不食漂母饭,寒不衣范叔衣。衣我岂能暖,饭我岂能肥。请言男儿志,运命各有归。穷通与得丧,造化执其机。所以贵知己,正由同调稀。一朝蒙顾盼,自谓得所依。宁知百年事,转盼生是非。吕望岂不才,被弃于其妃。原生友结驷,贫也不受讥。或流百世芳,或为万乘师。当其处困极,亦或□戏欷。方寸有五岳,素志固莫违。劝君贞苦节,分外慎勿希。千金与一介,失足均难追。

冬日效孟郊

洪纤布万物,鲜不归其根。天若无大冬,宁知生物恩。朽枯摧落尽,盎然元气存。晓来视桃杏,红蕊缀霜痕。寄食终不饱,寄花终不繁。沉思剥复理,觊与静者言。饥鸟啄草根,寒鱼唼日影。青松复何为,终岁耐闲静。人生营其私,外务焉能屏。所愿丘山齐,所获锱铢并。毫末终参天,滋养岂俄顷。醉颜非少容,凭轩一警省。

退笔

退笔写兰亭,遂为绝世珍。秃笔写骅骝,老杜叹其神。当其退且秃,宁复冀见伸。偶然遇圣手,指使见天真。岂无新好者,自谓轶等伦。及其奏殊劲,怅焉拜下尘。神奇与臭腐,变化同转轮。世无用才者,好少彼何人。

清明

东风遥遥吹绿草,劫灰沉黑城南道。
枯树垂藤又放芽,纸钱飞散麒麟倒。
空原一角是城闉,谁倚红颜斗妍好。
日薄烟霏不见人,鹧鸪声里桃花老。

和友人登燕子矶韵

燕子矶头帆影微,苍茫聊共倚斜晖。
六朝金粉荒烟在,三月风花故垒非。
隔岸青山看客笑,傍滩白鸟背人飞。
留云亭上频搔首,多见征帆少见归。

舟中同王见可戴晴岩话旧

一梦何曾觉,三年复此行。
青山愁外色,白发意中茎。
旧侣惊心话,寒蛩聒耳鸣。
乘槎聊尔尔,不拟问君平。

同方山过恒彻上人庵

清明节后多风雨,闲过西村爱午晴。
略彴最宜通野径,招提更喜背春城。
禅心静对桃花放,诗句吟和鸟语清。

茗椀绳床殊未厌,归途莫虑夕阳倾。

(以上7首诗录自《国朝松江诗钞》第二十一卷)

黄素作品选

作者简介

黄素,字采受,号璞庵,南汇黄家阁人,康熙年间贡生,著有《烟霞阁诗集》。

诗词作品

苦热行

游云似畏热,不肯停当空。凉风亦有私,不入卑室中。大地真炉炭,万物皆为铜。生人日销铄,朱颜成老翁。侧闻有高山,峰顶摩青空。盛夏余积雪,泠然生清风。古树皆百尺,戛击如镛钟。吾欲自兹去,追蹑渔樵踪。解衣坐磅礴,褰裳采芙蓉。谁言严陵迹,不如云台功。

闺怨

为恐入临邛,牵衣再三别。
愿得蒺藜生,刺出马蹄血。

(以上2首诗录自《国朝松江诗钞》第三十三卷)

毛汉齐作品选

作者简介

毛汉齐,字弈苍,清雍正元年(1723)癸卯岁贡生,能诗文,工楷法,以教授乡里终。居浦东川沙。

诗词作品

七夕

贯月乘流去复归,云浮别袂赠支机。
当年留得仙槎在,夜夜东风一苇飞。

(录自《国朝松江诗钞》第二十一卷)

踏春曲

一篙新涨小桥平,柳浪参差麦浪轻。
日日看春春不厌,宜风宜雨更宜晴。

茉莉

瑶池冰雪散琼英,花史曾题第一名。
一缕暗香浮动处,摩诃池上月三更。

((以上2首诗录自《海曲诗钞》第十一卷)

陆瀛龄作品选

作者简介

陆瀛龄,字景房,号仰山,又号柳村,陆鸣球子。内行纯笃,性孝友。居浦东顾路。清雍正元年(1723)癸卯选贡,选石埭县教谕。发藏书与诸生研习,文风日上。当岁祲冒霖雨往赈,肩舆走万山中,周阅户口。摄县篆,绝苞苴,清狱讼。乞归休,闭户著书。举乡饮大宾,卒年八十,著有《赘翁诗稿》《鸡窗随笔》《仰山杂记》。

诗词作品

山中晓发

路滑晴犹雨,岚深晓亦昏。
乱流争石窦,叠嶂倚云根。
马系溪边柳,人喧树里村。
蓉城行渐近,梵塔见朝暾。

殿春轩秋夜即事

(一)

凉秋料峭一帘风,抱膝高吟夜正中。
舌本余香茶得力,鼻端出火酒多功。
池塘有獭鱼心苦,水阁无猫鼠胆雄。
我亦倦来支枕去,垂头熟睡笑奚童。

(二)

袷衣初试雨新晴,帐底轻寒梦不成。

月上虚窗添夜色,更阑孤枕落秋声。
风摇屈戍钩辀响,油涸箸灯黯淡明。
闻道半径丛桂发,诘朝准疑探花行。

题顾小崖太史古香高韵图

先生挺奇姿,抗志希贤圣。易理探其微,识超力乃定。翩然鹤在霄,邱园寄幽兴。天子念旧学,肯许栖蓬径。可处亦可出,贞遇安于命。可退亦可进,其动必以正。识得天地心,卷舒率所性。伫见调羹手,翊赞当明盛。

(以上4首诗录自《海藻》第二十五卷)

陆秉绍作品选

作者简介

陆秉绍,字绳山,陆瀛亮子。居浦东顾路。清乾隆十五年(1750)庚午副贡。著有《揖星楼诗集》。

诗词作品

和黄宫詹庚午科前后同年纪事诗原韵

(一)

车骑联镳赴绮筵,鹿鸣歌后谒高年。
却夸蕊榜题名外,添得三朝一地仙。

(二)

周甲科名曾有几,乡邦旧事却重新。

东山久系苍生望,六十年前榜上人。

（以上2首诗录自《海藻》第二十五卷）

顾清泰作品选

作者简介

顾清泰,字小瑛,浦东高桥人,清乾隆六十年(1795)恩科副榜,安徽宁国教谕,历署吴江、青浦教谕,镇江府训导。

诗词作品

清溪八景·宝山旭日

春山楼阁海天空,千仞凭收一篑功。
残夜忽惊光炫目,日华初上水云红。

清溪八景·双桥夜月

平沙夹抱水洄沿,彩落长虹断复连。
几度赤栏闲徙倚,一轮明月影双圆。

清溪八景·东海扬帆

天光水色碧成围,何处蓬瀛望翠微。
万斛余皇渺一苇,乱帆齐拍浪花飞。

清溪八景·春江待渡

小憩江干草似茵,柳丝夹岸漾波轻。

漫愁欲济无舟楫,验取沙痕水未平。

清溪八景·护塘积雪

霁色微明渤澥西,寒侵鲛室晚风凄。
果然巧弄天公戏,捍海新添玉做堤。

清溪八景·烽墩远眺

蛮海氛销日月光,当年曾此重边防。
太平是处桑麻色,留与游人眺夕阳。

清溪八景·江村柳荻

蒹葭霜信雁初传,散步江天意洒然。
茆屋晚炊香稻熟,斜阳疏柳一溪烟。

清溪八景·法昌双杏

撑空老干斗双身,摩顶南朝忆老僧。
绀碧琳宫浓绿树,天然图画影层层。

(以上8首诗录自《江东志》第九卷)

冯金伯作品选

作者简介

冯金伯,字南岑,号墨香,周浦人。清乾隆年间贡生,官句容县训导。性耽风雅,富收藏,精于绘事,故题画诗颇佳,而绝句尤胜。著有《墨香居诗钞》《国朝画识》《墨香居画识》《海曲诗钞》《词苑萃英》等。

诗词作品

题刘生春草亭

突兀一孤亭,抠衣此乍经。
江枫霜后赤,秋草雨余青。
别迳通花圃,邻垣划翠屏。
不愁营构窄,此意足沉冥。

自题画

雨密烟深屐齿痕,闲窗弄笔墨花浓。
昨宵放箸思兰笋,梦到云间第四峰。

夜读宋人红梅词漫吟

(一)

金屋何人贮阿娇,轻湔初泮见丰标。
几回欲访红梅阁,梦断平江小市桥。

(二)

探梅乘兴到金尊,梦踏罗浮淡月痕。

却趁东风换颜色,彩霞千叠护冰魂。

雪中写红梅题句

记得山庄曳杖时,茜裙红袖见芳姿。
雪花揉碎燕支屑,留得屏风小折枝。

题画送渔庄归扬州

垂柳丝丝拂绣鞯,十分春色乍晴天。
送君琴剑渡江去,二十四桥浮翠烟。

韩浥亭明府属题王素娟山水扇

(一)

萧疏鹤发已盈头,重向秦淮赋冶秋。
惆怅湘兰久黄土,又从小篷见风流。

(二)

赵昌花鸟仿摹频,慧质灵心自绝伦。
谁向林泉得真趣,一奁山翠写初春。

端午后五日杨仁山招同人集春水船分韵得船字

小阁凭栏意渺然,蒲觞泛后更开筵。
揭来风雨谭心地,如上江湖载酒船。
七里溪光浮槛外,一奁山翠落尊前。
依稀李郭芳踪合,岸帻微吟即是仙。

吴江沈雯中倩丹崖写拂石待煎茶图题寄雯中并示丹崖

雪滩钓雪兴不孤,近得二沈烟霞徒。一沈嗜茶癖如卢,一沈泼墨写作图。煎茶何故拂石待,蟹眼已过鱼眼麤。轻车哑哑上峻坡,细珠滚滚旋洪炉。此中气候稍未足,便觉舌本神味殊。浮花沁齿宁浪语,世俗相赏多浮肤。是图点缀细且润,洗涤尘境搜云腴。曲房临水玉泓静,长松倚岩彤霞铺。两人对坐更细酌,妙谛融浃沦琼酥。吾生爱茶兼爱画,手携册子时摩挲。扁舟计日来震泽,相邀二子同欢娱。笔床茗具互陈设,泉香墨香相萦纡。烦襟豁尽气渊穆,尝茶作画此乐无。郁郁居此何为乎。

鄂渚秋怀

露白霜清楚甸秋,登临何处写离愁。
孤城三面环江水,一岭中分抱郡楼。
庾亮来时始有月,郭翻去后便无舟。
可怜坏刺消磨尽,漂泊依然鹦鹉洲。

寄山舟周仲育

一幅冰绡墨未干,读书堂向画图看。
研溪桥畔连旬雨,瀑布斜飞五月寒。

谒叶忠节公祠

(一)

公昔司储日,裁兵乱楚中。
徙薪无早计,聚寇遂成丛。
志士甘全节,纯臣誓鞠躬。
一篇遗疏在,奕禩仰高风。

(二)

里第遥相望,师门谊更深。
赠行诗满册,瞻像泪沾襟。
皓月沉秋殿,灵风闪夕阴。

椒浆兼桂醑,神贶谅能歆。

（以上14首诗录自《海曲诗钞三集》第一卷）

序跋作品

《国朝画识》序

　　《国朝画识》一编滥觞于周栋园《读画录》、冯汕鉴《图绘宝鉴续篆》、张浦山《画征录》三书。窃为之芟其繁,正其伪,铨次其世序之前后,复益以各省通志、府州县志及名人诗文杂著,自国初迄今计得画家九百余人,为一十七卷。其前之已载于《佩文斋书画谱》者不重列也,其后之已入《墨香居画识》者亦不复出也。在昔陶宗仪纪画分十三科,兹则山水、花卉、人物诸科合而为一,惟写真则另编焉。顾凝远《画评》有士大夫名家画,名家之别即古人所谓士流、杂流也,兹则不废杂流,而士流更为详悉。至方外、兰闺则亦另编焉。朱景元《画录》,王穉登《丹青志》均有神妙、能逸之称,兹则博采群言,不加评泊,间有舛误,窃附数语于后焉。夫绘画之事,艺事也;识画之书,识其小焉者也。然而台阁名贤、山林韵士沐圣藻之荣光,被熙朝之雅化,其风流文采照耀于翰墨间者,于是编亦略可想见矣。乾隆年辛亥季秋朔日,云间冯金伯书于山塘杨氏之双清阁。

（录自清乾隆刻本《国朝画识》）

《墨香居画识》序

　　国家川岳效灵,人材蔚起,不特诗、古文辞作者超越前代,即绘画一事亦多登峰造极,艺擅千秋。间尝博采志乘,披寻群集,辑为《国朝画识》十有七卷,又补编二卷,于一百四十余年之中计得画人七百七十余家。较之《读画录》《续图绘宝鉴》《国朝画征录》诸书,似觉详备。然恐孤陋寡闻,搜罗未遍,庋阁有年,未敢付梓。是编但就髫年师事父事之人,以及壮岁游历萍踪相值或友其人而得见其画,或见其画而企慕其人,随所欣赏,辄为札记,积有岁月,又已成帙。戊申长夏,养疴云间,颇有余闲,因略加诠次,先登梨枣,就正于当代名公韵士,评泊失当,爵里或讹,均希有以教之,其系之墨香居者,别于《国朝画识》之纂辑群言也。其他曰画识者,则犹夫不贤者识其小者之意云尔。

(录自清道光刻本《墨香居画识》)

祝尔和作品选

作者简介

祝尔和,字镇坤,号鹤滩,居浦东川沙,清贡生,议叙吏目。著有《味古轩诗集》。

诗词作品

赋得桃花带雨红

（一）

好雨随芳草,三春浣好花。

好从雨后发,片片似红霞。

（二）

红妆新浴罢,艳色更宜人。

雨洗林光润,江南一片春。

晚过崇庆寺次鲍巨韵

好风吹易远,无处问游踪。

古寺留名迹,新诗起暮钟。

书来怜我独,君去叹谁宗。
借问乘槎者,相思何处逢。

中秋

画破秋心月,谁知月更团。
夜来光欲滴,仔细上栏干。

思春

良时苦不借,何处觅东风。
愁坐空燃烛,深嫌梦落红。

题王氏昆仲渔舟小照

天涯同泛梗,何自足逍遥。
举网鱼三尾,得钱酒一瓢。
浮沉凭舴艋,胞与验渔樵。
我亦海滨客,谁将元化描。

重修味古轩

且将补旧宅,还是野人家。
瓦古时探月,窗疏不隐珈。
安能避鼠雀,直欲犯桑麻。
此地一回整,锅居老烟霞。

得南有园胡桃二峰

莫厌东沙寂,尚留石数寻。
瓒岘波作皱,空洞藕为心。
米老应千拜,于公合万金。

所嗟人异世，不复昔园林。

春日

百花洲上散春愁，春入花洲愁不休。
我自醉眠花莫管，鸟鸣山外任悠悠。

晚过崇庆寺奉和黄海槎元韵

清磬传遥岸，昏黄寺半扃。
侵帘苔想绿，绕刹竹知青。
香气迎风领，经声隔水听。
幽人闲唱和，明月挂渔汀。

暮游

相赏终难尽，为欢更几何。
倦怀春气少，空谷夜情多。
香过灯添闪，潮鸣月上波。
此时心目净，缥缈入渔歌。

咏梅

点逗寒威尽，孤芳带雪强。
空山还见树，清夜只闻香。
不觉人烟静，其如春昼长。
高人得深致，天地亦茫茫。

幽兴

淡漠年高眼自空，卜居东海已成翁。
火从灭后天来复，性到澄时源自融。

作伴只消林下月,舒怀全在竹边风。

无关壮气宁言志,一任蒹葭看落鸿。

(以上13首诗录自《味古轩诗集》)

杨光辅作品选

作者简介

杨光辅,字征男,号心香,嘉庆元年(1796)丙辰岁贡生,居浦东龙王庙,著有《鹤书堂诗抄》。

诗词作品

沪城看桃花

(一)

花信匆匆雨中度,未觉春来春已暮。

数声干鹊报新晴,晨策青藤沪城路。

(二)

东风一吹花乱开,红云导我花间来。

谁家小楼晕娇面,游仙何往非天台。

(三)

题门旧句今安在,前度崔郎鬓毛改。

彼秾依旧艳新妆,万斛香涛翻绛海。

(四)

小桥流水深更深,茜裙飘瞥女墙阴。

琅琊伯舆为情死,十年辜负看花心。

沣溪舟夜

（一）

窃药新辞离恨天,雪中鸿爪月中仙。
谁知一晌衾寒地,唱到瓶花又惘然。

（二）

酒痕墨汁半旗亭,白首论诗眼尚青。
多病鸳鸯秋燕子,欲留哀艳与谁听。

（三）

舵楼底事泪双垂,万种愁肠不语时。
与尔伤心并千古,三条弦上吊诸姬。

冷香榭送春赠香白

（一）

雨过芳丛锦作堆,好花生怕十分开。
临觞莫更添惆怅,只算春光本未来。

（二）

客中半臂耐轻寒,绿叶阴浓忍再看。
痴蝶未知春欲去,隔花犹自舞成团。

清明

水国兼旬雨,江楼一夜风。
年年沽酒地,依旧杏花红。

乙卯寒食怀改香白

去君不远识君迟,醉写梅花寄别思。
我辈只知诗画并,外人先诧姓名奇。
绿波南浦盟鸥路,红雨西郊试马时。

寒食匆匆春又半，上湖风月负前期。

柳

江南江北绿迢迢，披拂长条更短条。
傍路有情牵客袂，舞风无力门蛮腰。
边愁夜夜关头笛，离恨年年灞上桥。
怊怅封侯人万里，空留眉样倩谁描。

杏

半脂半粉出墙头，归路谁将上客留。
春雨一帘愁里店，东风双辔醉中楼。
曲江处处繁红闹，深苍家家碎锦收。
燕子欲来桃未放，探花芳宴会名流。

夜坐

新月一帘空，清香坐处通。
晚凉闻络纬，秋意到梧桐。
客况输归燕，乡心碎断鸿。
十年成底事，身世太匆匆。

怀李香严

怜君负奇气，老去哭途穷。
才出时流上，交深旅病中。
早知双目废，安用百家通。
今夜潇潇雨，凄凉沪渎东。

秦淮水榭咏夜来香

一辞岭峤下江壖,开到秦淮粲若仙。
扶上钗梁怜夜夜,卖残门巷怅年年。
萼不惯向镫前吐,香味长教梦里传。
接迹兰衰先菊秀,赌他鹤监面如莲。

琴川纪事

通河桥外估帆停,杜牧寻春偶此经。
水涨半篙当户碧,山分一角入城青。
笙歌晓沸横江舫,灯火宵明隔岸亭。
十载扬州倦游客,却教舟枕梦娉娉。

甘露寺小憩

言登北固山,爱出城西路。一径入云深,盘旋答甘露。江山信第一,碑仆字如故。茫茫海门关,淼淼西津渡。江天一镜开,吴楚千帆渡。波浪走金焦,阴晴变朝暮。西风隔江来,翛然入庭时。叶落秋山空,游踪偶然驻。我亦山中人,未得山中住。局促辕下驹,浮沉水中鹜。三叹即长途,劳生为谁误。

上巳舟行九峰道中

通波门边雨薮薮,留客轻舟舣城宿。挂帆晓望九峰高,掌上莲花睡初足。玉屏云髻出新妆,笑问宵来共谁浴。淀湖青接泖湖长,一一修娥镜中绿。湖山信美意苍凉,人代如流春百六。春草年年杜鹃哭,纸钱飞上空王屋。客愁无边客舟独,回望茸城嶂云复。谷阳此时车击毂,士女流觞泽兰馥。绣衣坊下戏姻隅,玉带河头闹丝竹。岂无四十二名贤,禊序谁其右军续。太守今朝校士来,悬知阅射南城曲。雉尾云屯扇帐旗,狼头风飐牙门纛。年少谁家白皙儿,窄袖轻袍盛装束。贯鱼腰插粉翎齐,翻鹘身登绣鞍速。鞭送花鬃青海骢,弦开宝玦和阗玉。角声未绝羽箭飞,画鼓联传三中鹄。回眸笑视女墙阴,红粉行行齐注目。开府曾传马射奇,少陵亦写丽人淑。君如图向七香居,添个扁舟赋诗仆。

（以上19首诗录自《海曲诗钞二集》第二卷）

赵光熊作品选

作者简介

赵光熊,字涌思,号槐江,居浦东张江栅,清嘉庆十二年(1807)丁卯岁贡生。

诗词作品

摄山

举目疑天近,凭虚悟夙因。
径深迷故道,峰幻住游人。
梵响随风远,花飞点石频。
坐看林壑美,清啸绝红尘。

由松江归里杨懋斋留食莼菜不果

束装辞严城,归途理轻榜。宿雨淡空蒙,湿云走苍莽。之子负郭居,林泉绝清旷。言从长泖来,清波方漾漾。冲烟起闲鸥,拨雾荡画桨。丝莼味正腴,撷取月初上。舣舟暂淹留,酌酒涤尘埃。我闻千里莼,嘉名驰天壤。腻滑调和羹,珍馐莫比仿。奈此久客心,难俟熟熊掌。与君期明年,九秋天气爽。临水帆饱悬,登山屐几两。长啸惬幽情,高斋相俯仰。清樽泛葡萄,盐豉浮盆盎。重寻今日盟,放言共慨慷。

(以上2首诗录自《海曲诗钞二集》第三卷)

蔡纶作品选

作者简介

蔡纶,原名之瑜,字荆美,号阆春,居浦东航头。清嘉庆二十一年(1816)丙子科江南乡试第二名副榜。

诗词作品

题啸隐上人独坐幽篁图

苍葭秋水渺难寻,洄溯伊人寄意深。

想见上方诸品净,一轮明月照禅心。

(录自《海曲诗钞三集》第二卷)

沈静作品选

作者简介

沈静，字景眉，号春陔，幼孤，好学，年十八以府试第一补博士弟子员，南闱不售，循例以府贡生，候选盐大使，为节母唐、庶母徐陈请旌表。清嘉庆十七年（1812）建文昌宫，静捐基地及正殿材料。道光三年（1823）水灾，捐资助赈为士绅倡，晚喜藏书，工吟咏，著有《古芸诗稿》。沈静系沈向荣族弟，居浦东二十二保。

诗词作品

春日偕顾实甫欣园兄骏堂弟翼卿侄游吾园

刺桐吐葩鸣鹧鸪，桃花新涨化鲤鱼。欣偕旧雨试缓步，拍肩把袖聊轩渠。矍铄哉翁数伯氏，予季腰瘦行徐徐。小阮于此兴颇剧，少长咸集情相于。款关已有银鹿迓，踏莎却喜红尘无。黄花散金香触鼻，小桥过处寻精庐。结篱好引藤蔓长，松阴满径鹤护雏。轩楹高敞玳帘卷，沉水缕缕萦宝铲。读画手不浼寒具，汲古字许搜金壶。碧鲜千个戛幽籁，青瑶一曲涵绮疏。中有斗室容小憩，花坞烂漫绽鼠姑。玲珑叠排宝晋石，石磴藉作层梯扶。拾级而登起重屋，眼界四顾真宽舒。琉璃五色绚夕照，到此始信仙人居。言鲭笑牒畅怀抱，胜情恰与春风俱。久从平泉窥邺架，底事清閟推倪迂。胸中丘壑工结构，吾园用是颜曰吾。或云义取自怡悦，嗜好应与世俗殊。何为剥啄声不歇，游踪不以门外拘。主人声华龙门重，樽罍肯令座上虚。红牙按拍倩小史，银筝排柱来名姝。弹丝吹竹百不厌，方寸那复留嵚崎。笔端滚滚倾墨海，吟边浩浩包堪舆。意匠独出掩众妙，故吾今吾尽破除。安石之墩系以姓，子厚之溪称以愚。

古人寄迹偶传后,雪痕鸿爪犹区区。

(录自《海藻》第二十三卷)

序文作品

《文咏楼诗钞》序

《文咏楼诗》五卷、词一卷,先叔父梅泉公所著也。叔父早年与先府君同肆力于古文辞,静幼侍先大夫侧,见里中名宿如赵光禄文哲、徐观察长发、薛明经龙光诸先生时相过从,相与扬㩁风雅,诸先生称许府君及叔父者甚至。后至吴中,同游于太史阮姜村先生之门。叔父旋就婚京邸,复请业于王光禄鸣盛、曹学士仁虎两先生,若舅氏唐刺史祖槭、表母舅吴学士省兰暨吴礼部蔚光、瞿贰尹华、张上舍崇钧诸先生皆长安文字交也。

乾隆庚寅秋,叔父北闱被放,旋里,府君时延蔡梦华师课静读,师与府君为中表戚,三人酬倡无虚日,成《梅影舫题襟集》,文酒之会,斯为最盛。自此迄乙未冬,连遭先曾祖母、先大父府君之丧,门户多故,叔父于此事稍辍焉。阅一载,叔父移居横沔,构文咏楼,贮书其中,啸咏自得。比两弟嵩、峻少长,复延梦华师课之,两人酬唱如曩日。时静应童子试,初习声韵,叔父训以学诗以气骨为主,勿事涂饰。古大家名家诗固宜熟习,而前明高季迪诗永无流弊,宜潜心学之。

壬寅岁,静补博士弟子员。叔父于是春卧疾,以诗词集授静曰,汝善收藏之,他日或得留传,我无憾矣。复以属梦华师处置身后事,如此可谓神明湛定者乎。叔父于诗工力深至,奄有众长,则渊源于师友者甚正,而足迹所经得江山之助,自非囿于一隅、局守一家言者可比。初,叔父号梦庵,府君号梦罗,先师号梦华,故先师集中有三梦先生诗。叔父复筑别业于南汇之六灶港,其厅额曰梅泉草堂,故更号曰梅泉主人。呜呼!静既髫龄失怙,而叔父辞世后,诸弟伶仃孤苦,回忆曩时真若一梦,曷禁泪涔涔下也。幸两弟能读父书,奚以叔父诗词集授之,俾筹诸梓。叔母张孺人诗词附焉。至先君子《海日楼诗钞》虽行将锓板,已愧两弟之导余以先路矣。

嘉庆元年丙辰冬,侄静百拜谨识。

(录自沈璧琏著清嘉庆刻本《文咏楼诗钞》)

于尔大作品选

作者简介

于尔大,字充甫,号醉六,周浦人。道光二十三年(1843)癸卯优贡生。工诗词,善书法篆刻。

诗词作品

东坡生日啸山张丈招集舒艺室荐芷用聚星堂韵

坡公生际宋中叶,偶来吴地留鸿雪。沧桑岁月几变更,景仰流风犹未绝。腊嘉平月揽揆辰,宜荐溪毛虞磬折。黄州石刻遗像古,精灵不共劫灰灭。舒艺主人今诗伯,往往鲸鱼碧海掣。招朋肃拜继觞咏,晴窗烘砚池散缬。汤饼珍馐杂杳陈,更饫名言如锯屑。他乡此日例宴会,世年往事过飘瞥。雅集新从梓里倡,遗闻喜听苏斋说。追陪杖履亦自惭,学和尖叉求点铁。

乘风破浪图为香署题

壮士如宗悫,胸藏济世才。
天浮沧海远,帆趁好风来。
巨浪恢诗胆,奇辉孕蚌胎。
锦衣须早返,作楫正需材。

题倾城不嫁图

空谷幽居绝世姿,年华易逝寒修迟。
平心莫恨良缘少,只怪蛾眉未入时。

(以上3首诗录自《海曲诗钞三集》第六卷)

马元德作品选

作者简介

马元德,字秉干,号健斋,居南汇六灶镇重庆桥西。清道光二十九年(1849)己酉科拔贡生,任句容县训导,加蓝翎五品衔。著有《澄怀园寓斋吟草》《坦素居吟草》。

诗词作品

清凉山题壁

果然仙境隔尘寰,竹树萧疏猿鹤闲。
绝好翠微亭子上,坐看江外万重山。

松鹤堂看牡丹

诗城争着祖鞭先,彩笔琼葩互斗妍。
今日倍添花富贵,碧纱笼句画堂前。

读云间郭友松了然吟

半生碌碌走风尘,龙性依然未可驯。
落拓尚弹游客剑,寒酸已脱腐儒巾。

才奇那合消庸福,骨傲偏堪耐苦贫。
胸次了然无罣碍,箪瓢陋巷尽含春。

赠江宁黄小园

鹭洲诗隐诗骨高,气凌云汉身蓬蒿。上池之水饮孰招,或者偓佺与松乔。崇川沪渎奇一瓢,屡起废疾誉不要。兴来画菊当赋骚,酒酣常持左手螯。冷吟闲醉日陶陶,我欲从之驾云涛。

（以上4首诗录自《海曲诗钞三集》第六卷）

陆文键作品选

作者简介

陆文键,字敞韬,号蓉初,浦东高桥人。清咸丰三年(1853)癸丑科恩贡生,光禄寺署衔,加二级。著有《余园诗稿》《余园词稿》。

诗词作品

晓发闸港

蓬窗透入曙光微,寒薄徐侵半覆衣。
野店晨鸡催日上,深林宿鸟破烟飞。
稻花凉露千塍湿,苹叶西风一棹归。
不为悲秋也多病,瘦宽腰带莫量围。

（录自清光绪刻本《余园诗稿》）

满江红·题秋灯读史图

千古兴亡,逃不得,目光如炬。风飒飒,罗帏静悄,烛花红吐。白马清流名士祸,黄巾浊乱中原苦。问苍苍,历劫几时完,从头数。 筹边策,匡时疏。平准法,屯田簿。萃儒谋将略,一炉镕铸。急难谁为袁灿死,无私我要韩通补。算短檠,解其证丹心。明明语。

洞仙歌·秋梦

半庭凉月,更一林疏雨,无定吟魂自来去。喜篆梲不隔,曲录能通凭,指引飞。到处广寒深处。 天香飘万里,才罢游仙,又被屏山暗留住。最好是圆时,蓦地惊残,懊恼煞、蛩吟絮絮。早换了,繁华境全非,便说与痴人,也都无据。

(以上2阕词录自清光绪刻本《余园词稿》)

记文作品

徐氏重建祠堂记

古者,士大夫家必有庙。《释名》曰:"庙者,貌也。先祖形貌所在也。"自秦制,尊君抑臣,惟天子得有庙。于是,汉世公卿贵人多建祠堂于墓所,而庙不闻,此祠堂之名所由昉云。唐制首重立庙,是故王珪为侍中,不立私庙。太宗命有司茔构以耻之。颜鲁公立家庙碑,自书其文,世系详赡,雄词巨制,至今犹景慕之。然则庙之必有碑、祠之宜有记,礼也。非僭也。吾里徐氏旧有宗祠在镇东隅,祀始迁祖安贞公以下。雍正十年,海潮横溢,楹垣颓圮。当时子孙勿克继承先志,废春秋礼者几百年。今其四十八世孙梦熊念先灵之不可无以妥侑也。茔地、诹吉、鸠工、庀材,于道光二十一年十月重建祠于盈字六图,迎龙永宁桥之西迁祐主而奉焉。祠之日,肃几筵,序昭穆,思其嗜好,思其笑语,忾乎如将见之。而于八都之人咸啧啧于徐氏有重建祠堂。噫,今世之承籍先业、席丰履厚者,类皆堂高数仞,榱题数尺,甚或亭台池馆,为游观之。一有不适,必改为之,而视先人之居处、饮食,忽不加省于其心。即有从旁议之者,又以为吾侪小人,宜祭于寝,且力有所未逮。其力有能逮者,则又以为大宗之分,越分为之,恐同族生异议。无怪乎礼教之日坏而不知返也。若徐氏者,殆足以风世矣。吾知其后世子孙必有能保世滋大者。属来请于余,而为之记。

(录自《江东志》第八卷《记》)

艾德堃作品选

作者简介

艾德堃,字静洲,号丽春。艾可久十一世孙,居浦东孙小桥。清咸丰十年(1860)庚申岁贡生。幼好学,襄办地方公事以谨慎称。同治间延理志局,未成书卒。著有《吟蕉馆草》。

诗词作品

题张能五耕读图

(一)

耕读家风古处敦,研经何必不窥园。
集贤里贮书千帙,宝穑堂连稻一村。
跌宕文才词苑骋,标扬祖德砚田存。
课农暇复勤清课,抗手倪宽好并论。

(二)

十载叨随笔砚频,多君结契性情真。
风神不减当年柳,逸趣常怀此地莼。

千首诗能追李杜,八分书直逼周秦。

琅嬛倘许询奇字,相约车停绿水滨。

(以上2首诗录自《海藻》第二十四卷)

沈学诗作品选

作者简介

沈学诗,字镜珊,浦东三林塘人。清同治十一年(1872)壬申恩贡生,善行草书。性和而介,尤爱才,及门有清寒者,恒却修脯而时赒之,著有《环溪诗稿》。

诗词作品

上巳日道中

出门逢上巳,丽景际芳辰。

浩荡东风路,繁华北苑春。

蝶随深巷女,犬吠隔花人。

林际流莺唱,携柑来水滨。

冬日途中偶占

嘹亮征鸿不可闻,长途岁晚易斜曛。

欲知暝色来何处,矮屋吹烟绕暮云。

(以上2首诗录自《海藻》第二十三卷)

赵飏曾作品选

作者简介

赵飏曾,字岵云,清道光诸生,清光绪元年(1875)乙亥岁贡,早孤,颖慧能文,好读古书,居浦东三林塘,致力本乡义举,光绪庚寅重游泮水。

诗词作品

春草

(一)

宿润初消柳色新,无边野烧又如茵。
年年似我青袍色,谁是春风得意人。

(二)

前村桑柘萤先斜,望断平皋怅晚霞。
一片铜钲低挂处,蘼芜直欲接天涯。

(以上2首诗录自《海藻》第二十二卷)

陆应梅作品选

作者简介

陆应梅,字雪香,居浦东川沙,陆浚渊子,清光绪五年(1879)己卯贡生。著有《居易室诗稿》。

诗词作品

濮碧珊殉难诗

（一）

马革男儿事,临危气激昂。
孤忠垂史乘,一死振纲常。
碧血埋深恨,丹心感上苍。
昭忠隆庙祀,俎豆自馨香。

（二）

不为凶锋屈,能将正气伸。
读书明大义,报国誓成仁。
奇节惊天地,精忠泣鬼神。
可怜阇茸子,媚敌亦戕身。

拟王少伯塞上曲

西北烽烟多,频年动鼙鼓。
少小事长征,垂老犹负弩。
玉关气凛冽,谁怜征戍苦。

同来诸健儿,半化边城土。

(以上3首诗录自《海曲诗钞三集》第七卷)

申兆沄作品选

作者简介

申兆沄,字春浦,清代贡生,居浦东北六灶。

诗词作品

题黄沐三小家语

(一)

偶得论衡惊秘牍,中郎先我结知音。
诙谐曼倩酬宾戏,笑骂东坡出志林。
何必承明夸著作,不妨广武共登临。
汪洋叔度毫端见,消尽拘儒鄙吝心。

(二)

孙恩寇起袁崧死,沪渎城边古恨长。
鼠辈误探丸黑白,羊侯规定局苍黄。
董狐在野能诛逆,司马无官不碍良。
千载吴淞江上水,一时濡笔记沧桑。

(以上2首诗录自《海曲诗钞三集》第三卷)

陆树滋作品选

【作者简介】

陆树滋,字听轩,清代贡生。居浦东川沙。著有《劫余草》。

【诗词作品】

庭芝朱君,六合世家子也,风雅多材艺,庚申秋避乱至海滨,凄惶半载,已而吾乡寇氛日逼,遂转徙江北,于其去也,诗以送之。

(一)

红巾突起逞凶残,地棘天荆行路难。
绮岁文章鸣鸑鷟,旧巢风雨泣鹓鸾。
诗书莫脱秦灰劫,忠义徒从信史看。
回首故乡争战处,鸰原碧血几曾干。

(二)

茫茫身世类飞蓬,金石盟联客舍中。
自有雄才夸倚马,非徒小技擅雕虫。
半生踪迹怜王粲,四海知交孰孔融。
毕竟天心终悔祸,骅骝此去快追风。

春日简娄东朱湘舟刺史

(一)

草绿花红又一春,满腔心事向谁陈。
客窗几度听风雨,苦忆平生肺腑人。

(二)

苦厌浮生岁月催，不堪乡国首重回。

幕巢倾尽家何在，满月荒凉劫后灰。

(以上4首诗录自《海曲诗钞三集》第七卷)

张文虎作品选

作者简介

张文虎(1808-1885)，字孟彪，一字啸山，号天目山樵，周浦人。由诸生保举训导，后加授州同知衔。曾入曾国藩幕，李鸿章聘其为江南书局校编刻书，佐金山钱氏编《守山阁丛书》，主讲南菁书院，主纂《南汇县志》《奉贤县志》《华亭县志》。后居住并卒于松江复园。著作丰硕，有《舒艺室诗存》等。

诗词作品

早起

晓闻好鸟鸣，乃在嘉树颠。清露晨未晞，山花夜初然。性情得所契，与物暂安便。拥书北窗下，绿草何芊绵。众籁自喧寂，我心渺无缘。忽悟彭泽令，固在羲皇前。

丹阳道中

下流襟带控朱方，水递匆匆驿吏忙。

百里郊原连秋稼，六期陵寝散牛羊。

长堤峻岸疑穿峡，小队觿轮半驮粮。

恰喜西南风解事,片帆容易过云阳。

青村城

真有山林意,平芜一望青。
城疑冈阜秃,风挟海潮腥。
篱落成街市,烟霞痼性灵。
南城已荒索,此邑更凋零。

石门道中

寒风浙浙水潺潺,梦落西湖几处山。
浊酒半醒灯半炧,一篷疏雨石门湾。

方正学祠

叔父非元圣,皇舆误太孙。
九原真可质,十族竟何论。
铁案存心史,麻衣里血痕。
景公祠不远,风雨泣忠魂。

岳忠武王名印歌为王征君之佐作

十二金牌三字狱,风波亭畔冤魂哭。沧桑瞥眼小朝廷,那及忠臣一方玉。玉高径过广九分,斑驳或作云雷文。女丁妇壬躏舌退,劫火虽烈何由焚。鞭笔伊谁妙镌刻,两字昭然辨波磔。隐约芝泥惨不鲜,当时血溅苌宏碧。湘水沉沦六百年,著录未入金陀编。王郎辗转偶得此,已去复返容非天。吁嗟呼!忠武功名满人口,一印存亡亦何有。惟有凄凉慕古心,叹息摩挲屡搔首。君不见,痛饮黄龙语岂诬,姓名曾作辟兵符。闻声早使乌珠遁,胆落金兵不敢呼。

晚泊大通镇望九峰

扁舟泊江浒,九子在云中。

应有山灵笑,频年西复东。

烟峦不可即,晚景满秋空。

借问五溪水,何为出大通。

沪城杂感

城郭都非故,真疑化鹤游。沧桑经小劫,鼓角动新愁。海气易成市,神仙偏好楼。袁公有遗垒,无处问荒洲。一浦环三面,苍茫接海流。朝廷天北极,节钺古诸侯。醉梦鱼龙戏,繁华燕雀秋。平生鄙黄歇,到此赖鸿沟。

(以上 8 首诗录自《海曲诗钞三集》第四卷)

记文作品

张氏祠堂记

古人之言曰,遗子以金,不如积德。夫德莫如孝,孝莫先于敬祖,敬祖莫先于祭祀。古者自大夫以迄官司皆有祖庙,庙数不同,其制繁重,后世易之以祠堂。视古为简,然贫者力不能举,富者或又以它故牵率。噫,孝子不匮,其何以云。去邑治西北六十余里,当邑二十保二十四图有张氏,父曰廷华,子曰兰台,并早世,婺皆沈氏,姑守节六十年,媳止六年。兰台子曰百纯,既长始欲规地建宗祠,无何又以病没,而妇周复以节。督学使者旌其庐曰"节萃一门",远近称之。周母念夫志未遂,日夜筹,所以成之。矢勒矢俭,铢积寸累,亦以勉其子洪钦曰:"毋忘汝父之志也。"洪钦以士庶无家庙之制禀于母,援筹饷例由职衔请三代五品封典,于是经始于光绪六年十一月,越半载而竣事。奉高曾祖祢栗主入祠,母令议具祠规、祭产以垂永久焉。乎张氏起寒族,不幸三世皆得中寿,而其妇以节名,周母又竭蹶以成夫志,俾世世子孙仰维祖德不忒不忘。此其所遗，岂不远且大哉，张氏三世俱见于邑志矣。洪钦求记建祠缘起将以勒石，为识之如此。光绪九年孟夏之月，张文虎撰。

南菁书院记

江阴踞江苏各府州县远中之地，督学使者驻节于此。旧有暨阳书院，余姚卢学士召弓、武进李大令申耆先后主讲席，流风余韵上下百年，今年以吴季子故封改曰礼延。然自寇乱以后，士族解散，兹虽规复制艺以外尠治旧业。光绪七年，瑞安黄公来提督学政，喟然曰："岂卢李两先生之教泽止于斯乎！"既而科试一周，奉旨留任。乃集邑廉陈君、张吴两学师、绅士曹君而言曰："士为四民首，教民自士始，教士自读书始。夫有士而不能教，官其地者之责也。上海亦一邑耳，而龙门书院独仿浙江诂经精舍制，士得在院肄业，经史古学、天文算法惟所习。"盍亦谋之佥曰："唯唯是，宜先筹经费。"公曰："我当为倡矣。"于是群情喜悦，以次解囊，曹君慨任其事。然费犹不支，乃求助于侯相左公，左公如所请。遂卜地于城之中街，经始壬午之冬，落成癸未之秋，不数月间焕然毕备。请额，公曰："南菁，取菁菁者莪之意也。"是役也，自始至终曹君实一人经理之。犁明抵工，晌晦而去，一炊爨不沾公，不告劳，不谢病。三月辛巳朔天乃雨粟，在工之人竞拾以相告，噫嘻！此何祥哉。盖公之精诚与曹君之专壹相为感召，而此间之士习民风将日以转也。予因是为诸生勖矣。夫德行粟菽也，经训菹酱也，百家诸子所以善此粟菽者也。俗好则蒬莠耳，苟尽力于粟菽以要于成而勿为蒬莠所夺。他时为丰年玉，为凶年谷，是天所以雨粟之意。而公之所以期多士也。虎老悖，承公谆命尸师席，谨记其略如此。光绪九年八月。

南菁书院崇祀汉高密郑氏宋新安朱子栗主记

南菁书院既成，黄公以为士多枵腹，既责以读书而使之自备。微特寒士不能也。乃檄江左右浙江湖南北山东诸书局汇所刻书藏之中楼，而秩祀汉高密郑氏、宋新安朱子栗主焉。或曰汉儒之学训诂名物,宋儒之学性命义理,且两朝之儒亦众矣,何独祀两贤。曰贤者箸书启迪后人各从其诣力所至,不能以己徇人,亦不能强人从己。且汉宋两朝箸述之多,孰有如二贤者。今各路所调书咸备,于是有出于训诂名物性命义理者乎?夫高密博极群书无论已,新安于百家杂说无不究其指归。晚年定仪礼、经传通解一以高密为主,然则其学已汇于同。而訾訾者犹强辩之,多见其不知量矣。公于是以七月之吉,率在事诸人安伶于藏书之楼而释奠焉。华亭闵萃祥为之文曰:通天地人,是曰大儒。自汉及宋,惟郑与朱,以言载道,圣经斯作。有经以来,说者纷错,曰若二公,大道之宗,距千百年,一以贯通,郑公雍雍,深思独运,奉道而东,诸经作训,阐幽抉隐,典礼备陈,非唯经师,实经之神,训诂何明,明夫义理,推而广之。吾朱夫子,遞哉鹿洞,遗教炳如,至道之蕴,乃泄无余。二公之学,增冰积水,睫见若殊,心传一揆,降及后世,学者涂歧,曰汉曰宋,甚相诋娸,门户之见,遂成枘凿,夫岂二公,道心所度,语曰君子,和而不同,二公有焉。日月齐功,上下千古,纵横八极,光晖所烛,无闲陋仄,惟我暨阳,僻处海疆,遗风可溯,季子之乡,卜地惟灵,讲堂聿立,南国之菁,群焉荟集,于铄二公,尚其来临,栗主煌煌,奠厥楼岑,清酌载申,馨香既荐,公灵仿佛,牖我邦彦。

于充甫家传

吾里于氏,盖出浙江明少保忠肃公之族,世读书好善,具郡邑志。予友充甫,讳尔大,一字冲甫,兼园公之孙,恬斋先生子也。始能言,父书字教之,辄识不忘。年十七入邑庠,旋食饩,岁科试每冠军,文誉腾一郡,长者皆曰是不可量。君益自奋厉,而棘闱屡屈,仅以道光癸卯优行叙贡,有司三举孝廉方正,皆力辞。君用心锐自制艺以外,诗赋文词八法篆刻必凝思极其,致以是善病。恬斋先生兄弟相继没。又以寇乱毁家播迁中落,遂绝意进取,闭门不与闻外事。然君性悃挚,遇义不可却者,苟诺之必殚其心力。当道光二十九年水灾议振,坐小舟遍各乡核饥口,泥涂往返余两月,未尝言苦。咸丰三年宪行民团,夜必巡视,执大旗绕一镇。身素弱或请代弗许,曰:"吾恤吾劳,谁当劳者。"会匪卢大和扰乡里,其戚某素不附卢,有仇诬之曰卢赃皆在某家,官捕某,君曰:"某果党卢,吾不能救,不党卢,官不能杀。"盖视其家,赃恶在邪?某卒赖以免。同治间,当事议修邑志,属君分纂水利、田赋、户口,君据钦志、胡志、陆学渊副志及今成案,钩稽勘合忘昏旦,有所疑逢人辄询,而于水利尤精审支港分合,必求其起止、方向、今昔同异及其所经之桥梁,舟楫所至,登岸瞭其题字,访问乡人及行路者以证的见闻。严寒雨雪弗为意,劳倍于采访,迨书成而论者以为君所纂于全书为最密。其余读书行己皆审慎不苟如此。君既多病,未廷试以优贡生。卒年六十一,遗命以敝衣敛,诫诸靡费。子某孙某。

张文虎曰:予与充甫闻名越四十年,比始相接以志事同在局,商榷问答每服其详慎,然予之重君不独此。君为人端而和,廉而不刿,不以己所能陵人,不以人所不能怒己,庶几益友,孰谓其遽忽忽以逝邪。君从子邕方从事尔雅说文之学,立志甚高,于君之没悲感靡已。予知其必能效君之为人也已。

(以上4篇记文录自张文虎著《舌壤余蔬》)

书信作品

复李鸿章书

伏奉赐书,嘉奖逾分,非所敢承,莫名惭悚。敬读大序。宣明向来《史记》传刻之弊,今本不得已而附以札记之故,以之弁冕全书,使读者展卷了然。益见阁下开示来哲、振兴文教之意,诚佩诚服。随即付工缮写绣梓,并以台谕转送洪观察,俟汇齐呈寄。惟《史记》开印已久,未知初印之本有无存者。又板片系陆续刜改,旧时印本不皆与札记相应,其最后之本始得一一符合。而印刷过多,未免漫漶矣。江苏自常郡以南,梅水不足,颇苦熯干,思惟霖雨之泽。近辅咸濡,丰登在望,曷胜仰羡。此间传闻介弟都转升天,为神千秋,允在伏冀友于之感,少自宽舒,为军国珍恤。再文虎目力耗减,记忆更衰,猥蒙阁下暨今制军慰留,未免虚靡馆谷。现缘唐端甫回浙应试,在局乏人,敬遵暂住。俟九月间唐君回局,续当禀辞。

复曾国藩书

　　文虎于三月中旬请假省墓,觅屋迁居,至六月初抵局。仁寿出示中堂三月二十五日复书,获悉种种。下忱具蒙垂察,诚感诚佩。上月以来,《史记·十表》陆续付刊,重写各卷亦俱上板,惟刻工中能修补者无几人。又以各省开局工价较优,见利争趋,颇难雇觅,以致迟延不能迅速。此时,两汉书将次修竣,催令刷样覆校后,恐尚须覆修,秋间计可印行。其《史记》欲俟两汉修定后饬修,以修工少好手,多则虑草率了事也。未定秋冬间能否赶印校勘记,则须全帙告成,依次细检拟稿请政。窃思《史记》传本承讹已久,无论本文,即三家注已如乱丝,不可猝理。近世大儒著书,间有校正。不过就其所见,略出数条,但论本文,不及各注。今刊刻全书,只互取旧本之稍善者,如柯本、王本之类。依样葫芦,为力较易。缦云侍御之议,则以刊书机会实为难得,当略治芜秽,以裨读者。文虎等秉承此意,不揣拿陋,妄冀会合诸家,参补未备,求胜旧本。乃三年荏苒,刻鹄未成,人言实多,无以自解。伏读钧谕"但求校雠之精审,不问成书之迟速",仰具体恤,愚蒙特加慰勉。虎等敢不勉竭心力期副盛怀。但学识寡陋,举一漏万,恐仍不免遗讥局外耳。《三国志》已刊全,《文选》刊过半,《读书杂志》已写数卷。马制军比以合肥节相函商鄂、宁、苏、杭四局依汲古阁《十七史》板式分刊《二十四史》,谕宁局除《四史》外接刊自晋至隋、南北朝十一史。仁寿分校《晋书》,其《史记》始终归文虎一人经理。涂太守升任苏松太道,书局诸务蒙命洪琴西太守总持。太守于刊书利弊向所熟悉,得此整顿,自当月有起色。江省夏水暴涨,破圩漂屋,灾民遍地,城中低洼处多被淹没,逾旬未退,饥溺之思倍深。旧部伏维少恤焦劳,为国珍摄。

与李鸿章书

恭维,控制中外,翼卫神京,入则周公召公,出则方叔召虎。今当条风叶律,淑气回春。德威允著于宣猷,燮理咸资于论道。下尘逖听,式舞且歌。文虎辞局三局,日形衰废,比以奉南修志之役,辞不获命,勉竭愚陋,而文献凋落,蒇事无期。暌隔燕吴,靡承面命。瞻仰之下,依恋莫名。伏读盛著《奉邑朱半畦学博墓志铭》,超步桐城,接迹韩柳,云天高义,钦佩奚如。而阁下犹以未得遗事为憾。文虎姻娅姚太史光发与学博至交,丙戌朝考同行同寓。尝述学博行谊,因据以入奉贤志传,然下邑志乘未必遂足以传,敬请于志铭续书数行,将来全集风行,学博亦附以不朽。谨附传略如别纸。

与张鸣珂书

公束仁兄大人书侍:

立秋前二日,何鸿舫从提署来,手尊函见示,云般兄托致也。展诵循环,感佩无已。即谂听鼓之余,仍得怡情载籍,具见上游慎重斯文之意。郑、李二君,皆秦淮旧雨,风雅之士,聚集章门,几于昔之白下矣。虎频年为三志牵率,疲于奔命,因人成事,今喜告蒇,如释重负。承惠邹叔绩先生遗书。此君好古力学,为船山替人,没于战陈,亦与船山志节相埒。著撰虽有残缺,自属可传,扬叔大令为之校刊,韪矣。暑氛复炽,蚊蝇交攻,仅阅《王韵考》两卷,小有舛误,略记别纸。其议字母处剧有与鄙见相合,惟失之太泥,而以上声属宫,此不敢信也。春间为友人怂恿,复刊续笔一卷。足见晚气之衰,何以教我。肃泐鸣谢。即请勋安不具。

弟张文虎顿首 廿二日

外续笔三卷乞致小涵、芋仙、扬叔三君,并方道念。另附素纸,欲求扬翁署检,祈代恳之。

(以上4篇书信录自张文虎著《舒艺室尺牍偶存》)

秦荣光作品选

作者简介

秦荣光(1841—1904),字炳如,号月汀,初名载瞻,字止甫,浦东陈行镇人。光绪二十年(1894)甲午科岁贡生,授训导职。经办地方公益达四十年,曾捐办三林书院、秦祠义塾,又任观涛书院院长,陈行镇士绅曾在镇西市关帝庙西园内铸立秦荣光铜像。著有《养真堂集》《上海县竹枝词》《梓乡杂录》《梓乡闻见录》《同治上海县志札记》《补晋书艺文志》《补晋书学校志》《补晋书水利志》等。

诗词作品

上海县竹枝词

（一）

乌泥泾有太平仓,地价将钞九万偿。
元代至元辛巳岁,售田近境故官张。

（二）

预备元时设四仓,两仓独设在高昌。
海隅仓一长人一,废自前明正统皇。

（三）

县南二里济农仓,正统初年建自张。
巡抚周忱先奏定,从兹预备四仓亡。

（四）

水次南西设两仓,小南门外与唐行。
军民兑运多称便,宣德八年周侍郎。

（五）

国初海寇劫南仓，改建城中夹薛浜。

旧共六廒后裁并，但留浜北五廒房。

（六）

近岁廒坍变废仓，不征本色概收洋。

西偏格致开书院，割旧仓基是白粮。

（七）

宋代青龙置榷场，乌泥泾续设官详。

定抽番货双单税，市舶司旋驻上洋。

（八）

关港关桥旧著名，宋元想早设关征。

只缘番舶吴淞入，镇近乌泥税取盈。

（九）

出洋弛禁税收船，关设康熙二十年。

笔帖式充关督副，监收内务府司员。

（十）

末年恩诏撤前差，苏抚题明委县查。

旋改分巡道移驻，监收兵备请衔加。

（十一）

小东门外大关开，税则关门十旁来。

子口归淮留十八，计程六百里都该。

（十二）

诏设新关自道光，专查洋货榷洋商。

关章都照广东办，税务司权最属强。

（以上12首诗录自顾炳权选编《上海历代竹枝词》）

于邠作品选

作者简介

于邠,字香草,一名东厢,字醴尊,世居周浦镇西街。清光绪二十三年(1897)以松江府南汇县学优廪生考取丁酉科江苏第一名拔贡生。读书多奇悟,一意治经,师事张文虎,并与经学大师俞樾有往来。著述丰富,主要有《香书校书六十卷》《香书续校书二十二卷》《香草随笔》《香草谈文》《战国策注三十三卷》等。著书之余习书画,尤能写墨菊。

序跋作品

《鹤窠村人诗稿》序

吾里无风人久矣。梦畹之来又从事于歌咏,空谷足音哉。梦畹以近所作写一卷见示曰《鹤窠村人诗稿》,且属序其端。邠惟吾里自宋储氏兄弟以诗提倡后,至于国朝康乾以前,著诗名者实多。蔡竹涛以一监生游京师即席赋《晋阳龙起》一章,群公阁笔,尤世称羡。其继有冯墨香、棉庄玉芬父子兄妹能诗。竹涛之裔有蔡晓峰、朱爱秋夫妇能诗。余若方倩、唐丁书圃、祝晋川、张海珊、姚瀛仙、计介生辈高风接踵。及邠所见,张啸山先生以经学兼词章,当腊月东坡生日招诸名流觞咏,其时邠年最少亦得与焉。姚吉仙女史受先生讲画最多。自是厥后,先生移居郡城旋卒,吉仙亦归浦南丁氏,诸老辈晨星渐落,至于今日盖垂四十年矣,而无复续起者。梦畹生石笋里,早岁有声,一世人争聘之,橐笔沪江亦四十年。道穷而归,归不于其故居而僦于吾里,斯殆吾里诗学有复兴之兆。顾梦畹夙以诗鸣,而所以重梦畹诗又不足尽之,当梦畹主馆笔慷慨谈天下事,倾动四陬,日本人招之去,称曰"清国大名士",一时声价诚无与伦。何意近在数年之间风气之变,作叛逆之说目为豪杰,造颠倒之论竟号通人。梦畹思以一人力抗制其间,持之者亦有年,终以世衰道微,孤不敌群。甚有衔恨之至,欲得而甘心者。兹梦畹所以穷也。虽然其穷,自穷也。假使梦畹能稍贬志,则今日犹故日何至于此。然而梦畹卒不肯略假借以易其操者,斯岂犹是诗人之徒与。抑邕之说,梦畹以重伦斥邪、端本正世之道与今日天下争,其志则可嘉,其功卒无小效。意曷若风雅雍容以诗教授吾里子弟,俾吾里子弟知诗者多微特嗣诸先辈余绪弗坠。二三十年后此道殆澌灭而犹留一线于东乡,岂非梦畹之功哉。且夫诗非无济物也,将以激人之善心,创人之佚志于重伦斥邪端本正世之道,固诗之能事。古之诗人未有不本于是而发之者。然则谓诗足以尽梦畹可也。梦畹诗颇讲家数而运之,以性灵济之,以炉火模拟而不见其迹。感事伤时,时亦有焦桐爨下之音。而尊君亲上之忱,乐道安贫之意,常流露行间,至于柔情旖旎之篇尤梦畹所夙擅,而今已寥矣。里子弟而能是也因诗以求志,学梦畹诗并学其人,不亦伟与。邕少事朴学,不经意于词章,追悔奚及,今亦老矣。不然请先执行弟子礼于梦畹前也。

(录自《香草文钞》)

《上海县竹枝词》序

秦炳如先生殁后四年,哲嗣砚畦内翰将印其遗著,而以《上海县竹枝词》授邕为之序。以邕之不敏,敢辱此命,中心恧愧。顾思向者有所撰述,就正师友,唯顾秋岩先生与先生二人,皆能不靳笔墨,竭智教人,得益至多。后秋岩先生卒,则所商榷者惟先生一人矣。念感此德,耿耿不忘。今先生亦亡,砚畦保守遗墨,谋将行世,而邕独无言,又何以安?昔先生以邕略述经义,为邕言:"唯此生平少心得,经之外,每读一书,无论浅深,必有益我智慧者。"故先生于书无所别择,但能得之,必能读之,以是能使学浩博,细大共贯,而又非徒泛滥也。凡实事、实地、实年月、实品物典制,靡不一一经心,于桑梓掌故尤亟探讨,故所著《晋书》志表、诗文集外,有上海、南汇两邑志《札记》,及《梓乡文献录》《梓乡纪事》诸书,《上海县竹枝词》亦其一也。顾竹枝词作于光绪癸卯秋冬之间,病后藉以消遣,砚畦时需次湖北,先生邮书鄂寓,有"此书字句,尚待斟酌,注、案亦多遗漏"之语,盖未定本也。明年秋,先生遂卒,则不及更益矣。夫向者,我中国学人之患,在能知三代而不能知当今,能知九州岛而不能知本地。近二三十年来,则竞谈万国之记载、五大洲之形势,于中华旧业转略不顾,方自谓务其大者远者,又何有于乡里哉?在上者亦窃忧之。故前年有各州邑撰乡土志授课之令,迄今未见颁行,盖报稿不全,何以集成?非素所精心究习,熟闻而强识,又何以成稿?安得州州邑邑有先生其人,元元本本,振笔书之哉!夫学必自近及远,左史倚相能读坟典索丘,而不知蔡公之诗,为子革所讥。孟子曰:"人人亲其亲、长其长而天下平。"然则虽治平天下亦若是,况于学乎?鬯承乏吾邑乡土志三年矣,采访诸君,鲜有陈述,私促官催,两无有济,非不肯也,盖不能也。而鬯益不能如先生洽闻殚见,至延落如是。于此又不能不念秋岩先生。当吾邑修志时,秋岩先生任采访,冒暑雨出,见有桥梁断石、苔封藤绕,必剔摩观题,字事可疑,遇乡老、妇女,靡不询质。盖秋岩先生与先生立志行事不必尽同,其勤于教、勇于任事之怀,既任必切实求其是,一辙也。会有以秋岩先生《怡颜室诗稿》请题,鬯新跋其诗尾,故不觉序先生书而言秋岩先生之长也。且鬯平生知己,所膺服心折,秋岩先生之外厥推先生,苟为感遇诗,必首二人矣。他日诗就,砚畦为我序之。光绪三十四年岁在戊申七月既望南汇于鬯。

(录自顾炳权选编《上海历代竹枝词》)

钟翼云作品选

作者简介

钟翼云,号戴溪,清代浦东高桥人。著有《望锦楼遗稿》。

诗词作品

咏燕

庭际双飞影,梁间对语声。
喧中存静理,忙里得闲情。
有意为余伴,无心与物争。
下民毋或侮,高栋已巢成。

读易

研朱晨滴露,执卷昼焚香。
为欲身无过,方知味独长。
本源根太极,变化互阴阳。
消息何由得,还应问仲翔。

孟夏漫兴

麦登蚕老黄梅近,燕舞鸠啼白日斜。
读罢离骚无别事,绕篱来采忍冬花。

咏菊

清幽品格谁相及,灿烂文章亦足夸。

自是花中应爱菊,不关开后更无花。

春晓

落红成阵绿成阴,苔满墙隅笋出林。
春事阑珊常独坐,萧萧风雨暮寒深。

秋皋散步

已过霜降节,课仆架犁耕。
冉冉行云态,萧萧落木声。
径穿丛竹去,桥跨小池横。
野外嚣尘远,衰翁颇惬情。

月下

星稀因近月,云淡不遮天。
夜气三秋肃,风光九月妍。
徘徊如有待,徙倚欲无眠。
此际真清绝,浑疑身是仙。

戊戌春同若思读书资善寺

追随旧雨借僧房,镇日吟哦味自长。
最是风光情系处,梅花窗外送寒香。

忆资善寺旧游

昔年古刹听松风,了却尘心静默中。
最忆夜深群动息,闻慈院内一声钟。

宛巢就馆吴淞有诗见赠次韵答之

托足孤城水抱门,登楼远眺海天昏。
传来奇句惊涛壮,忆着伊人羡玉温。
韬晦久同藏雾豹,腾骞定花徙溟鲲。
江东日暮劳延伫,何日新诗酌茗论。

送春

极意留春春不住,况遭一夜雨兼风。
佳人惜别原无谓,美景欣逢究属空。
忽见林皋惟乘绿,却看园圃已销红。
流光迅速都如此,少壮旋成白发翁。

月夜

一轮无复片云遮,绿叶风摇见露华。
独坐中庭闲适甚,举杯邀月醉花花。

（以上12首诗录自《钟家诗钞合集》）

钟泰作品选

作者简介

钟泰,字式文,号秋屿,清代浦东高桥人。著有《窨花书屋遗稿》。

诗词作品

访菊

三径荒芜久,谁栽傍古祠。

雁声秋水冷，枫叶夕阳迟。
灯下萧疏影，霜中傲岸姿。
白衣人至否，雅愿醉金卮。

自平湖至宁波杂诗

波分九派碧玻璃，绿树红墙水面齐。
船向吕公桥畔泊，暮烟霭霭压城低。

听雪

纸窗淅沥寒犹峭，斗室凌晨别有光。
未解楼头抛碎玉，但闻檐外折疏篁。
山阴鼓棹声还远，驴背吟诗韵正长。
最苦纥干峰下雀，啾啾何处觅朝粮。

袖海书屋观菊

露零雨洗欲流光，冷淡偏宜逸客傍。
笑煞春风花似锦，敢将红紫斗严霜。

村居初夏

小阁堪延赏，凭栏静者心。
蒲抽池岸剑，秧刺水田针。
芳草含残照，遥天罨远林。
最宜兰若近，钟磬发清音。

同张慧灯黄平泉过法昌寺有感步平泉韵

黄公娱老住僧家，镇日清谈自煮茶。
风景依然人不见，数声啼鸟落残花。

读陆晓亭诗

一帘风细雨丝浓,把卷重悲陆士龙。
棋墅酒垆迷旧迹,诗坛文社想遗踪。
呕心命亦如长吉,泣路穷还类嗣宗。
千古人才多坎壈,愿焚笔砚事村农。

平泉自吴门归

吴淞短棹束归装,篱下西风菊正黄。
花底分笺寻旧约,吟魂应不到金阊。

听雨

转眼秋光老渚荷,隙驹谁复挽义和。
醉乡定比愁城胜,一任檐前风雨多。

(以上9首诗录自《钟家诗钞合集》)

钟曾龄作品选

作者简介

钟曾龄,号春畲,清代浦东高桥人。著有《红药山房吟稿》。

诗词作品

咏鸥

水清沙白好因依,性喜婆娑不喜飞。

点点落梅波影乱,纷纷晴雪荻花稀。
前盟既订能要信,斯世无求或忍饥。
他日相逢莫相避,海翁恬适绝心机。

落花

甘作楼头既堕身,那堪玉质委风尘。
可怜飞遍长安道,惜到残红有几人。

寓天宁寺

(一)

禅关寂历一蝉鸣,一味新凉一味清。
覆槛疏帘消暑气,当窗修竹助秋声。
静中偃息资清福,物外周旋绝世情。
自信三生余慧业,未除绮语佛难成。

(二)

浮屠屹峙插晴空,铃语郎当落梵宫。
证我前身是明月,与僧闲话对秋风。
满瓯香茗浮新绿,绕砌幽花剩小红。
题句漫期纱护壁,雪泥聊自爪留鸿。

(以上4首诗录自《钟家诗钞合集》)

钟曾泽作品选

作者简介

钟曾泽,字绣山,号霖溥,清代浦东高桥人。著有《绣山小草》。

诗词作品

雨窗

冷寺疏钟夜雨深,孤灯挑尽薄寒侵。

贫家自有闲生计,一卷残编一曲琴。

(录自《钟家诗钞合集》)

钟奭作品选

作者简介

钟奭,字子良,清代浦东高桥人。著有《淞溪遗稿》。

诗词作品

舟中夜坐

流水一夜急,吟诗半榻斜。

雕栏遮不住,月弄满船花。

自吴淞赴崇沙

一出吴淞口,茫茫水接天。
潮声盘地转,帆影趁风颠。
急雨喧蓬脚,飞涛溅客肩。
瀛洲原不远,只在白云边。

别院

闲情如雨又如麻,别院笙歌太觉哗。
几尺红墙能隔绝,一枝玉笛亦繁华。
美人蕉萃门无客,名士风流笔有花。
要种罗浮山下树,青衫何事泣琵琶。

雪花

开出陀罗花世界,树枯干老亦新妆。
剪成天女非凡艳,飘落人寰便不香。
尔质轻狂无骨相,侬家清白太寒凉。
可怜如席还如手,且向风前戏一场。

雪影

疑有疑无夜灿光,琉璃墙畔玉楼旁。
风回银海摇虚白,窗闪寒灯薄硬黄。
万树梅花千里月,三春柳絮一横塘。
自窥新镜还元鬓,摹写诗情入混茫。

兰若读书

屏绝尘嚣迹,芳停翰墨踪。
鸡喧荒店月,花冷暮山钟。

趣向静中得,朋谁物外从。

读书醴泉寺,千载仰儒宗。

(以上6首诗录自《钟家诗钞合集》)

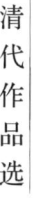

钟毓作品选

作者简介

钟毓,号棣香,清代浦东高桥人。著有《聘梅仙馆诗草》。

诗词作品

咸塘即景

一白遥无际,潮来势接天。

帆含梅子雨,袖湿杏花烟。

山水大痴笔,画图颠米船。

云肥愁欲堕,人在雾中穿。

周浦塘晓行

(一)

黄莺桥下港三叉,来凤堤边荻作花。

最是江乡风景好,疏林红叶逗寒鸦。

(二)

滴颗如珠露未霜,木棉半吐稻初黄。

诗情画稿谁收拾,又听鸡声唱笋庄。

孤山拜林和靖墓

放鹤亭边日未曛,君家眷属占清芬。
海棠本是梅花偶,来拜孤山处士坟。

舟过鹤沙访刘树滋不值

三年此地舌曾耕,今日重来意气平。
旧雨存亡无限感,长虹远近预知名。
主人采药踪难问,弟子裁笺问有情。
如局碧纱笼未得,梅花仙去梦分明。

(以上5首诗录自《钟家诗钞合集》)

钟其洽作品选

作者简介

钟其洽,清代浦东高桥人。著有《垂裕堂疑草》。

诗词作品

雨窗

（一）

一帘细雨逼人寒,暗里春光倏又阑。
香茗乳浓当酒饮,远村烟重作山看。
草添嫩绿侵书幌,花落殷红滴画栏。
愁煞雕梁双燕子,往来香羽未曾干。

(二)

静掩柴门客到稀,鸠声不定唤晴晖。
苔深小院荒游屐,水涨平滩没钓矶。
琴诗重调弦更涩,炉因初拨篆犹微。
故园风景应堪忆,碧玉森森笋正肥。

(以上2首诗录自《钟家诗钞合集》)

钟曾淇作品选

作者简介

钟曾淇,清代浦东高桥人。著有《师竹轩草》。

诗词作品

夏夜闲步

披葛摇轻扇,相携步曲塘。
楼高时引笛,荷静暗浮香。
月朗星光淡,风清露气凉。
徘徊恋幽景,不觉语偏长。

月下归舟

扁舟月下归,缓缓坐忘机。
宿雨浮蓬槛,凉风袭葛衣。
游鱼吹浪出,惊鸟掠沙飞。
帆落三更后,人家尽掩扉。

白燕

春烟一点降瑶光,汉苑人来只淡妆。

杨柳絮飞银剪短,水晶帘织玉梭忙。

华堂有月梁空影,秋社归家鬓已霜。

卸却红襟空色相,小楼高倚白云乡。

（以上3首诗录自《钟家诗钞合集》）

蔡湘作品选

作者简介

蔡湘,字竹涛,周浦镇人。好为古今体诗,年二十游京师,结识一批名士,其名也益震。后至晋阳游,康熙十一年(1672)客死于交城,年仅二十五岁。遗稿由其元孙士秀、士升编刻传世,陆锡熊作序。

诗词作品

秘魔崖题石

山水亦复佳,惜近长安路。草荒帝子陵,树老中官墓。过客每凄怆,满目骄狐兔。俯仰寡奇怀,归愁落日暮。路尽逢危崖,寒僧立烟雾。始知古洞旁,昔有蛟龙聚。力挽沧海波,百里春田注。灵窟竟扬尘,阴霾激余怒。遗像俨相向,夜寒山鬼惧。当是古洞天,深松日回互。长拼最高峰,兹游良不误。

柬许鹤沙观察

五茸门第与云连,回首追陪忽四年。
广看荃蘅辉玉砌,听教歌舞响朱弦。
三千里外吴乡鲙,八十盘中蜀栈烟。
莫忆沧江并旧宦,大人篇在武皇前。

寄题云帆上人筐庵

移居闻说就横塘,出水芙蕖绕曲廊。
灯火清钟宣贝叶,雨风深夜响幽篁。
几年塞北萍踪远,旧日城西石路荒。
寄语故人秋伏枕,愿归采药共提筐。

龚芝麓宗伯席上听柳敬亭谈隋唐遗事限韵

晋阳龙起说兴唐,铁马金戈旧事长。
草昧君臣私结纳,乱离豪杰走关梁。
听来野史风云骤,貌出陵烟剑佩壮。
侧耳良宵俱上客,明灯高映六街霜。

(以上4首诗录自《国朝松江诗钞》第二十四卷)

蔡钢作品选

作者简介

蔡钢,字实华,号晓峰,太学生蔡湘六世孙,居周浦镇陶家街其顺堂。工诗文,与丁许秦、萧长龄、祝文澜等结诗社,一时称风雅。其夫人朱爱秋也工诗。蔡钢卒于道光二年(1822),年四十二岁。子早殇,女儿嫁与贡生火文焕。蔡钢著有《荫余馆吟草》,朱爱秋著有《爱秋诗稿》。

诗词作品

清明路春

春郊偶散步,觌面有东风。
芳草斜阳外,桃花别岛中。
炊烟昨日冷,野火一时红。
试看河桥柳,青青与旧同。

春草

一径如茵色渐均,东风又惹旧愁新。
衬花欲没寻芳路,零露还迷拾翠人。
烟锁池塘诗人梦,雨晴原野马嘶春。
如何送得王孙去,犹是萋萋逐画轮。

(以上2首诗录自《荫余馆吟草》)

蔡嵋作品选

作者简介

蔡嵋,字眉山,居浦东川沙。

诗词作品

过法华禅院

万籁此中寂,到来心地清。
树交难辨色,鸟过不知名。
云气生禅榻,秋光冷佛灯。
无劳谈妙经,我已悟无生。

(录自《海曲诗钞》第九卷)

蔡文钰作品选

作者简介

蔡文钰,字书樵,号梦华,清代廪生,居浦东川沙。著有《梦墨草堂诗钞》。

诗词作品

鸡鸣寺眺后湖

登高憩僧阁,延眺豁幽景。森森澄湖秋,沉沉四山静。遥青递云光,重碧写林影。禽鱼浩忘机,天水淡相永。映蔚迷菰芦,因依尽菱荇。偶逢樵风回,得见两渔艇。牵缆欣所托,枕漱趣可并。回首华林园,长谣感箕颖。

白燕庵

袁公栖隐处,城外有孤村。
一代高名尽,千秋遗祀存。
松岩分野色,溪水浸云根。
落日行人断,寒鸦归庙门。

宿龙门寺

谷口雨霏霏,行人翠湿衣。
远泉侵石冷,残月逗林微。
烟重乱花暝,松深宿鸟稀。
幽怀谁可理,不寐倚岩扉。

陆鲁望宅次述山韵

下田萧瑟野禽呼,招隐当年寄碧芜。
三径高风留杞菊,半塘寒水冒菰蒲。
盟鸥信杳烟生艇,斗鸭阑荒月满湖。
犹忆松陵诗句好,秋来携酒荐银鲈。

寄冯南岑

昔向江城贳酒眠,对床清话共流连。
桃花水涨当三月,杨柳阴浓又一年。
风暖图书开锦贉,日高琴瑟静朱弦。
扬亭极目连芳草,好事人稀应惘然。

明妃曲

画中春色近何如,手拨鹍弦泪满裾。

犹有长门旧时月,夜深相伴宿穹庐。

墨井道人画竹歌为梦罗表兄作

渔山画竹恣游戏,叶叶枝枝含远势。晴昼常看密雨飞,炎天忽觉凉飙至。挂来四座动颜色,恍然身在潇湘际。扁舟泛泛沧波深,鹧鸪自榜黄陵吟。双妃宴坐倚寒玉,徘徊鼓瑟流清音。九嶷山高落空翠,洞庭波远连秋阴。始知绝艺难再得,此幅摩挲数金直。君家旧种满窗前,日日呼僮洗幽碧。有时醉作竹枝讴,卧睨檀栾不知夕。诗情画意问何如,梦破楚天一声笛。

(以上7首诗录自《海曲诗钞》第十五卷)

蔡乙青作品选

作者简介

蔡乙青,字明藻,清代诸生,居浦东,幼颖异,弱冠游庠,年未三十卒。著有《藜云诗文稿》刊行。

诗词作品

秋杪村居

(一)

木落秋空雁影高,江村景色感萧骚。

长吟散发聊同阮,有酒盈樽且和陶。

细雨短垣萦水蓼,晚风曲径长烟蒿。
明朝又值重阳节,好把茱萸倒浊醪。

(二)

棕亭画面似船窗,柳外晴浮鹭一双。
似絮轻云粉橘浦,如圭芬月破菱江。
闲临水榭看鱼具,静倚绳床对酒缸。
最是端居清兴好,门无租吏惹村尨。

(三)

园林潇洒径三三,画幛安排落翠岚。
江上白萍怀柳恽,篱边黄菊比罗含。
不簪不带闲情在,非指非弦静趣谙。
却羡石床容小坐,松风拂拂漾寒潭。

(以上3首诗录自《海藻》第二十四卷)

张大经作品选

作者简介

张大经,字文海,号秋山,清代监生,居浦东瓦屑墩。著有《秋水村庄吟草》。

诗词作品

访南有园故址

落日来寻小辋川,分司遗迹未全捐。
葡萄石卧苍苔没,菡萏池荒翠荇牵。

仕宦逢场原入梦，英雄末路只逃禅。

平芜依约残垣在，犹占城南一角偏。

（录自《海曲诗钞二集》第三卷。南有园在川沙城东南隅，为明宁波别驾王观光筑。清朝建立后，王观光自称海岸和尚。）

王廷铨作品选

作者简介

王廷铨，字花农，浦东三林塘人。清嘉庆廪生，规行矩步，里居教授以终老，好以格言训世。年七十作痴愿诗思亲也，著有《听彝录》。

诗词作品

痴愿
并序·三十二首之三

梦里晨昏，海中楼阁，卅载虽悲，衔恤寸衷，终羡舞莱。语无伦次，即借目前寿事，以发端兼以质诸同志，空言无补。只自伤焉，妄想堪怜，尚其谅之。

（一）

中年哀乐已伤情，垂暮尤偏念友生。

养志只宜尝速客，欢然话旧到深更。

（二）

桓荣稽古已颓龄，吟咏何妨此暂停。

只为双亲犹爱听，书声夜夜老明经。

（三）

升平人瑞有蓝祥，两古稀年鹤算长。

若许春晖同此寿，定看寸草喜难量。

（以上3首诗录自《海藻》第十八卷）

王孟洮作品选

作者简介

　　王孟洮，字玫甫，号梅甫，浦东三林庄人。道光诸生，工诗能文。咸丰年间，江浙名士多避难浦左，日与诗酒往还。殁后遗稿散佚，仅存《味灯轩残稿》一册。

诗词作品

经楼霞之阴微雨不果游

翁郁惟云气，峰峦不辨青。

江心豚拜浪，山背客扬舲。

密雨丝丝织，飞泉隐隐听。

经过虚蜡屐，辜负此山灵。

断山

峰峦争起伏，至此不能窥。

寻脉何曾断，架梁故示奇。

吞湖亭子小，倚涧石头危。

姓氏漫题壁，后来知我谁。

（以上2首诗录自《味灯轩残稿》）

王彬作品选

作者简介

王彬,字芷卿,王孟洮从弟,浦东三林庄人。清同治诸生,著有《青桐书》。

诗词作品

步黄秋孙感怀韵

日暮潇潇雨,山斋冷薜萝。

入秋新雁少,催暑晚蝉多。

世态如冰薄,年华似墨磨。

一灯明灭处,相对病维摩。

(录自《青桐书》)

王铉作品选

作者简介

王铉,字悦和,居浦东川沙,监生。

诗词作品

咏白莲

(一)

江妃舞罢卸华妆,净立亭亭野渡旁。

千顷月痕迷玉溆,一天秋色淡银塘。

香清真见红尘绝,影好仍依翠盖凉。

最是露浓风细夜,凌波何处解明珰。

(二)

凉气溶溶暑气微,张郎当日见应稀。

略成界画红桥路,不甚分明白鹭飞。

依幕漫教香入梦,集裳犹讶雪侵衣。

苹洲冷落斜晖远,却望东林旧社归。

(以上2首诗录自《海曲诗钞补编》)

王锡琳作品选

作者简介

王锡琳,字亮揆,号涤斋,清代监生,居浦东川沙。精岐黄,承四世家学。工吟咏,画墨兰,年七十犹手不释卷。著《温病探珠》六卷,行医活人甚众,清道光年间,参将陈松林,关天培先后给匾。川沙抚民厅同知何士祁奖以"妙手回春"额,颜其诸堂,其子若孙能世其业。另有《蜗居阁吟草》四卷。

诗词作品

同陈一华舟中话旧

襟怀共潇洒,相与泛轻舟。

月落影依水,山寒天欲秋。

烟波鸥梦阔,漂泊客心愁。

漫把离情诉,临风听棹讴。

和庄素庭感怀韵

识得浮生是梦中,我行我素仕途穷。

安贫久谢嗟来食,入世真如不倒翁。

铁砚何年酬壮志,盐车几辈困英雄。

无私却喜新桃李,开到柴门一样红。

（以上2首诗录自《海曲诗钞三集》第二卷）

王梦松作品选

作者简介

王梦松,字景乔,号致鹤,居浦东川沙,王锡琳子。

诗词作品

客舍偶成

频年轮毂滞天涯,短梦轻尘感岁华。

最是销魂寒食夜,一灯细雨落檐花。

俯仰

俯仰频搔首,乾坤万象罗。

澄怀盟止水,壮志托高歌。

岁月催人老,江山阅世多。

我生惭祖逖,风雨叹蹉跎。

寒夜感怀

如梦复如醉,宵深独倚楼。

山昏寒月落,风急大江流。

壮志频看剑,良材赖作舟。

书生有龙性,杯水不胜愁。

(以上3首诗录自《海曲诗钞三集》第二卷)

王志容作品选

作者简介

王志容,字荫峰,居南汇县城。

诗词作品

咏菊

东篱秋老露华浓,铸出金英见化工。

一代老成推魏相,千秋隐逸契陶公。

幽斋相对名心淡,尘世何人傲骨同。

曾记白衣来送酒,对花觅句醉颜红。

(录自《海曲诗钞三集》第二卷)

王宗泰作品选

作者简介

王宗泰,字锡瓒,号二榆,居南汇县城,著有《二榆山房吟稿》。

诗词作品

踏青至荷花坞

荒池何处叶田田,风度筝声寒食天。

泥滑呜呼红杏雨,楼高人住绿杨烟。

一春景物堂堂去,三月莺在草草缘。

絮果萍因浑不定,问谁参破此情禅。

题啸隐上人独坐幽篁图

支公风度俨然存,会罢龙华道益尊。

除却求书并索句,不曾轻启竹间门。

（以上2首诗录自《海曲诗钞三集》第二卷）

王朝鼎作品选

作者简介

王朝鼎,字卜庵,号宝英,诸生,居南汇县城。著有《南有园诗草》。

诗词作品

雨

连朝积雨湿江村,渐看闲阶长藓痕。
最是愁人听不得,芭蕉庭院夜黄昏。

蛙

方池春涨绿初齐,阁阁群蛙不住啼。
几度枕边惊梦醒,五更凉月藕塘西。

次朴园董明府九日登南汇城楼韵

鲤鱼风里佩萸囊,一览孤城暮色苍。
出土稻孙铺嫩绿,受霜鸦舅带微黄。
酒携彭泽思陶令,诗咏齐山忆杜郎。
不是登临耽玩物,要将民隐讯江乡。

(以上3首诗录自《海曲诗钞三集》第二卷)

乔陇作品选

作者简介

乔陇,字汝雨,居浦东川沙。清代人。

诗词作品

和秋日山居

(一)

小隐乐岑寂,桂山秋正妍。

金风声淅沥,银汉影婵娟。

望远江迷树,吟悲露冷蝉。

相邀挂瓢子,重与话长年。

(二)

听松秋壑里,蜡屐岂辞劳。

云磬飞元圃,仙笙度洛皋。

金衣灿橘柚,珠帐落葡萄。

问道鲈鱼美,聊思借脍刀。

(以上2首诗录自《海曲诗钞》第九卷)

乔玠生作品选

作者简介

乔玠生,字春谷,浦东南汇人,主要活动于道光、咸丰年间。著有《娱石山房诗集》,李邦黻为其作序。

诗词作品

偕诸同人赴省试夜泊郡城谷阳门外

江上潮来去,舟中梦未成。
严城无夜警,孤枕但秋声。
壮志俱千里,长途第一程。
马当风肯借,明日挂帆行。

过红梅山馆墨庄留饮并出近稿见示率题

尘块年来扑面多,烟波深处快经过。
烦襟为我开樽涤,好句凭人斫地歌。
傲骨苦无舟可换,壮心还与墨相磨。
方今海上烽烟满,盍赋同仇去荷戈。

走访姚仁圃践看菊之约

频年有约践何迟,才去看他菊秀时。
天恰不教人冒雨,花何能许客无诗。
回春妙手栽培易,望蜀贪心想念痴。
若买江干舟一叶,倘容范蠡载西施。

供梅

几净窗明读易时,凭谁座上作经师。
未横铁笛吹三弄,先洗铜瓶供一枝。
绣佛无言同入定,水仙有伴免相思。
夜来疏影灯屏写,应笑袁安卧独迟。

久雨初晴山麓散步有感

十日斜风细雨天,一朝晴霁仿游仙。
杏花时节刚春半,麦饭人家赶社前。
吊古漫寻黄叶径,登高愁见白杨烟。
他乡两度逢寒食,不向泷冈扫墓田。

(以上5首诗录自《娱石山房诗集》)

乔锦堂作品选

作者简介

乔锦堂,字栘园,乔培之子,诸生,居一灶。著有《桐花书屋诗词稿》。

诗词作品

早秋晚眺

斜日余残暑,登楼眺远空。
霞明孤鹜外,秋在乱蝉中。
野草零星绿,池荷深浅红。
吟成自欣赏,眉月上疏桐。

(录自《海曲诗钞三集》第三卷)

乔廷选作品选

作者简介

乔廷选,字周士,号瓶城,居一灶,诸生。著有《周易象贯》。

诗词作品

登回雁峰

山到衡南尽,当头第一峰。
潇湘萦素练,烟雨伴孤松。
隔岸多芳芷,深林闻暮钟。
雁知春信别,乡思忆吴淞。

露台

未遇招凉馆,先登得月台。
置身非百尺,举首见三台。
时挹清风过,还承仙露来。
凭虚何缥缈,恍似到蓬莱。

舟次扬州同何孝廉仲颖夜话

明月满扬州,殷然话未休。
两人无限恨,共载一轻舟。
风劲钟声远,宵分江水悠。
诘朝且系缆,好作鼍河游。

赠别南岳三楚上人

南岳多禅师,宗风高天柱。怀让得真传,法器有马祖。磨砖作明镜,妙谛莲花吐。坐佛无定相,一灯照千古。于今领袖谁,必钵少鸟羽。震旦生晓公,西城能接武。宝树开青鸳,深山伏猛虎。弟子竞焚修,正说其撑拄。三楚好头陀,杰出蹈大矩。诗句学皎然,种蕉临书谱。前年吴越游,小参甘途路。披衲过钱塘,乞食桃花坞。雉发未三十,神明先有主。到处推都讲,暨义挥松尘。余来登衡山,结缘交莫拒。临别可无言,知勿嗤狂瞽。法乘浩难穷,及时早进取。心外无别佛,入定闭岩户。一根既归元,六根何足数。破贼用慧剑,辟支见黄土。若经旧游处,寻访春申浦。相与参异同,我犹非伦父。九峰堪插草,虚席振法鼓。分手意茫茫,山头飞花雨。

过白沟河

此间英杰几消磨,往事茫茫说界河。
千古只闻流易水,寸心不独恨荆轲。
山连边塞荒凉甚,地近幽燕形势多。
未得浊醪洗魂礧,临风慷慨一悲歌。

(以上5首诗录自《国朝松江诗钞》第三十一卷)

沈璧琮作品选

作者简介

沈璧琮,字安之,号梦罗,清代诸生。沈朝鼎从子。著有《海日楼诗钞》。沈朝鼎居川沙二十二保二图。沈朝鼎官山西平阳府通判、贵州遵义府知府。

诗词作品

游九龙山

川回歇兰桡,步屩事幽讨。山深受日迟,树古得秋早。断嶂划烟村,飞湍泻木杪。谷口散红霞,涧边发瑶草。振衣历层巅,弥望绝飞鸟。仙籁飘疏钟,月出群象杳。

山中晓起

山人晓起迟,洞口寒欲雨。风传莲社香,僧送梵堂鼓。开轩望翠微,炊烟起缕缕。弹指化湖云,明灭荡空宇。元言究已了,晴旭犹未睹。

舟夜

昔梦江都月,飞花遍古城。
今逢淮海雨,入夜助秋声。
云水沉乡信,风尘怅客情。
年华留不住,漂泊负生平。

游汲云庵

秋色动游情,禅关香气清。
烟浓飞鸟没,山缺夕阳明。
曲径浮花影,空堂出磬声。
老僧云外至,采药笑相迎。

送友人之楚

山程水驿肃高秋,重向荆门访胜游。
万里平江翻赤壁,双崖积铁锁黄牛。
猿啼日暮骚人远,雁叫云阴帝子愁。
客里依刘艰话计,怀乡应上仲宣楼。

旅夜

旅榻当窗卧,东风尚薄寒。
乡关云路绕,何处问平安。
雨滴愁心碎,钟敲客梦残。
孤灯怜寂寞,把酒强为欢。

(以上6首诗录自《国朝松江诗钞》第五十三卷)

沈璧琏作品选

作者简介

沈璧琏,字熙之,号梅泉,沈璧琮弟,清代人,官候选光禄寺典簿,与兄并以学行称。著有《文咏楼诗》《香雪草堂词》《蛾术编》《文咏楼随笔》《文咏楼杂著》各若干卷。沈璧琏原居川沙九团,后迁居横沔。

诗词作品

呈阮姜村先生

解组归来绝世荣,迥然远迹阛阓城。
青山濩落增文献,白社飘零见老成。
高隐传留方孝绪,闲情赋就拟泉明。
故园樱笋淮南近,赢得萧萧乡梦清。

旅夜

岁晚天涯客,羁愁独坐生。
寒山沉月色,古树折风声。
正有高堂梦,虚怀故土情。
夜深惊伏枕,鸿雁向南征。

归渡黄河

岁岁中流渡,风涛客易惊。
帆开沧海日,秋老大河声。
击楫歌原壮,乘槎计未成。

何如南下好,且逐旧鸥盟。

过昆山怀顾仲瑛

湖光山色似当年,不见诗人意惘然。
裙屐一时推盛会,风流千载属名贤。
当筵佳丽衣香远,深夜笙歌月影圆。
好境不知何处是,从今已悟六如禅。

（以上4首诗录自《国朝松江诗钞》第五十三卷）

沈向荣作品选

作者简介

沈向荣,字嘉荫,号欣园。沈璧琮从子。居浦东二十二保二图。清乾隆诸生,嘉庆间,年七十始食饩。性纯笃,敦气谊,望重乡间,与修上海县志,董浚河工,俱称勤慎。能诗,著有《二如草堂诗钞》。

诗词作品

壬戌重阳前二日
为予周甲之辰笋香主人招同人燕集吾园即席赋谢

寻幽选胜及佳辰,旧雨招邀意倍亲。
丘壑之间留此地,风尘以外识斯人。
尊开黄菊堪延寿,曲谱霓裳别是春。
郑重交情倾北海,忝陪高会共西宾。

景眉弟招同熊蓉榭使乔梓郁松轩实甫碧崖黄伊园集一斋对菊和实甫韵

我家季方夙好奇,结庐恰傍江之湄。半通未捧毛氏檄,三径先辟陶家篱。数声鹧鸠众芳歇,晚香独占盈阶墀。瓦盆移供绕素壁,紫英黄萼何离披。茱萸手把浮大白,乌帽欲脱凌风欹。座中仙尉识梅福,手调鼎鼐心轩义。瑶环瑜珥夸独秀,凤毛已具丹山姿。杲之清望重莲幕,琴尊跌宕真我师。虎头写生擅妙笔,昨宵对菊吟新诗。阿谁户大最豪放,濡首倒覆琉璃卮。叔度恂恂复儒雅,汪洋千顷波澄陂。独惭贱子鬓蒙雪,繁英坐对应相嗤。自从饥驱橐书剑,故园几负黄花期。持螯泛酒剧快意,分笺刻烛浑忘疲。莫嫌风雨江城满,正是联床夜话时。

甲戌夏纪所见

我乡称泽国,忧潦甚忧旱。巨浸潴春申,分流注沃衍。间值梅雨多,骤涨没村疃。只愁导泄难,恒虑沟浍满。奈何雨旸偏,形局忽相反。去冬及今春,雨泽盖已罕。稍稍沾霡霂,麦苗幸无损。最怜谷雨及,播种不可缓。纤流资灌溉,汲深绠苦短。竟日桔槔声,何以水流沔。鹑火旋司令,旱魃虐堪悯。田枯秧未插,良苗转凋殒。愚民争一勺,报及睚皆忿。妇孺不习水,泥淖立徒跣。向见田水枯,今见河水尽。高低总龟坼,有力不得展。疏凿留旧痕,标志限分刊。海塘露水窦,易代遗规准。鱼虾亦伺辜,釜鬵共灰泯。亢旱历已频,未见此炎旱。连句祷雨坛,当事勤民隐。谒弗里农亩,目系泪应泫。默思造物者,盈虚理可阐。尧水汤乃旱,圣明时不免。预筹蓄泄宜,浚距有前典。寄语司牧人,忽忘治疆畎。

(以上3首诗录自《海藻》第二十三卷)

沈嵩作品选

作者简介

沈嵩,字骏堂,沈向荣从弟。清代人,年弱冠得咳血病,既愈,绝竞场屋,以监生候选从九品。好学能诗,旁通医理堪舆,藏书甚富,不下万卷,皆手自校阅。著有《炼秋室诗稿》《剑南诗刻识误》《随灯录》《苑诗类选》诸种藏于家。居于浦东二十二保。

诗词作品

秋夜

微风起林末,秋至激清响。白云归遥岑,圆景弥晃朗。沃野饶黍稌,鸟犍解辐鞅。倘非四体勤,安取十盅享。我愧释耒嬉,代耕宁妄想。聊诵王储篇,何由善模仿。

自燕子矶至龙江关

幕府山头秋气凉,平冈树色昼苍苍。
南朝鼓吹沉烟渚,只听涛声入建康。

村居寒夕

蓬巷车马绝,落叶寒覆庐。独携烟锄行,圃荒多病蔬。虽读氾氏经,于物体则疏。遥遥汉阴叟,乃不辞老欤。岁晚息众扰,澄念适养虚。且言照孤独,连酌欣有余。

张石虚大令殉节诗

橉枪一指巴西路,誓守孤城已五年。
盗亦有言休犯境,公亲迎敌急鸣弦。
霜飞白刃操鲸首,豕突长围及马前。
共事何人忠烈并,魂归尚欲击鹰鹯。

李笋香以所刊文洲宝书堂集见寄

仓山曾许斯才大,身后千篇付阿谁。
铁网乍从沧海举,萧斋更把锦囊披。
青莲走笔生相逐,白石藏书别擅奇。
识取护持骚雅意,秋坟休唱鲍家诗。

（以上5首诗录自《海藻》第二十三卷）

沈鑫作品选

作者简介

沈鑫,字兰坡,号纫香。清嘉庆诸生,持重老成,睦姻任恤,尤工诗善画。著《卧云居吟稿》,丛书采辑《竹窗琐记》《海隅见闻录》。

诗词作品

题苏文忠公王晋卿烟江叠嶂图诗迹断碑即次元韵

古来墨宝藏名山,龙拿虎攫腾云烟。劫余尚能留片名,土花剥蚀何苍然。忆昔髯苏题粉本,烟江叠嶂图林泉。清词丽句络绎赴,滔滔汩汩如奔川。名高玉局擅二妙,卓哉绝后而空前。飞豪逐电势欲舞,凌云健笔堪摩天。李君何幸得斯石，吉光片羽弥精妍。壁间嵌砌供清赏，朝临夕仿砚作田。残碑断碣等尺璧，心乎嗜古几忘年。一十四韵俱隽永，一百四字殊婢娟。象形肖物同摩诘，轻描淡写如龙眠。频抚瞻视深仰止，缅怀书圣兼书仙。神物呵护不终没，毋乃遭遘有前缘。千载知心遇仙李，令我盥手诵长编。

白莲泾晚渡

一叶船如驶，萧萧芦荻洲。
潮喷寒夜月，树簇海天秋。
击楫添吟兴，衔杯破客愁。
谁令川上水，日夕向东流。

（以上2首诗录自《海藻》第二十三卷）

沈景福作品选

作者简介

沈景福，字星岩、布衣，居浦东川沙，著有《星岩吟草》。

诗词作品

重九节自古桐返棹次韵

一灯旅馆冷摇秋，秋雨秋风夜未休。
那有新诗传笔底，更无乐事到心头。
蜘蛛丝断仍牵恨，蟋蟀声凄易惹愁。
舟子似怜归思急，忙添双桨划寒流。

沓韵答宽夫少瀛友梅

（一）

争奈霜侵两鬓秋，频年作客未能休。
无弦琴尚横床畔，买醉钱忘挂杖头。
月影灯光游子梦，荻花枫叶旅人愁。
何当蒻烛西窗下，吟到深宵蜡泪流。

（二）

风扫相如四壁秋，妻惟椎髻子蓬头。
闲中啸傲身犹健，月下推敲兴未休。
薄醉还须千日酒，新声又触四弦愁。
那堪明日匆匆别，独溯寒潮向北流。

题黄式权茂才诗稿

久违黄叔度，自觉吝心萌。
听雨怀良友，携编对短檠。
胸原富珠玉，人尚困柴荆。
莫怪新篇什，愁多易不平。

赠胡公子

忆昔乡间袂共联，翩翩惨绿正韶年。
谁知琴剑飘零后，白发侵寻到鬓边。

（以上5首诗录自《海曲诗钞三集》第七卷）

张淇作品选

作者简介

张淇,字尔瞻,号筠斋。浦东三林塘人,尝仿范文正公义庄置田千亩以赡寒族。殁,邀特恩追授吏部左侍郎。

诗词作品

天老在江阴余时入都道出吴门竟不及晤赋此志感

君寓澄江我渡吴,云峰想望两情孤。

沧州独自修茶谱,野店谁同问酒垆。

树积青岑深雨露,舟分碧水净蘼芜。

临行只忆鲈鱼美,未识归时有兴无。

偶成二律

(一)

客舍将秋尽,萧萧咽晓风。

浮栖同幕燕,逐伴学征鸿。

冀北霜初白,江南橘未红。

沉吟心计拙,愁极步楼东。

(二)

暗惊秋色老,度树忽西风。

独影销残日,离情寄远鸿。

潭寒生晚碧,枫落长新红。

欲觅来时路,烟深兰渚东。

(以上3首诗录自《国朝松江诗钞》第十二卷)

寄诲男集（时初应澄江童子试）

（一）

雪案萤窗晓夜吟，书中自有玉和金。

嬉游勿遂儿童性，期望须知父母心。

（二）

读若倦时神索励，解从疑处问应深。

古来贤达皆勤敏，愿汝寻常佩此箴。

（以上2首诗录自《海藻》第十七卷）

张永言作品选

作者简介

张永言，字维则，号之轩。居二十保。清代上海廪生。著有《西江书屋稿》。

诗词作品

登招恩寺塔九层每层有圣祖御书额

金碧玲珑挂九联，何年孤峙秣陵烟。

惊探绝级青云气，笑指层城白雁天。

香案午沾花雨湿，玉栏夜绕佛灯圆。

更看千里江山势，齐拱龙章日月悬。

江村晚眺

白石蕉分旧绿，锦塘枫点残红。

雀喧橘叶细雨,鹭立芦花晚风。

张慕骞作品选

作者简介

张慕骞,字云槎,号香农。张熙纯孙,清乾隆诸生,居浦东张江栅,工诗词。

诗词作品

忆柳四首

(一)

一样千丝又万丝,花飞盼到雪霏时。
碧烟处处生惆怅,红雨年年怨别离。
堤畔更番归客骑,天涯多少故人思。
香山何事风流最,只是杨枝去较迟。

(二)

最难言处最多情,万缕柔条一束轻。
人倚风前迟笛弄,梦残月底认莺声。
章台攀到姿犹昔,仙掌歌成句独清。
莫向夜阑频怅望,疏星明灭大江横。

(三)

金昌亭外旧题门,烟雨春堤几断魂。
月弄影来情未远,风吹花去意难论。

板桥流水凄迷度,尊酒阳关次第温。
忍听枝枝湖上曲,暗翻衣袖数啼痕。

(四)

轻匀眉黛几分新,眠起腰肢字字人。
回首已成今日恨,相思无那来年春。
溪烟乱扑空非色,塞梦惊回幻亦真。
生怕相思愁不寐,晓风催箭叠敲银。

(以上4首诗录自《海曲诗钞二集》第四卷)

陆瀛儒作品选

作者简介

陆瀛儒,字希杜。陆瀛龄昆弟行。居浦东顾路。

诗词作品

六十生朝自述时客都门

天容我健正多情,六十年华负此生。
学剑羞看三尺在,卖文刚剩一囊轻。
乡园泉石归应老,客路风尘梦亦惊。
稽首如来还自忏,香浮金粟篆烟清。

(录自《海藻》第二十五卷)

陆瀛萼作品选

作者简介

陆瀛萼,号秋谷,陆鸣珂子,康熙诸生,居浦东顾路。雍正癸卯荐元不售,遂弃去,负才喜赒恤,每出粟赈饥。

诗词作品

秋夜江上作

斜坐倚孤松,微闻远守钟。
月中帆一片,云外画千重。
曲尽青山淡,秋高白露浓。
不才应见弃,何事独惺忪。

蓬莱阁

倚楼挹爽气,万木尽萧然。
物外人情淡,云中峰影连。
那知天有际,翻觉海无边。
我欲寻仙去,渔舟醉可眠。

(以上2首诗录自《海藻》第二十五卷)

陆湛恩作品选

作者简介

陆湛恩,字蔚杉,清代诸生,居浦东川沙,著有《茶饴草》。

诗词作品

冬日杂感

（一）

天寒独客倦登楼,苦雨凄风冷敝裘。

篱菊看残泽彭里,塞鸿唳断海门秋。

乾坤多难愁双鬓,岁月无聊老一丘。

茶灶诗筒堪破寂,与谁相对复相酬。

（二）

手持槁木拨寒灰,煨剩残僧几芋魁。

世局棋枰休下子,空山樗栎敢言材。

茂陵积雨相如病,湘水投书太傅哀。

何似孤山林处士,柴门风雪伴疏梅。

（三）

且学醯鸡守瓮天,论传齐物续残编。

波涛畏涉东西路,锋镝惊闻四五年。

忧患余生真似寄,疮痍满地有谁怜。

烂羊屠狗皆侯尉,莫更闻鸡着祖鞭。

申春浦出示避难诸作奉题一律

湖海元龙品自高,诗成笔底起风涛。
支离瘦骨磨难磷,慷慨悲歌气独豪。
芳树有鸟啼夜月,老梅无鹤守寒皋。
乱余差幸头颅在,莫便星星叹二毛。

秋夜长

秋夜长,孤衾凉。穿窗月影来清光,虫声唧唧在户旁。助予太息愁中肠,含愁不寐神暗伤。骤欲排遣无其方,久之渐得入睡乡。睡乡梦境何徜徉,吟魂颠倒情仓皇。梦中所见人半亡,作何言状觉便忘。

挽庄砥廉

（一）

群盗如毛聚海边,家无长物景萧然。
只余一掬残年泪,洒向空城哭少年。

（二）

犹忆年时访漆国,万花丛里列琴樽。
而今华屋都零落,一片荒榛蔽断垣。

不寐

一肩雨雪避烽烟,辛苦流离阅半年。
客里情怀形吊影,闲中生活砚为田。
布金竺国愁无地,搔首荒江欲问天。
身似灵和殿前柳,深窗三起又三眠。

老友陈心研不晤九年余,乱后重逢作此以慰

乍见几不识,聆音始晓然。

乱离同作客,憔悴独堪怜。
室既悬如磬,身还痛着鞭。
惟期善颐养,聊永此余年。

遣怀

尝遍甘咸苦辣酸,依然冯铗客中弹。
他乡花月同谁赏,晚景桑榆亦自安。
存我庐山真面目,看人优孟假衣冠。
乾坤颠倒江河下,袖手从旁冷眼观。

散馆日作

频年好景客中过,赋恨江郎感慨多。
书卷尽燔秦氏火,诗篇谁和郢人歌。
伤心往事成尘梦,回首流光等逝波。
日暮倦飞何处宿,瞻乌仍止旧巢窠。

（以上11首诗录自《海曲诗钞三集》第三卷）

陆文度作品选

作者简介

陆文度,字师斐,居浦东川沙,清代庠生。

诗词作品

题书斋壁

四壁青山低罩,半窗墨雾横空。

旭日淡霞相映,啸歌坐卧其中。

冰

冻砚全堆墨屑,水盆乍结冰花。

圆璧方珪景象,炊金馔玉人家。

(以上2首诗录自《海曲诗钞补编》)

陆桂华作品选

作者简介

陆桂华,字子泉,清代人,居浦东瓦屑村。

诗词作品

题啸隐僧乘槎图

烟波无际水连天,笑泛枯槎到日边。

长啸一声人不识,月明惊起瘦蛟眠。

（录自《海曲诗钞三集》第二卷）

赵绅作品选

作者简介

赵绅,字垂书,号晴川,浦东高行人。清代诸生,工诗文、书法,著有《晴川诗选》。

诗词作品

齐侯古钟歌为陆右亭赋

齐侯尊王矜霸功,编钟十六雅奏同。衣裳会九遵礼法,列邦着信平荆戎。庭中一响郊雉应,声如雷震鸣长空。轩县敲击金奏节,洋洋犹表东海风。奈何埋没几千载,殆与霸业相终穷。陆子好文兼好古,旷怀述志传龟蒙。切磨往复继辩难,譬诸寸莛撞巨镛。北走燕都入槐市,突见古色铜山铜。九耳九乳款识异,狮子作钮身镂龙。神物在世不久掩,一击自足披顽聋。余闻归里急往晤,拂拭照眼光融融。还期抱献悬辟雍,箫韶叶奏声铮鏦。

(录自《海藻》第二十二卷)

赵文鸣作品选

作者简介

赵文鸣,字宸藻,赵绅子,浦东高行人,乾隆诸生,好学工吟咏,擅书画,与人交必以诚。晚年究心地理。著有《清泉诗集》和《三元地理真传咏史诗》。

诗词作品

重九日见桃花

谁传异种自仙宫,瞥见深红间浅红。
带雨亚枝依短菊,落霞远树映高枫。
花间几度栖寒蝶,柳外谁来系玉骢。
人面重门今冷落,不堪对酒忆东风。

送弟损之入都

（一）

重戴吟鞭向帝京,云霄往路指承明。

凤池专掌纶音阁,鸡殿分班剑佩迎。

（二）

忠慎刘超宁覆悚,深沉曾巩直和羹。

极知衮职原无阙,退食委蛇总竭诚。

（以上3首诗录自《海藻》第二十二卷）

赵淇作品选

作者简介

赵淇,字词甫,初名履中,字丽春,赵飏曾子,善书画。著有《竹窗词稿》,居浦东三林塘。

诗词作品

舟中遣兴

烟水旧生涯,偏舟便是家。

矮篱依岸曲,枯柳卧溪斜。

茅店人沽酒,篷窗客品茶。

暗闻香一缕,知放野梅花。

晓晴

（一）

猛雨一宵足,晓晴花怒开。

蝶贪香梦重，鹊送好音来。

（二）

草更无心长，春还着意催。
墙阴烟湿处，蜗迹满苍苔。

（以上3首诗录自《海藻》第二十二卷）

赵世修作品选

作者简介

赵世修，字韵丞。浦东高行赵秉渊元孙。同治诸生，旋食廪饩，祖继勋，道光间官泰兴县教谕，世修生长其地，肄业南菁书院，屡踬乡闱，郁郁不得志，国变后，橐笔走燕京，为五城中学讲师，纵情诗酒，慷慨悲歌，尝语同郡友人曰，吾死必瘗吾陶然亭畔，树短碣曰上海诗人赵世修之墓，与香冢为邻，于愿足矣。所著有《话雨集》《泽畔吟感艳集》。

诗词作品

柴门夜眺

平野望无际，柴门独立时。
断烟横岸直，员月出云迟。
萤火深溪乱，蝉声密树移。
平生清旷意，料得少人知。

无题

云雨相将梦楚王，巫山游戏本荒唐。

原无颜色惊天表，空有精魂到帝旁。
多感江妃送罗袜，转羞月姐问明珰。
神仙堕落殊常事，五百年来又一场。

岁暮忆丁叔衡师

（一）

离索已增感，况当世路难。
拊膺漫投笔，努力愿加餐。
西日驻斜景，北风吹峭寒。
定知忠爱意，涕泪望长安。

（二）

海内文章伯，觥觥说孝公。
斯人原可作，吾道岂终穷。
立雪寄幽愫，看天望太空。
淮南耆旧在，应许倡宗风。

题消寒雅集图用图中张企韩韵

燕市沉沉醉梦天，无多热血付流年。
颇欣吾郡饶群雅，不分狂奴畏后贤。
十载羁孤余剑铗，千春呼吸剩诗篇。
遥知风雪酣嬉夜，留作人间放旷缘。

（以上5首诗录自《海藻》第二十二卷）

赵喜征作品选

作者简介

赵喜征,清代人,居浦东高桥,著有《耐庵遗稿》。

诗词作品

春暮客感

春申江上寄闲身,弹指光阴又暮春。
兴到浑忘尘事累,愁来惟觉酒杯亲。
野桃含笑添诗料,黄卷披时慕古人。
大块文章如可假,相期莫负艳阳晨。

忆菊

帘卷西风触旧思,闲阶俏立许多时。
一篱月色芳心印,三径霜华晚节知。
淡到无言情脉脉,秋来有梦夜迟迟。
冷香寒影凭消受,何日开樽慰我期。

问菊

一种秋怀尔自知,半生终慨寄人篱。
亦留色相何耽隐,想炼风霜故放迟。
对影不知同我瘦,无言毕竟系谁思。
解人莫谓今难索,倾盖还应话片时。

菊梦

一觉游仙境地清,柴桑风景认分明。
延年有枕消闲福,醉石何人订旧盟。
秋色怜伊曾蝶化,冷魂惊我是蛩鸣。
醒来历历多堪意,领略丰标倍有情。

(以上4首诗录自《耐庵遗稿》)

祝云标作品选

作者简介

祝云标,字少瀛,祝椿年孙,清代诸生,居浦东川沙。

诗词作品

赠星岩文

世味名心淡似秋,筑亭应亦署休休。
千钟酒欲倾鸲喙,百幅笺还劈雁头。
吟到月中人忘倦,醉余云外客同愁。
率真咸仰天随子,如水诗文绝俗流。

(录自《海曲诗钞三集》第八卷)

祝悦霖作品选

作者简介

祝悦霖,字象之,号碧崖,居浦东川沙,候选县丞,著有《碧崖吟稿》。

诗词作品

竹窗夜读

古人勤夜读,境静而神清。我亦耽典籍,展卷对短檠。竹影上纸窗,万籁寂无生。耳目无所交,百感此时平。乍览心茫然,若拒若相迎。凝神复萃虑,底蕴渐以呈。涵泳过数四,悠然得其精。始知肄业者,功非卤莽成。宁静物不扰,颖悟乃能生,譬犹碧霄月,云翳失光明。风卷渣滓灭,普照无遁情。

鸡鸣寺怀古

不尽登临感,萧梁异代中。
青丝来白下,王气失江东。
竖子乘时捷,英雄末路穷。
至今台畔过,猎猎起悲风。

登靖江城晚眺

江楼开夕霁,凭眺倍怡情。
杨柳绿满郭,桃花红半城。
童眠沙岸犊,妇饷陇头耕。
地僻民风朴,讴歌四野清。

晓发泰兴道中

客窗鸡唤曙,携梦上征鞍。
山月沉溪白,松风渡壑寒。
村□随骑吠,乡妇负儿看。
旷野俄如烧,金盘涌树端。

岳王

冲冠怒气九州横,半壁河山百战争。
但愿蒙尘二圣复,久拼裹革一身轻。
将军阃外师方捷,权相朝中狱已成。
十载勤劳殊孟浪,那知恢复本虚名。

登烟雨楼

忽看金碧耸晴空,霁日登临兴不穷。
倚槛无烟浑漠漠,卷帘非雨亦蒙蒙。
苍茫城市波涛外,缥缈楼台罨画中。
十二栏干凭遍后,分明身在水晶宫。

金山

振策遥登海岳楼,危栏百尺豁吟眸。
云中鼓角喧瓜步,树底樯帆接润州。
山面别开金碧画,江流不尽古今愁。
蕲王血战今何处,芦荻萧萧卷暮秋。

焦山

挂席长江趁午潮,揭来古刹驻兰桡。
劫余片石犹传晋,人去青山尚姓焦。

苍隼叫云盘塔顶，灵蛇避客上林梢。
解维日暮重回首，一簇寒烟翠不消。

题仓山诗集

（一）

一枝彩笔九州横，弱冠蜚声满帝京。
为爱名山辞组绶，翻缘高蹈重公卿。
经传绛帐枝枝玉，花选清溪树树琼。
不学儒流不学佛，诗仙诗怪任人评。

（二）

龙马行空虎啸风，无端天壤有斯翁。
文章宁止倾江左，狡狯真堪夺化工。
始信无情惟木石，何常好色不英雄。
平生一事差难遣，凤沼春残怨落红。

重阳前四日游横云山

（一）

生憎风雨阻探幽，未到重阳放棹游。
磴仄别寻樵径上，亭荒聊借草庵留。
层层壁立苍崖古，曲曲泉流碧涧秋。
环泖诸峰都阅遍，班行秀出更无俦。

（二）

绝顶登临四望开，五茸风景信佳哉。
山容映日峰峰出，帆影横江叶叶来。
玉局仙归留旧舍，上公园在没荒莱。
名区也要名流助，今古争如二俊才。

观梅次顾实夫韵

春到山家又一年,冰心无复耐寒眠。
花开岭月纷难辨,香递溪风远易传。
客至屐黏三径雪,鹤归羽掠半庭烟。
遥看隔水茅庐静,不是诗人定是仙。

秋柳

秋声一片动江天,回首梁园倍黯然。
消瘦那堪如此日,风流浑不似当年。
烟消别浦嘶征骑,日落长堤咽暮蝉。
最是相看魂欲断,乌啼客散白门边。

白荷花

洗却红妆韵倍清,凌波玉立剧移情。
月明水榭看无迹,露冷银塘梦不成。
玉井分根原上品,庐山入社总知名。
汉皋莫学仙姝幻,解佩空教误郑生。

驿柳和佩珊女史韵

(一)

长条摇曳水云空,到处江湖入画工。
堰远绿迷三月雨,楼高红飐一栏风。
行行人去春山外,点点鸦归落照中。
寄语临期休浪折,好留青眼盼来鸿。

(二)

短长亭畔记分明,几度低回惜远征。
恨我一鞭殊草草,劳卿千里送程程。

隋堤花月萦春梦,官渡风烟怆客情。
马上不堪回首处,绿阴啼彻子规声。

四十生朝自述

（一）

惊心青鬓渐添银,弹指流光四十春。
课女秋镫怀锦瑟,校诗午夜梦灵椿。
弟兄让宅开三径,姊妹簪花少一人。
却喜草堂今日聚,又添兰玉几枝新。

（二）

燕南赵北几经过,阅遍莺花唤奈何。
日出三更登泰岱,雪深一骑渡滹沱。
布衣长揖金貂重,浊酒论交屠狗多。
回首红尘徒碌碌,而今老大自悲歌。

暮春有感

青青柳色望中迷,花事阑珊日又西。
酒醒东风人独立,一帘红雨杜鹃啼。

秋晚登楼

卷帘恰喜雨初收,村巷云堆粳稻秋。
紫雁一声红叶落,夕阳人倚竹西楼。

志梦

兰桡一去路迢迢,懒向春风弄紫箫。
夜梦不辞烟水阔,频随明月到虹桥。

（以上22首诗录自《海曲诗钞二集》第四卷）

顾晋作品选

作者简介

顾晋,字峰亭,诸生,上海人,寓浦东川沙八团。

诗词作品

赠丁鹭塘

握别云间记昔年,重逢不觉雪盈颠。

奇文共赏宜呼酒,古砚闲耕且作田。

眉样已非新格调,泥痕还登旧因缘。

良宵莫便轻辜负,赌韵西窗快劈笺。

(录自《海曲诗钞三集》第十二卷)

顾炳作品选

作者简介

顾炳,字程南,居浦东大圣寺(今浦东新区孙桥地区)。清南汇廪生,著有《质疑诗稿》。

诗词作品

光济江流

山突奇峰寺嵌空,乘舟遥指画图中。

仙槎去后彩云断,万里江流日夜东。

灵谷深松

幽岩深谷绝人踪,不雨时时吼老龙。
廿里松涛翻叠浪,仙家门户白云封。

燕矶晚泊

千仞矶边百尺樯,仙风迢递送微凉。
满船载得西江月,来驻峰头话夜长。

报恩玩月

缥缈凌虚九级登,月华先上最高层。
凭风更欲探灵窟,玉殿清寒似水澄。

(以上4首诗录自《海曲诗钞》第十一卷)

徐升德作品选

作者简介

徐升德,字阶三,诸生,居新场。著有《卫花居诗钞》。

诗词作品

醉起偶成

古树苍苍夕照微,小僮忘却掩柴扉。
客来知道主人醉,代卷疏帘放燕归。

(录自《海曲诗钞三集》第三卷)

徐嘉木作品选

作者简介

徐嘉木,字月巢,号蔗初,监生,居向观桥。以左手习书法,有从弟嘉宾、嘉树皆能诗书画,称徐氏三绝。著有《澄心书屋稿》。

诗词作品

庚子赴金陵省试

征帆饱曳秣陵舟,节过穿针赋壮游。
风月有情如旧识,江山无恙又新秋。
云开钟阜寻灵迹,潮落秦淮荡古愁。
坐看诸君振鹏翮,愧余野水一闲鸥。

咏荷

一花一叶映清湍,珠露盈盈半未干。
三十六鸳鸯戏罢,夕阳红上小阑干。

题谢仲嘉山阴载酒图

兄弟称连璧,虞庠定省还。
来浮湖上舫,饱看浙东山。
秀果千岩竞,流真万壑环。
永和留胜迹,觞咏足追攀。

丹阳道中

秋风一棹水容与,路出丹阳眼界舒。
过雨烟痕迷北固,隔江山色望南徐。
数星渔火潮生候,廿里湖光月上初。
剧喜故人共行役,篷窗诗酒乐相于。

夜发松郡

一叶归舟趁月明,近乡风景最关情。
残灯摇焰不成寐,流水逆风微有声。
云护机山寻鹿迹,潮生歇浦数鸥程。
来朝别有心中事,岂为西园竹叶倾。

(以上5首诗录自《海曲诗钞三集》第三卷)

徐嘉宾作品选

作者简介

徐嘉宾,字墨卿,监生,居近鲁家汇。辟精舍以诗自遣,捐田产建观涛书院于鲁汇镇。著有《爱日轩诗》。

诗词作品

春日即景

淑景刚三月,平田菜麦新。
花深人觅路,日暖鸟鸣春。
辋墅堪摹画,桃源欲问津。

踏青诸士女,陌上染香尘。

游佘山

第四峰前路,烟萝不易扪。

野花开姊妹,山竹长翁孙。

寺古频遭劫,村荒半掩门。

悬崖题笔处,他日证吟魂。

游废园

名园依北郭,三径已全荒。

疏竹曲通寺,寒梅高出墙。

何年重藻饰,此景即沧桑。

古碣摩挲久,归鸦噪夕阳。

乱后移家陈窑感赋

买得临溪屋数椽,仅堪容膝小如船。

庭前花木少佳兴,镜里须眉非少年。

屈子问时天亦醉,谢壮赋后月难圆。

故居回首成焦土,一度相思一惘然。

(以上4首诗录自《海曲诗钞三集》第三卷)

徐光发作品选

作者简介

徐光发,字润斋,清代监生,候选布政司理问,赠云骑尉,居浦东川沙,著有《梅花山馆诗抄》。

诗词作品

秋夜吴淞道中

江面镜新磨,扁舟夜半过。
乱烟迷远树,斜月堕寒波。
雁倦乡书少,秋深旅梦多。
披襟篷底立,独自听渔歌。

寻二十四桥故址

薄暮来寻廿四桥,桥边无复玉人箫。
只应一片隋堤月,风景依稀似六朝。

细林山晚眺

薄暮登临处,仙踪香莫寻。
秋高千树瘦,日落半山阴。
犬吠黄茅屋,鸦喧红叶林。
偶然回首望,乡思更难禁。

出吴淞口

风急雨冥冥,孤帆驶不停。

浪浮天地白,山历古今青。
牛斗星光黯,鱼龙水气腥。
茫茫身世感,书剑久飘零。

寓斋秋夜

秋灯一穗红,乘凉方夜读。云淡月光微,茶香酒力薄。疏雨湖上来,潇潇洒窗竹。

秋日西湖忆家

寒到六桥间,低回忆故关。
雨声三竺树,秋影一湖山。
越水流乡泪,吴霜惨客颜。
谁怜羁旅者,金尽不曾还。

夜归

明月随我行,前村半烟树。
野径寂无人,偶与归云遇。

制胜台夜眺

两鬓欲萧萧,登台思寂寥。
水明江吐月,风起海生潮。
侧驶帆千叶,高吟酒一瓢。
那堪回首望,烽火独层霄。

西湖遇雨

夕阳明一角,凉意到孤亭。
湖阔水光白,山高石气青。

雨香摇菡萏，风急乱蜻蜓。
欲访逋仙迹，相将唤小舲。

迁居陶村

悠然啸泉石，谁信布衣尊。
流水白围屋，夕阳红到门。
目中无富贵，身外只乾坤。
难得陶元亮，幽居共一村。

秋夜无锡道中

秋色满天地，中宵旅思多。
风吟两岸荻，月碎一江波。
壮志销琴剑，幽情寄薜萝。
梁溪帆不卸，遥听采菱歌。

渡江

潮声浩浩渺无边，一道飞帆独占先。
低树远衔沧海日，怒涛直接大江天。
乘风破浪推豪举，作赋题诗属少年。
寄语蛟龙休起舞，夜来星斗正高悬。

登金山

直上金鳌背，凭栏试大观。
山连吴地壮，江接楚天宽。
下界钟声杳，中流塔影寒。
高僧能接引，许我惜蒲团。

晓游法净寺

（一）

清磬一声古寺晓，千峰万峰白云抱。
半林残月鸟初啼，满地落花僧不扫。
烟开林际见尘寰，闲与老僧共启关。
一轮红出松间日，几点青浮江上山。

（二）

江山平远望不极，仿佛倪迂画中色。
吁嗟此乐乐无穷，几许春光争一刻。
局促游踪深自怜，风流谁复继前贤。
庐陵已逝坡仙去，冷落诗心七百年。

昆山晚眺

向晚玉山麓，秋容人画图。
数村红树合，孤塔白云扶。
雁影思乡国，猿声感客途。
远帆时出没，片片下姑苏。

晓发淮安

落残星数点，和梦理行装。
马啸一庭月，乌啼万树霜。
鬼灯荧废驿，渔火浸寒塘。
凄绝江南客，烟中望故乡。

宿兴福禅寺

竹影一窗画，披衣觉露寒。
水声倚枕听，山色倚栏看。

室静神逾淡,心闲梦亦安。
尘绝犹未了,不敢借蒲团。

吴山晚眺

木落远峰瘦,北风吹面凉。
钟声沉古寺,帆影乱斜阳。
湖海新愁集,江山旧恨长。
是谁会立马,令我感兴亡。

晓发真州

潮满大江平,征帆破晓行。
远钟吴札庙,残月寄奴城。
荻老摇霜白,星寒点水明。
谁知倦游客,乡梦苦难成。

登太白酒楼

诗酒约朋俦,飘然上此楼。
客来孤鹤啸,仙去大江流。
才气千人敌,狂名万古留。
青山魂魄在,何处吊荒丘。

宿普门阁

高阁一声磬,夕阳千点鸦。
秋风初落叶,独客正思家。
浪迹悲蓬梗,雄心冷剑花。
乡书重展读,松月夜窗斜。

送友之邵伯

昨日送归客,今朝复送行。
君看江上柳,折尽又将生。

夏墅晓行

忽听荒鸡唱,登程酒未醒。
遥天一雁白,迎面乱石青。
笠影倚残月,潭光落晓星。
仆夫时共语,前已麦舟亭。

甘露寺晚眺

夕阳零乱处,吟眺倚禅关。
吴楚青苍际,江天浩淼间。
花残三月寺,人醉六朝山。
好句寻难得,低回未肯还。

三月二十六日游管山

一堂山压帽檐青,欲赋新诗写曲屏。
春去似怜人未觉,子规啼与落花听。

白下送友

沙鸟风帆落远汀,一鞭斜日短长亭。
人如俊鹘穿云去,笛引寒蛟出水听。
秋草冷铺千里碧,晚山淡送六朝青。
预知此日难为别,烂醉湖楼唤不醒。

入芜湖关

指顾吴头楚尾闲,晓风残月入芜关。
拼教寒彻诗人骨,饱看江南雪后山。

发瓜步

扬帆当岁暮,烟水一身遥。
日夕复无事,横琴破寂寥。
梅花孤艇雪,渔火大江潮。
自顾胸襟阔,新将浊酒浇。

枫桥夜泊

心事销残祖逖鞭,孤篷遥泊水云边。
去年今日横塘路,双桨苹花细雨天。

金陵怀古

黯然王气散云天,铁锁消沉霸业迁。
半壁江山支谢傅,八公草木走苻坚。
雨花台冷飞残叶,木末亭空入暮烟。
试到十三陵上望,断碑零落不知年。

钱塘观潮

鳌背冷烟青,遥观极杳冥。
万山沉鼓角,一线走雷霆。
鲛泣日光淡,龙吟水气腥。
狂歌时拔剑,斫缆快扬舲。

(以上32首诗录自《海曲诗钞三集》第五卷)

徐文炯作品选

作者简介

徐文炯,字蔚山,诸生,居浦东川沙,著有《海曲学吟草》。

诗词作品

题顾书圃别墅壁

拓得幽闲他数弓,高人卜宅谢尘红。

买邻我欲输千万,一棹移家沔水东。

(录自《海曲诗钞三集》第二卷)

黄山松作品选

作者简介

黄山松,字云海,大昕子,诸生,居南汇城北烟霞阁。著有《壶中天吟草》。

诗词作品

谢灵运富春渚

晨兴僮仆叫,前已富春郭。众山排云根,一塔出林薄。矶危戒趾颠,途坦慎屐错。戢影爱幽栖,埋照入层壑。鸟惊月如弓,投林欣有托。圣朝哀愚蒙,出险全柔弱。得清纳草腠,予郡给花诺。无为忧忡忡,庶遂情落落。云雨任天工,涂泥蟠尺蠖。

沈休文应王中丞思远咏月

明月流清光,洗我胸中埃。幽人静应坐,所思殊未来。分光乐贵游,私照恋清才。微风自祛云,与露共滋苔。中天悬玉镜,怀古神遐哉。

（以上2首诗录自《海曲诗钞三集》第三卷）

黄元吉作品选

作者简介

黄元吉,字廷翰,号西堂,浦东高行镇人。乾隆廪生,父烈善治经,元吉克世其学,著有《诗经遵义二十卷》。

诗词作品

豆棚

傍屋缘篱引蔓长,不须治圃及除场。
一丛凉月笼云碧,满架秋风坠叶黄。
味配村醪篘正熟,摘同野蕨馔逾香。
清阴更爱能消夏,几度兴亡话夕阳。

（录自《海藻》第十八卷）

黄堂作品选

作者简介

黄堂(1759-1800),字轩如,川沙人,黄炎培先生之五世祖。曾两赴江南乡试。著有诗集《秋帆集》。

诗词作品

吴淞道中夜泊玩月同钟墨香曹梅汀家执虚

沙岸系扁舟,推篷眺暮景。浮云净碧空,皓月升遥岭。高林鉴清辉,极浦澄素影。玉露洒霏霏,银河横耿耿。商声四野来,激切令人省。寂历亦何为,今宵拼酩酊。

登润州城

孤城风物迥高秋,曳杖登临豁倦眸。
塞雁远随残照落,江潮寒带暮烟流。
微茫树色西津渡,杳渺岚光北固楼。
莫问南朝兴废迹,萧萧荻苇满汀洲。

焦山瘗鹤铭

焦山耸苍翠,万树森葱青。有鹤瘗其下,立石复镌铭。一百七十字,字字脱畦町。是王是颜顾,议论凭谁听。华阳存旧迹,规抚得仪型。长作此山镇,岂虞摄六丁。无端遇浩劫,坠落在幽溟。波涛怒冲击,风雨多飘零。江间问遗碣,空见宝墨亭。沉埋几百载,忽复通神灵。陈公颇好事,异出归山陉。爬搜复剔抉,煜灿还晶莹。六十有三字,罗布若天星。残缺固已甚,犹得窥真形。从兹慎保护,永远留芳馨。千秋好古者,摹拓无时停。

谒方正学先生祠四绝

(一)

寂寂荒祠掩绿苔,尚余碧血此中埋。
削藩早听书生计,那许城飞燕子来。

(二)

为问成王安在哉?丹心如日气如雷。
誓将一死羞齐相,恸哭声高万古哀。

(三)

绝命词真正始音,摩挲不厌百回吟。
怜才但解留书种,岂识先生忠义心。

(四)

瓜蔓传抄事最伤,血飞十族洗刀光。
泉台应不留遗憾,同铸千秋姓氏香。

(以上7首诗录自清道光刻本《秋帆集》)

黄淳源作品选

作者简介

黄淳源,字铁樵,浦东高行镇人,嘉庆诸生。

诗词作品

重达法华追悼李子乔妹丈即示少云

最风流处最繁华,可惜名园剩晚霞。

壮志频年留日下,宦情何事到天涯。

凄凉一曲邯郸梦,冷落三春富贵花。

知汝重游黔万里,隔江愁听暮啼鸦。

（录自《海藻》第十八卷）

黄增淦作品选

作者简介

黄增淦,字丽泉,浦东高行镇人,黄淳源从孙,寓浦东黄家楼下,道光诸生,少颖慧,壮益务博览,早卒。著有《丽泉诗草》和《醉香草堂诗抄》。

诗词作品

秋日舟中

远山已度橹声中,数曲渔歌过岸东。

倾尽一杯邀月酒,半篙秋水白苹风。
木落苍波万里流,青山未改六朝秋。
舟人唱到江南曲,愁杀芦花尽白头。

消暑

（一）

昼眠乍醒尚婆娑,暑意生憎上绮罗。
赖有好风来枕簟,碧纱窗下种蕉多。

（二）

学写黄庭字迹斜,吟诗初就笑涂鸦。
闲来笔砚乘凉洗,莲底双鱼戏墨花。

（三）

半篱凉雨豆花肥,草际流萤淡欲飞。
隔着珠帘疏处望,一星秋影上罗衣。

（以上4首诗录自《海藻》第十八卷）

梅影用于冲甫次雷约轩韵

幻出瑶台第一枝,每从隐约见丰姿。
小桥流水销魂地,冷雪孤山入梦时。
悟到仙心春不管,修成清品月能知。
空空色相难描写,水部何郎得句迟。

（录自《海曲诗钞三集》第十二卷）

黄志澄作品选

作者简介

黄志澄,字鉴伦,号爱愚,浦东高行镇人,清代诸生,黄增溢弟。好为诗,坦易无城府,卒年未三十。

诗词作品

同凌丈访泉家兄丽泉闲步吴淞江上

青青麦陇喜初晴,握手寻芳好共行。
芦荻一溪春浴鸭,烟花十里晓啼莺。
夕阳隐隐随波落,野水茫茫激浪生。
谈笑归来天欲晚,偶吟新句佐飞觥。

(录自《海藻》第十八卷)

黄河作品选

作者简介

黄河,字詹吉,号任庐,居浦东张江栅,清代诸生。著有《任庐诗稿》。

诗词作品

挽蔡中峰太仆

珥笔明廷二十年,文章华国孰能先。

老臣未竟中天业,夜见三台堕碧天。

题黄秋圃得毫图

长松老柏郁参差,石壁云开露涒时。
为爱梁园风景好,幽禽声里坐题诗。

(以上2首诗录自《海曲诗钞》第十一卷)

黄本铨作品选

作者简介

黄本铨,字沐三,自号海上漠鸿,诸生,上海人,寓浦东黄家楼下。

诗词作品

挽严孝廉(宗熙)

(一)

狱吏尊犹昔,儒生坑到今。
文章修怨府,声色失儒林。
不为衣冠愦,安知陷阱深。
同仇何处觅,相与泪沾襟。

(二)

锺毓诚非偶,奇文柱擅场。
未须论黑白,终是负青苍。
世已无公道,神宜返帝乡。
红尘如再历,莫复逞肝肠。

(以上2首诗录自《海曲诗钞三集》第十二卷)

吴洽作品选

作者简介

吴洽,字怡生,又字欣如,浦东川沙人,主要活动于咸丰、同治、光绪年间,府庠生,候选训导。曾在皖省教授诸生,时常往返皖、沪两地。于地方公益出力甚多。著有《时还读我书屋诗钞》《时还读我书屋赋钞》《时还读我书屋吟钞》。

赋文作品

渔舟逐水爱山春赋

缘溪棹转,隔岸烟疏。葱茏千叠,潋滟一渠。汤轻舟而迤逦,翻锦浪以次嘘。瞰水影之漾洄,飘尔长往;对山光之淡冶,纵其所如。何当境接悠然,渡口飞来小艇;为是声传欸乃,矶头隐有老渔。

方渔人之初入桃源也,烟迷扑面,洞豁凝眸。红尘迹屏,碧涨波浮。数百步溪边遍历,两三枝竹外探游。大有仙缘夹岸,则争看花发;中无杂树环家,则每羡林幽。且住为佳,宛揽十洲之景;引人入胜,试横一叶之舟。

维时春满波平,春繁景淑。绿树迷离,青溪潆洑。喜春光之未老,江草萋萋;看春色之无边,岸花簇簇。渺渺兮近狎闲鸥,迢迢兮远随野鹜。谁谓公无渡也,一棹偏横;庶几盍往观乎,双流相逐。

则见渔棹徐穿,渔歌忽起。暖涨三篙,晴烘十里。行行古渡,已将临柳巷柴门;去去芳津,曾否见嫣红姹紫。层叠兮现出蛾眉,参差兮排来雁齿。遥指白云深处,欲披淡淡之山;关心红日落时,相映盈盈之水。

况夫机转拖蓝,痕都泼黛。对山月以堪思,幸水云之不碍。柳暗花明而外,领略幽情;斜风细雨之中,别饶逸态。好凭樯燕之飞,合任村庞之吠。自尔势乘苍翠,最足舒怀;倘然景绘丹青,谁能解爱。

所由水嬉远近,山抱弯环。坐疑天上,境异人间。羌寻源而攸往,乃鼓枻以忘艰。何论村后村前,轻描鲎背;不辨舍南舍北,浓染螺鬟。绮丽兮四围,数重重之春树;苍茫兮两岸,淡历历之春山。

鸥鹭为邻,移情水滨。不插尘中之脚,常超物外之身。和樵唱于前峰,云对径古;来棹歌于别浦,风定波皱。眺斜阳之叠峰,傍曲涧而垂纶。则乘水交驰,已辟神仙之真境;而依山相望,亦知草木之皆春。

迄今家访仙源,船归野渡。风景堪怀,云山足慕。登古岸兮心殷,盼江乡而目注。始信槎通渔父,惊看洞口桃花;还教路指牧童,误认坛边杏树。此日翻黄卷翠,好吟摩诘之诗;他时缕碧雕青,愿续兰成之赋。

(录自《时还读我书屋赋钞》)

诗词作品

咏芦花

秋夜潮来不自由,濒江风起听飕飕。
生成薄植谁青眼,摇曳多姿到白头。
曾忆其中人可唤,还看以外水常流。
剧怜刘绮贫耽读,燃荻如添继晷油。

咏楝花

番风最后信应稀,晚客初开树影围。
石首鱼来刚烂漫,粉腰蝶舞正芳菲。
不烦幡护红霞扑,何待铃催绛雪霏。
为吊湘灵叶缠黍,蛟龙常畏隐渔矶。

咏蓼花

隰有游龙纪不诬,秋容水国绘成图。

妆来妩媚胭脂染,洗尽繁华意态殊。
间白分红饶色相,揖风拜雨老江湖。
暮天旅雁惊初起,景入萧疏自足娱。

咏笔花

管城春满日迟迟,握得如椽怒放时。
璀璨诗葩舒锦绣,经营意蕊现迷离。
千军阵扫裁鸾掖,五色文成任豹窥。
谁似青莲邀入梦,百篇斗酒擅英奇。

（以上4首诗录自《时还读我书屋吟钞》）

鲍历作品选

作者简介

鲍历,字思远,顾路李家盘人,康熙十四年(1675)入上海学第一。少孤以训徒养母。好古力学,工诗古文词,书法亦工。晚年遇顾榮,留心理学,力主程朱。著有《鸿雪居诗稿》。

诗词作品

春感

（一）

湖上青山独自寻,韶光多向客中枕。
平原烟草萦愁远,故园莺花入梦深。

（二）

万里风尘惭一剑,十年心事付孤琴。

试看燕子归来晚,雨雨风风直到今。

（以上2首诗录自《光绪川沙厅志》第十卷《人物志》）

送向子纯

共尔悲沦落,三年几晤歌。
送君从此去,对酒意如何。
天远鸟飞尽,岭重猿啸多。
徘徊正未已,归棹欲冲波。

夜雨

路入江西共几千,连宵风雨正凄然。
人当去国离家后,舟泊山程水驿前。
滴破乡心愁似海,听和更漏夜如年。
何妨茅屋三重卷,犹得移床一觉眠。

暮秋与徐越生散步西郊兼怀所知

江岸逶迤落叶重,行行携手思何穷。
雁声秋水寒烟外,客路西风夕照中。
望远不知人在否,论心空有恨相同。
凭君莫话相思苦,试看青衫泪已红。

赠符连城

连城名完璧,洛阳人,是能以指头作画者。

疑是含毫点染成,谁知都向指头生。
知君此指非凡骨,划破鸿蒙真宰惊。

（以上4首诗录自《国朝松江诗钞》第十八卷）

叶芳作品选

作者简介

叶芳,字洲若,号霭园,诸生叶映榴次子,新场镇人。特授知州又改员外郎,以疾辞归,休养于园林,读书歌咏自得。著有《砼小斋偶吟》,收录诗221首。

诗词作品

咏草

雨湿风吹并可怜,春来无地不芊绵。
平铺远岸浓于水,斜剔巉岩碧亘天。
彼美一方殊渺渺,王孙归路自年年。
落花又与翻新样,软暖如茵欲醉眠。

泛舟珠江

丝丝烟雨送轻桡,珠海光生气沉㵳。
尚忆当年争割据,欣逢今日静蛮徼。
桄榔叶暗江生碧,飓母风高水不骄。
挈榼携朋闲话旧,浑忘身在海天遥。

訾洲留别桂幕诸友

聚首天涯话旧知,疏帘小阁艳阳时。
诗成夜雨分红药,歌遏春云劝玉卮。
拄杖峰头看独秀,鸣榔江上记相思。

津亭柳色催行客,潦水潺湲惜别离。

（以上3首诗录自《硁小斋偶吟》）

胡式钰作品选

作者简介

胡式钰,字青坳,上海县陈行镇(今闵行区浦江镇)人,诸生。幼颖悟,善读书,工诗古文。历游山东、山西、河北、河南等地。著有《窦存》《寸草堂诗钞》。

诗词作品

初秋夜雨

隐几酒初醒,风凉吹户轻。
疏灯摇夜色,空雨走秋声。
客意花愁损,吟魂水出清。
遥闻响飞瀑,萧飒满山城。

晓起

腷膊鸡初鸣,竹床人坐起。残月恋高檐,微风飒窗纸。案头拨炉灰,余烬红未死。短烛辉铜荷,虚堂耿若水。平旦气清明,浣手习书史。一任嘈嘈声,群喧赴廛市。

（以上2首诗录自清道光刻本《寸草堂诗钞》）

清代闺秀作品选

陆怡祖作品选

作者简介

陆怡祖,字芸所,浦东顾路陆秉绍女。

诗词作品

秋夜

夜色沉沉星汉稀,不禁寒透六铢衣。
花荷落水生莲子,络纬催人把杼机。

（录自《海藻》第二十八卷）

赵芬作品选

作者简介

赵芬,字仪姞,又字子逸,号婉卿,又号次鸿,晚号善约老人,浦东高行赵秉冲女,乌程候选批验所大使汪延泽妻。幼擅诗词,既长兼攻古文及骈体,著有《滤月轩诗集》《滤月轩文集》《滤月轩余诗续集》《滤月轩文续集》。

诗词作品

夏词

小阁静无哗,朝曦上碧纱。

不教惊晓睡,昨夜梦回家。

九日

今年节气迟,篱菊香未吐。女伴约登高,孱躯怯行步。兀坐小窗下,暧暧日欲暮。喜无催租人,但恨乏新句。须臾浮云净,华月光引素。清风泠然来,黄叶下无数。芳菲能几日,好景去如骛。疏林正槭槭,恍读秋声赋。人生本寓形,孰者为去住。富贵既非乐,虚名亦何慕。短歌足自娱,斗酒尚能措。一醉百不忧,聊解从前误。

春日

幽居地僻过从稀,剥啄无声静掩扉。
薄醉且教寻短句,轻寒犹怯试单衣。
采花陌上黄如绣,桑叶林中绿渐肥。
莫向高楼频纵目,撩人景色正依依。

题蔡可阶留真馆图

羔豚饰于市,酰醢乞诸邻。举世竞作伪,谁复能全真。唯君迥殊俗,胸次无纤尘。立心尚诚实,守朴而完淳。蒿笔夺化工,元气常浑沦。写真擅绝技,遗貌惟取神。小窗墨螺香,知己过从频。妍媸各有态,一一传其人。君怀自坦白,君艺殊精纯。遐哉浑噩风,合署无怀民。

汤母杨太恭人断钗图汤雨生参戎索题即次太恭人韵

(一)

玉碎孤臣事已休,深闺钗折恨悠悠。
谢家才调钟家操,合把丹青倩虎头。

(二)

传家忠孝仰清门,碧血丹心正气存。

今日花钗膺九树,紫泥纶綍似春温。

(以上6首诗录自《海藻》第二十八卷)

序跋作品

《滤月轩诗集》序

宋以后,儒者多言文章吟咏非女子所当为,故今世女子能诗者则自讳匿,以为吾谨守内言不出于阃之礼也,反是则廷欺炫鬻于世以射利焉耳。是二者胥失之礼,昏义女师之教。妇言居德德之次,郑君注云,妇言辞令也,夫言之不文而不远。文章吟咏非言辞之远鄙倍者欤?何屑屑讳匿为?且讳匿者不终于讳匿也,其夫若父兄子弟以揄扬于世,曰彼不肯出以示人,吾曹窃为传播云尔。若是则能文之名传,兼得守礼之称焉。视工于炫鬻者其计更狡矣,而其人不尤足鄙哉?予年十四,师授以唐人诗,每私效其体为五七字,先大夫见之以为可教,命遂为之。会遘疾,母氏禁使费为,遂从事针黹。迨疾平无俚,时时以此自娱。于归后,米盐鳞杂,所作不多,未尝弃置也。性懒不自收拾,夫子时为录存之。岁辛卯,命儿子曰桢荛其十之四五写定为二卷,词一卷附焉。予家虽贫,粗足自给,无待自炫以射利。如以为好名,亦所不辞,盖人不好名无所不至矣。若伪托逃名以冀兼收而并得,则予所深耻而必不屑为者也。虽然文章吟咏诚非女子事,予之诗不能工亦不求工也,世有自知其短而反暴之以求名者乎?予盖疾夫世之讳匿而托于夫若子以传者,故不避好名之谤,刊之于木而命桢儿书此言,以为序。

(录自赵芬著道光八年刻本《滤月轩诗集》)

陶婉仪作品选

作者简介

陶婉仪,字令则,清代人,浦东顾路进士陆鸣珂妻室。

诗词作品

九日登高忆芳儿

有意登高去,遥看江水环。

长江连合浦,何日旧珠还。

(录自《海藻》第二十八卷)

曹柔和作品选

作者简介

曹柔和,字荇宾,浦东高行举人黄文莲妻室。著有《玉映楼吟稿》。

诗词作品

关山月

明月当三五,迢迢挂碧空。

关山千里隔,涕泪几人同。

云鬟侵香雾,征衣度朔风。

不堪双照断,缄意向飞鸿。

赵忠毅公铁如意歌

我家草堂葭水湾,图书彝鼎安如山。中有三尺铁如意,照眠古意何斑斑。黄白氤氲作云飞,革匮缇巾烦位置。日星河岳俨遗铭,高邑尚书有题识。尚书岳岳垂朝绅,曰邹曰顾称三君。良心剖露再上疏,一时台阁推名臣。平生苦心在察典,巢耳蠹丝任成茧。想象篝灯独坐时,如意挥来奋双腕。群狐白昼竞吹唇,头白可怜戍雁门。壮浪永昌去万里,临风一恸天为昏。吉祥之楼味檗室,一箧残书消岁月。舣棱回首隔浮云,击节应教唾壶缺。只今奸骨已灰消,十三陵树总萧条。惟公大节照青史,苍岩白石争岩峣。十年漆室忱偏切,遗物摩挲重呜咽。永作草堂席上珍,不祥可被同桃茢。

(以上 2 首诗录自《海藻》第二十八卷)

曹锡淑作品选

作者简介

曹锡淑,字采荇,号延龄,上海进士曹一士次女。浦东顾路举人陆秉笏妻室,陆锡熊之母。著有《晚晴楼诗稿》。赠淑人。曹锡淑之母陆凤池亦工诗,著有《梯仙阁余课》。

诗词作品

寄书翁大人并附呈一律

一纸平安信,离怀几许思。

餐加千里外,健慰六旬时。
惠女痴无恙,熊孙勇读诗。
好为怡旅况,夏景恰迟迟。

秋夜不眠

夜静独无寐,秋空月倍明。
梧桐今夜落,蟋蟀去年声。
幽院少人过,空堂斗韵清。
捣衣当此际,抽思复含情。

灯下课大儿古诗拈示一绝

夜长灯火莫贪眠,喜汝翻诗绕膝前。
汉魏遗风还近古,休教堕入野狐禅。

除夕忆大姊

围炉忆向小窗前,岁月无情负锦笺。
诗句分题应未就,漏声催梦不成眠。
银灯今夜因君剔,青镜明朝为我怜。
瘦却梅花春又别,好将笑语送残年。

大人信至

尺素传双鲤,离怀慰北堂。
书中无限意,元鬓比来苍。
名重文章著,家贫菽水香。
趋庭复何日,心与雁飞翔。

（以上5首诗录自《海藻》第二十八卷）

曹锡堃作品选

作者简介

曹锡堃,字采藻,上海进士曹一士幼女,浦东顾路举人陆秉笏继室(续妻)。曹锡堃(母朱氏)系曹锡淑(母陆氏)之妹。著有《五老堂诗稿》。赠淑人。

诗词作品

龙华寺

寺古钟声断,墙高落照阴。

有僧掩关坐,避世涤尘心。

塔出当窗影,铃吹隔院音。

河桥入画里,归鸟噪空林。

和李氏甥游豫园韵

闻得西园乐事多,东风恋客兴如何。

花深野径春留梦,人渡河桥影入波。

暇日携尊寻胜去,老年扶杖踏青过。

一门融泄天然福,坎止流行有太和。

(以上2首诗录自《海藻》第二十八卷)

闵氏作品选

作者简介

闵氏,新场闵玮之女,黄素之妻。

诗词作品

蝉

一响开清曙,群声乱夕阳。

高居新蜕浊,热性亦追凉。

碧槛浓阴合,炎天昼漏长。

西风纨扇罢,求汝在何方。

(录自《国朝松江诗钞》第五十五卷)

顾氏作品选

作者简介

顾氏,南汇进士顾成天之女,同邑朱栋之妻。

诗词作品

典石婿箧中有二弟见怀诗步韵志感

梦到家乡未是归,难逢竹叶画中飞。

别怀宛转吟高韵,离思萦回念式微。

衰鬓渐惊添白发,敝裘每讶化缁衣。

故园三径荒芜久,冷暑何堪又岁饥。

（录自《国朝松江诗钞》第五十五卷）

闵氏作品选

作者简介

闵氏,南汇新场闵钰之女,南汇城北黄家阁黄知彰之妻。

诗词作品

题画菊赠外

篱脚斜阳淡欲无,月中留影半模糊。

白衣金紫无高下,同上高人水墨图。

（录自《国朝松江诗钞》第五十六卷）

叶慧光作品选

作者简介

叶慧光,字妙明,自号月中人,新场叶凤毛之女,王进之妻,甫嫁即寡,随以抑郁而卒。其父编其诗集曰《怀清楼稿》。

诗词作品

杂诗

碧菏生清池,红蓼垂低岸。林株不相连,华秀同所玩。凫翁到其雏,相将戏波澜。鸿雁从北来,安知有危弹。浮生无根底,忧乐起恩怨。在地为江淮,在天为河汉。秋风吹飞蓬,天地忽中断。

咏兰草

九畹滋何处,数茎开自馨。
春风生昔昔,残雪带星星。
哀怨骚人意,婵娟帝子灵。
同心惟尔我,相对各娉婷。

渡浦

珠履三千凿大河,鲸鱼吹浪下沧波。
此中亦有彭咸宅,不得传名比汨罗。

(以上3首诗录自《国朝松江诗钞》第五十六卷)

叶金支作品选

作者简介

叶金支,字秀华,南汇新场叶凤毛次女,曹锡辰妻,著有《效颦集》。

诗词作品

菊影

映壁疏花形影亲,柴桑居士认前身。
冷香已悟空余色,瘦骨从知别有神。
灯下移来情更好,镜中照出见非真。
湘帘半卷玲珑月,一片秋痕入眼新。

(录自《国朝松江诗钞》第五十六卷)

叶鱼鱼作品选

作者简介

叶鱼鱼,字湄兮,南汇新场叶凤毛女,顾世望妻。夫殁守节二十年。著有《鼓瑟楼诗草》。

诗词作品

雨不止

一雨复再雨,旬日犹未休。薄寒废絺绤,节序如九秋。苔痕绿于染,溪水东西流。云阴散还合,栖鸟声啾啾。室宇湿如灌,引我万斛愁。安能开霁色,明月照小楼。

雨后偶成

(一)

向晚雨初霁,当窗风景清。

断霞千树碧,远水一村明。

(二)

寂寂花无影,萧萧竹有声。

幽怀何处寄,小立暮烟横。

(以上3首诗录自《国朝松江诗钞》第五十六卷)

张介作品选

作者简介

张介,字笔芳,娄县张孝泉幼女,浦东横沔沈璧琏妻。著有《万花楼诗钞》。

诗词作品

赋得江上数峰青

杳杳复冥冥,烟螺隔远汀。

无边空水碧,一抹远山青。

隐约浮苍霭,依微列翠屏。

曲终余韵袅,何处觅湘灵。

己丑重阳

去岁题糕天北极,一家随宦在燕台。
今年却喜归南国,又见黄花烂漫开。
亲舍欲瞻云倍远,乡书未达雁空来。
遥知官阁开尊处,欲插茱萸首重回。

暮春

柳丝窣地景暄妍,红遍园林绿遍川。
检点韶光将谷雨,轻阴正是养花天。

西湖景:双峰插云

空蒙黛色映西湖,南北高峰影不孤。
三十六梯夐绝处,远天一角漏云肤。

西湖景:柳浪闻莺

袅袅柔条软浪生,栗留小部奏新莺。
耳根眼际诗情满,消受东风第一声。

西湖景:南屏晚钟

冷冷清梵出岩松,夕照遥明慧日峰。
拟向云林参妙谛,隔烟微逗一声钟。

西湖景:六桥烟柳

白堤迤逦接苏堤,弱态笼烟拂水低。
一样清波门外柳,销魂惟有六桥西。

观瀑图

玉龙夭矫劈空飞,千尺垂帘万斛玑。
人在匡庐山色里,扑来爽气欲侵衣。

清明

小桃如泣柳如烟,抚景伤情倍黯然。
几陌纸钱风外卷,断肠春色是今年。

孤雁

芦花明月万重云,努力高飞怅失群。
中夜不堪频吊影,离鸾别鹤总如君。

暮春感怀

感人最是落花天,凭遍栏干一惘然。
岂独为花增怅恼,惜花人逝已经年。

忆西湖

桃花万树柳千条,记得年时荡画桡。
内外六桥春似海,西泠松柏独萧萧。

题新水晴岚图

春水春山并送青,縠文如织翠如屏。
晚来忽花云千叠,倒映芳洲杜若汀。

（以上13首诗选自《海藻》第二十八卷、《海曲诗钞》第十六卷）

冯履端作品选

作者简介

冯履端,字正则,南汇周浦人,监生丁岵瞻妻。卒年三十,一女儿仅三岁,托其妹冯履莹抚育。冯履莹成为丁岵瞻继室。惜冯履莹又早卒,年二十六。冯履端著有《绣闲草》。

诗词作品

南湖别业呈夫子

小筑幽深一水湄,青畦碧树望参差。

新丰鸡犬频来往,香茗文章旧倡随。

娇女摘花晨露湿,笑童驱犊夕阳迟。

先生倘欲逃空谷,冀缺余风尚可思。

（录自《国朝松江诗钞》第五十六卷）

民国作品选

倪绳中作品选

作者简介

倪绳中(？-1919),字斗楠,周浦东黑桥人。清末恩贡生,设书塾授徒。著有《二十四史感言录》《浦乡小志》《经锄草堂诗赋稿》,参与修南汇县志。所作《南汇县竹枝词》,刘式训、黄炳奎、黄报廷、叶寿祺、倪鼎铭、朱祥绂等为其作序跋。

诗词作品

南汇县竹枝词(节选)

(一)

大海东环黄浦西,钦塘南北亘虹霓。
怪哉老鹳伸长嘴,突出洋中状若犁。

(二)

筑城洪武廿年期,境植三团最合宜。
雍正三年分上海,长人乡贯县根基。

(三)

南川界址划从前,嘉庆还当二八年。
十七保与二十保,昔厅今县志新编。

(四)

前明倭寇海疆狂,马迹洋山嘴角当。
今日南沙铜铁板,分舲不得逞披猖。

(五)

全境地方四千里,袤斜水陆各平开。

界分渔产兼农产，美利东南实大哉。

（六）

汇水奔腾嘴角过，派分南北两江多。
风潮来自山抬候，风雨多先大海唑。

（七）

唐开元筑护塘高，起自杭地气象豪。
直达吴淞四百里，预防八月飓风号。

（八）

万历年间筑外塘，才交雍正决堤防。
延长十一年修葺，咸颂钦公德泽长。

（九）

乾隆三载筑圩塘，为有咸潮浸没伤。
丈半高堤一丈阔，团分五九里能详。

（十）

护塘内港运盐河，灶港之东泛绿波。
自一团延九团止，盐艘出入必经过。

（十一）

老护塘东御寇河，乔镗倡议备东倭。
一团至九九十里，而今大半不盈科。

（十二）

南界河在众安桥，奉贤分界路非遥。
东由护塘港而止，西达东横港一条。

（十三）

两储花萼总能文，海曲骚坛首策勋。
塘壮网船浜古墓，塘南拜访木鱼坟。

（十四）

南宋忠臣生海角，鲍将军墓吊英魂。

天长大小百余战,死节临江碧血喷。

（十五）

瞿家豪富耀江乡,计算良田万顷刚。
第一鹤沙开义塾,东西兴学破天荒。

（十六）

谈野翁观吏部政,相惊奇士出南方。
秋粮奏免数万石,大水何尝虐凤阳。

（十七）

李家伯仲好同居,科第连绵善庆余。
壶范官声齐卓著,一门孝友郡旌庐。

（十八）

正学裔孙余元亮,避言避地大凫泾。
明经教授江闽粤,逊志斋刊复典型。

（十九）

暑天伏热汗难来,好遇名医李士材。
貂被毡帷齐撤去,冷泉灌顶盛阳回。

（二十）

辰山出走桂林遥,晚遁平湖志节超。
三万卷书畀朱十,风高骨塔洁芳桥。

（二十一）

世受国恩图报称,垣斋恋主职中书。
平生三绝诗书画,晚摹南屏老屋居。

（二十二）

博学果推张学博,多闻寡欲艺林传。
阮文达与曾文正,一尝英年一晚年。

（二十三）

鹤窠村在鹤坡塘,今日仙禽早远翔。

惟有雄鸡九斤大,胶胶风雨闹江乡。

(二十四)

春三刀鲚炖鲜汤,不用煎熬异味尝。
还有乌轮车片片,黄鱼时物尝端阳。

(二十五)

长生石臼异香飘,躺遇仙童捣药苗。
报道新场紫金锭,驰名中外注商标。

(以上25首诗录自顾炳权选编《上海历代竹枝词》)

黄协埙作品选

作者简介

黄协埙(1851-1924),字式权,号梦畹,别署鹤窠村人、海上梦畹生、畹香留梦室主。浦东周浦人。工诗词,尤长于骈体文写作。著有《淞南梦影录》《鹤窠村人初稿》《粉墨丛谈》《黄梦畹诗抄》《锄经书舍零墨》等。

诗词作品

过筠溪吊故友黄瘦竹

筠溪一曲水沄沄,每对苍筤辄忆君。
万点落花词客泪,十年宿草故人坟。
诗篇零乱飘秋雪,池馆荒凉剩夕曛。
惆怅乡村乏椒醑,只吟楚些吊湘云。

(录自《海藻》第十八卷)

序跋作品

《海曲诗钞三集》序

南邑夙称海滨邹鲁，家诗书而户弦诵，文教盖甲于东南焉。诗自宋储氏华谷昆季开其先，而明之王阶石、吴日千，清之蔡竹涛诸氏后先接武，辉映词坛，历康乾嘉道咸同数朝，先哲遗风久而弗替。自欧美蟹行书流传我国，少年子弟谓非此无以致通显立功名，举五经四子书，然且束之高阁，更遑问陶情淑性弄月吟风乎。我宗祖安明经惧诗教凌夷，民风必渐趋于浮薄，时与不佞言及，思有以振兴而挽回之，一日以书督责曰，我邑自嘉庆初元墨香冯氏选刊《海曲诗钞》后阅百余载无踵行者，中更丧乱，向之觥觥大集半化劫灰，即仅有存者或子孙不善保持，渐至尘封蠹食。续选之举，子其毋辞，仆当任搜采之役。不佞虽不敢自谓可与言诗，然累世侨寄此邦，熟闻数十年前风雅之盛，而并世诸师友平日又多赓唱迭和，觞咏流连，爰诺其请，相与网罗散佚，择其优雅者编为诗钞三集，体例一遵冯选，篇什亦无甚差池。是役也，经始于乙卯孟夏，告蒇于丁巳仲冬。搜集至三百余家，分卷为一十有二，各于姓氏里居下节录序跋题词或撰诗话以表张之，犹冯志也。其与冯选异者，附采名宦寓公诸诗于后，并以铅锡易枣梨。编辑既竣则举冯氏初、二集合付手民。我固不敢袭迂谬之谈，劝少年子弟之趋时者舍欧西蟹行书一意从事吟咏，亦惟曰诗教之盛衰关于风俗之淳否，莘莘学子毋徒务致通显立功名，而将我数百年先哲之流风余韵一切尘芥视之也。戊午季夏之朔，上海黄协埙序。

（录自民国版《海曲诗钞三集》）

竹枝词作品

采棉词

（一）

棉铃采得满筠筐，含笑归来问阿娘。
还是制衣还制被，儿家心事费商量。

(二)

絮花弹作雪婆婆,奇暖居然胜绮罗。

相约邻家诸姊妹,蚕神不赛赛黄婆。

(以上2首诗录自顾炳权选编《上海历代竹枝词》)

澧溪竹枝词

(一)

澧溪女儿艳朝霞,澧溪新柳摇晴纱。

柳絮随风是郎意,柳丝笼雨是侬家。

(二)

去年送郎雪菲菲,今年春归郎不归。

莫遣柳花点侬鬓,愿为柳絮黏郎衣。

(以上2首诗录自黄协埙著《鹤窠村人初稿》)

鹤塘棹歌

(一)

扁舟一叶泛平湖,郎采莼丝妾钓鲈。

何处更寻张翰墓,秋风寒色满菰蒲。

(二)

前京建自梁大监,遗迹依稀近鹤村。

犹剩斜晖挂乔木,巍巍百雉已无存。

(三)

神弦词杂竹枝歌,春社家家笑语和。

齐说晏公留古庙,更无人问紫薇河。

(四)

报恩寺圮已无僧,龙象由来有废兴。

独惜赵王孙手迹,只留残石胃枯藤。

（五）
倭打战桥高嵬嵬，下有倭子坟几堆。
闻道当时萨摩寇，西风曾挂锦帆来。

（六）
亲见桑沧倏变迁，揾将铅泪拨铜弦。
南浔河水明于镜，谁吊词人黄九烟。

（七）
受恩桥接闵家湾，玠石高风杳莫攀。
道是唐堂手删定，至今遗集重镰山。

（八）
千秋桥枕古江浔，望月深宵思不禁。
默祝常仪化明镜，照侬颜色照郎心。

（九）
夜生蒲团晓策筇，近听梵呗远闻钟。
郎来莫怪迷幽径，时有丹椴洞口封。

（十）
重门列戟旧金张，厅事高题观略堂。
曾荷圣人亲洒翰，至今犹带御炉香。

（十一）
草长朱门藓没阶，携朋访旧过西街。
紫藤花射东村死，谁话当年说学斋。

（十二）
一钩新月制香罗，姊妹相携绮陌过。
怪底踏青鞋样巧，阿侬家住绣花坡。

（十三）
短短疏篱淡淡风，年时人面此门中。
如何三月桃花水，流过红桥便不红。

（十四）

南山晴望郁崔巍，相约寻诗上翠微。
红叶满林藏古寺，夕阳影里一僧归。

（十五）

绿天馆是白云关，只许幽禽日往返。
不是随娘上坟去，弓鞋争踏叶家山。

（十六）

西风金粟灿成堆，恰值江南蕊房开。
为是祝郎文战捷，康园亲折一枝回。

（十七）

宵依佛火诵金函，晓出耕田过涧南。
好是木棉花发处，竹鸡啼上素农庵。

（十八）

分水墩高水接云，送郎到此日将曛。
愿郎莫似墩前水，才得交流便又分。

（十九）

绿窗风细绣帘飘，爱琢新词倚玉箫。
莫问朱冻旧明月，潘郎鬓草已萧萧。

（二十）

妾家家住石头湾，湾水清清鱼可扳。
云黑如山雨将至，与郎同唱棹歌还。

（以上20首诗录自顾柄权选编《上海历代竹枝词》）

记文作品

新建新场黄氏宗祠碑记

　　我黄氏先代盖汴人，宋高宗时有讳彦者以侍卫扈跸南渡，遂家于南厥，后累世潜德弗耀，名位几无可考。其卜宅上海高家行者，自文明公以下，皆以耕读世其家。迨协埍高高祖煦亭公昆季四人，以经商大其业，子姓繁衍，叶布枝分，族中人遂分居南汇县境所城及一团、三灶、瓦屑村、周浦、横沔暨川沙厅治，而在新场者最多。

新场，南邑所辖镇也，居此者皆煦亭公后，历百余年营宅七，丁口常以百十计。其宗祠之在上邑者，咸同间遭赭寇毁，后虽修复，而每值春秋合祭，子孙或适馆，或行商，或为家事羁绊，有不克襄骏奔而执豆笾者，心恒恫焉。协埙从叔父筱瀛，名祖庚，久思在新场别建一祠，而力未逮。光绪二十甲午，从叔祖雨佳公殁于沪上，族人咸集视殓，始当众倡其议。至二十八年壬寅，从叔父子欣与其弟苑春析遗产，愿各输赀备立祠款，从弟观礼、观乐亦奉母命出私钱资之。族人无贫富，闻有是举，各量力倾其囊。叔父筱瀛乃召工师度基址，征聚瓦木铁石，以经以营，风雨暑寒，罔攸休憩。洎己酉年，为堂为夹室为大门以次告成，遂请于家督舒园，从叔父名树泰者筮告。九月日，集同族，奉煦亭公以下栗主入祠。会静园、季纯两叔父在沪，与闻某姓购产事，得酹金悉举以充公用，观礼又附益之，得筹建东西厢为承祭者致斋之所，款优不足则阖族人为一会，而岁入先后归还。又拟就祠侧隙地筑殡房，俾同族有丧未葬者暂得厝柩于此。是役也，阅时至五六载，心力交瘁，始溃于成，抑何劳也。叔父日劳，我曷敢辞。我凡事禀家督之命而行，惟略效一手足之烈而已。然协埙已微窥其容颜，曰损髯鬓如丝矣。

或谓古者宗庙之制，大夫三适士二官师一。煦亭公以五品衔膺天子宠，命锡之诰封是大夫也，传至我从父行已四世，于礼宜祧。协埙曰不然，稽之《会典》，品官皆得立家庙，自祢以上皆得祀及高祖。抑程子有言，高祖自有服不祭，甚非。今之祠堂，盖适合家庙之制，与古宗庙之有寝有室者不同，而又何嫌僭越乎？抑协埙更有幸焉。自海外平权自由之说浸淫及于中国，子弟血气未定，往往弱惑异学，凌躐父兄，地义天经，泊陈殆尽。其尤甚者，冠服容止亦复背典章而效奇袤。今得瞻拜崇祠，偯然如见我祖考之德容道貌，而又从诸长者之后，是彝是训，无俾妄行。则是祠也，匪特祖宗灵爽实式凭之，即不肖如协埙亦得藉与群从及昆弟子正路,率循同获免于罪戾。我叔父创建之功德,其能一日或忘耶!爰不辞不文,谨拜手稽首,书其事于石。

若夫经始之月日、基址之坐落、屋宇之规制、工作之费用,以及某房率钱若干、某房输恒产若干,应遵汉人石刻例具书碑阴,兹故不著云。时清光绪三十三年岁次丁未十月,裔孙协埙敬撰。

(录自民国版《黄氏雪谷公支谱》第八卷)

笋里诗社

咸丰辛酉夏,笋里有诗社之举,时禾中诸诗人亦以避乱来浦东,诗虎酒龙颇极一时之盛,裒成一帙,不下数百首,惜不著作者姓名。其佳者如《闺中月》云:满身花露倚栏干,几度相思夜未阑。梦醒纱窗千里共,光摇纨扇一灯寒。弯偷眉样凭谁画,瘦写腰肢懒独看。欲与嫦娥通一问,他乡曾否见团栾。清辉如此耐谁看,未下庭除且倚栏。絮语避人方寂寂,回头见影故珊珊。蛾眉敛拜钗旋凤,蝉鬓轻梳镜对鸾。少妇不知离别恨,秋深也解忆长安。时苏常以下风鹤屡惊,而诸君者文酒留连,风流未艾,若不知世上有干戈事。

(录自黄协埙著《锄经书舍零墨》第三卷)

李平书作品选

作者简介

李平书,号钟珏,原名安曾,三十岁改名钟珏,字平书,一字君玉,号瑟斋,六十岁别号且顽,宝山县高桥(今浦东新区高桥镇)人,清咸丰四年(1854)十二月十六日出生,民国十六年(1927)十一月二十日辞世,享年七十三岁,葬于浦东二十二保二十三图高桥北印家桥。光绪十一年(1885),考得优贡生,以知县用,署理陆丰、新宁、遂溪三县事,后任湖北武备学堂提调、江南机器制造局提调、通商银行总董、上海城厢内外总工程局总董、上海城自治公所总董等职。在辛亥革命上海光复中发挥重要作用,被推为上海民政总长和江苏民政司长。在上海地方建设上颇多建树,在上海城隍庙九曲桥旁曾塑有其铜像。撰有《新加坡风土记》《且顽老人七十岁自叙》等。

诗词作品

余与仲鲁游洪山诗

闲游山寺共登峰,石磴层层径几重。
诗句纵横题古塔,涛声断续听寒松。
厨真香积尝皆饱,坐有名流兴不慵。
归路频教回首望,暮烟深处起疏钟。

和仲鲁阅兵台诗

东郭山头大纛开,尚书讲武此登台。
丹忱独抱回天愿,青眼频收戡乱才。

江汉朝宗千古逝,风云叱咤一朝来。

临坛试看冲霄气,得意王孙不用哀。

和筱濂即事诗

枕郭高峰具壮观,当年战迹剩碑残。楼招黄鹤浮岚接,寺历红羊古木蟠。江影环分三面远,湖光引到半山寒。晓烟未散朦胧雾,飞塔慵登倚石阑。白云伴侣忆当年,此日登临又结缘。消遣闲情来胜地,静观世事信由天。寒山不老供游客,遗貌长春景大贤。自昔中兴基楚北,今朝谁着祖生鞭。

(以上3首诗录自民国版《且顽老人七十岁自叙》)

平泉爱国歌

劝同胞且勿哗,听我平泉爱国歌。

自从黄帝开中国,二帝三王德政多,洎夫秦始行专制,二千余载扬其波。前年推倒清政府,改革政体称共和。大家脱离专制苦,堂堂民国号中华。吾同胞欢若何。

破坏方终建设始,纷纷政客乘时起。党派朋兴南北争,抛却国家真宗旨。无端暗杀宋先生,蓦地风云斗虎兕。独立声中一刹那,胜负终朝分彼此。可怜流血满长江,枉杀万千后生子。国脉伤,民意死,吾同胞伤心矣。

内忧未靖外患萌,欧西大战东亚惊。强邻伐虢假虞道,中立无援噤勿声。貔貅十万横泰岱,海封港兮陆结营。升堂入室由其便,将军巡按倒屣迎。莫问国防与国体,但忧家贼暗谋生。均势破,国将倾,吾同胞当为情。

前清外债已累累,我民担负实难支。况复年年筹借款,千兆万兆无穷期。但使用之皆得当,不恤力尽与筋疲。何为养兵如养贼,敲我骨兮剥我皮。何为养官如养虎,吮我血兮吸我脂。吁嗟乎。同根相煎何太急,釜中煮豆釜下萁,吾同胞曷胜悲。

而今往事休提起,万斛牢愁一笔勾。劝同胞莫相尤,且商量救国保金瓯。

我中华民国土地广、我中华民国物产富、我中华民国人民稠,兵可强兮财可足,近可交兮远可柔。吾同胞爱国还须人自爱,蓄吾德兮壮吾猷,夜卧薪兮朝尝胆,去私欲兮公理求,农工商士各尽力,心勿杂兮气勿浮,上下一致莫猜忌,破我釜兮沉我舟,民心固兮民气奋,国势盛兮国政优。到那时,吾同胞人人享幸福,得自由,不枉我今朝一曲讴。

(录自民国版《且顽老人七十岁自叙》)

平泉爱群歌

劝诸君且勿哗,听我平泉爱群歌。

方今世界重人种,同种相亲异种疏。不但异种不相亲,而且非种有必锄。泰西战事纷纷起,每因种族相龃龉。强种之人遇弱种,恍若我主尔为奴。弱种之人适强国,多设苛例相驱除。种族之间分强弱,不关众寡关智愚。智者胸怀通八表,愚者见解局一隅。拘守家族狭主义,不知社会皆吾徒。遇事欲结一团体,若抟散沙人人殊。到今国势日衰弱,强者嗤我为病夫。夺我土地如取携,剥我权利如割屠。强者与强皆联约,弱者孑立势逾孤。吁嗟乎。操戈同室何为者,亡国灭种在须臾。

吾含泪告诸君,欲保我种先救国,欲救我国在合群。合群之道人易晓,化除意见相和亲。不论甲党与乙党,不问南人与北人,五族共和称民国,汉满蒙藏回同伦。东西列强相逼处,保全疆土望国民。倘使官民不一致,难免豆剖与瓜分。同心同德胜之兆,离心离德败之因。众志成城非虚词,同舟敌国岂乐闻。呜呼! 国家存亡至危急,群策群力敢勿殷。

奈何上天降屠伯,杀戮同胞如杀敌。青年学子莘莘众,报国无方情太迫。只道心存一寸丹,那知血化三年碧。可怜燕粤楚湘间,多少冤魂与怨魄。同种相残世所嗤,彼昏不知逞戕贼。罔恤清议背人道,勿虑速亡伤国脉。嗟嗟! 天降杀运何日终,环顾人群长太息。吾闻脊令在原知急难,嘤其鸣矣求友声,奈何人而不如鸟,不知相爱反相争。吾闻兔死狐悲物伤类,中林有鹿甡甡行,奈何人而不如兽,不知相爱反相倾。愿诸君,从今共化旧恶感,怨恨胥捐意气平,往日阋墙嫌尽释,来朝御侮力相并。元首股肱成一体,政府人民无二情。共患难兮同安乐,去伪妄兮存真诚。从此内乱无自作,外患无由生,同种异种大和会,爱群之效莫与京。

(录自民国版《且顽老人七十岁自叙》)

序跋作品

《梅溪张氏诗存》题序

昔年先子与逊庭张先生为莫逆交,恒以诗相唱和。钟珏少时数见先生,其容蔼然,其气穆然,其言辞笃实而简赅。由今思之,盖温柔敦厚之旨,得于诗者深也,而特未知其令祖秋圃先生以诗学开其先。

岁甲戌,钟珏肄业龙门书院,获与先生伯子经甫君共砚席。经甫于学无所不窥,而尤长于中外舆地兵略。钟珏从而讨论者有年,而特未见其为诗。厥后创设梅溪学校,恒往参观。又与先生叔子剑城君订交,接其言论丰采,宛乎如见先生,而特未知其能诗也。己丑,需次粤东,又与先生仲子张逸槎君数晨夕。君于机器制造得锡山徐雪村先生之传,号称名家,其余事并长八法,而特未见其作诗也。上年夏间,从瓯东探矿回,出其所作古风见示,俨然斲轮手矣。谓君固习此,何閟藏之深也。今君裒集其一门之诗,自秋圃先生以迄剑城君,而附己作,名曰《梅溪张氏诗存》。钟珏受而读之,虽篇什无多,而皆有抒写性情之概,诵其诗,可想见其为人也。

当前清乾嘉之际,东南文物最盛,几至家弦歌而户诵吟。故稍通文义者,鲜不习为韵语,未尝有求知于人之心,亦未必希望于后世之传。沿及道光之季,此风未沫。迨咸同间遭乱,而东南数省糜烂无完肤。士生其间,谋生计且不遑,何暇吟咏。乱平后,稍稍复起,几有少见多怪之情,不问其能合于温柔敦厚之教否也,其诗虽多,徒增人厌恶耳。今读张氏之诗,固所谓不求人知,不希望于传后者,乃后之人珍重之,不与世俗所刊诗稿等视,亦曰其中有真性情耳,合于温柔敦厚之教耳。世之揽省,当不河汉斯言。

(录自民国版《且顽老人七十岁自叙》)

黄炎培作品选

作者简介

黄炎培(1878-1965),字任之,川沙城(今浦东新区川沙镇)人,清光绪四年(1878)九月初六日生,1965年12月21日辞世。清末举人,曾就读于南洋公学(今上海交通大学)。同盟会会员。辛亥革命任江苏省教育司司长,江苏省教育会副会长,江苏省议会议员。1917年赴美考察,回国后在上海创立中华职业教育社,任理事长。抗日战争时期,曾任国民参政员。1940年底,参与发起筹备中国民主政团同盟。1945年访问延安,著有《延安归来》。同年底发起筹组中国民主建国会。1949年出席中国人民政治协商会议第一届全体会议。中华人民共和国成立后,任中央人民政府委员,政务院副总理兼轻工业部部长,全国人民代表大会常务委员会副委员长,政协全国委员会副主席,中国民主建国会主任委员等职。著作有《新大陆之教育》《考察日本菲律宾教育团纪实》等。

诗词作品

里居主修川沙县志日课一诗六首

(1934年1月)

(一)

安得松阴昼掩关,读书坐拥海云闲。

冷观世变寻因果,远屏尘嚣谢往还。
索悟玄之又玄外,全生材与不材间。
抱残何惜翻□役,少长相携此展颜。

（二）

颇讶悬车竟杜门,只因伏案禁窥园。
林坰日落留云久,水榭童归剩鸟喧。
垆子红泥春自在,汤婆布被夜温存。
草堂晨夕从头数,国故家常□一樽。

（三）

久客还乡不当家,忍从劫后问桑麻。
先人名字陈编泪,早岁风波泛海槎。
残隶熹平摩汉石,初春东野赏山茶。
童年消息留心影,说与西风雪鬓斜。

（四）

历劫金丝璧未灰,登堂一为笑颜开。
即今蓬累方闻士,自昔萧条异代才。
独念回天投责大,何须斫地放歌哀。
艰难海曲求文献,家国愁肠日九回。

（五）

猿鸟风云郁草堂,干戈冰雪梦河湟。
时危谁蓄三年艾,日蹙何只百里疆。
九仞高从平地起,百川细纳众流长。
安排宇宙吾徒事,国族于斯敢助忘。

（六）

乔氏成城靖寇氛,钦公捍海亦奇勋。
百年生聚弹丸小,一卷丛残载笔勤。
南北东西才暖席,黄吴蔡艾早修文。

蓬山东望风波恶,隔岁惊辇匝地闻。

(以上6首诗录自《黄炎培日记》)

题沈肖韵姑丈遗像并序
(1929年1月25日)

问川沙近百年来文化中心,必推我姑丈沈肖韵先生家,先生禀承家学,器识文艺,为时推重,与物无忤,对之如饮醇醪。甲午后锐然以新知授我后进,兼倡实业,今滨海万家,机声亘日夕,皆先生所手创,而未及见,并未及料者也。炎培二十五岁前寝馈于先生书斋,受教最早,印象亦最深。世运迁流,重思旧德,低回无极,敬题一章,缀于遗像后幅,付吾表弟湘之、本强昆季藏之。

上德故不德,土风化清嘉。至誉故无誉,举火待万家。先生云鹤姿,圣洁心无瑕。天资秉纯厚,世胄承清华。金石无尽藏,富甲江南夸。众觚识急就,百城拥周遮。小子日夕陪,绪论拾齿牙。检卷执绛蜡,学书涂墨雅。于学无不窥,余事篆龙蛇。胸中青白眼,于人慎所加。斯时俗尚淳,新知方萌芽。偶输邛竹杖,未摘黄台瓜。甲午海水飞,投笔逐怒笳。归来长太息,伊人卧苍葭。滨海红女多,素手翻轻纱。纤纤乞针巧,轧轧鸣机车。沧桑弹指间,良田成聚沙。一堤苍波卧,千笠红日斜。白圭善审时,去取人我差。谁知卅年后,万户乐桑麻。荒荒汉石经,室迩人已远。墓门柏盈拱,庭阶兰发葩。小子百无成,披图空长嗟。

寻梦
(1932年10月31日)

壬申秋莫顾冰畦(次英)、张心九(尚思)、张伯初(志鹤)约余为三十年寻梦之游,假松城醉白池设宴,为步惠廉教士寿。盖吾四人者三十年前以演说被嫌倡革命,濒受刑而获救。救者谁?步公是也。赋谢。陈陶遗、钱选青、张啸眉、毛子坚、叶汉丞作陪,兼答陆规亮有赠。

海曲霜飞六月囚,梦回人醉五茸秋。
重阳节去犹黄菊,三十年来未白头。
楼上豪情长卧隐,云间赋闲老风流。
劫灰冷后何恩怨,塔外钟声兀未休。

吊吴淞

（1932年6月5日）

百里吴淞草不春,可堪黄海倦游身。
小东杼柚拼孤注,极北关山尽虏尘。
贾传书成惟有泪,绕朝策在岂无人。
乱离那许从头说,但见沧江战骨新。

中秋携家人泛西湖简友人四首

（1932年9月15日）

（一）

斜阳微雨洗层霄,午夜云开玉宇高。
冷绝四山齐入睡,厌闻弦管隔船招。

（二）

一抹云罗束两峰,声声哀雁散秋空。
更无人识雷峰塔,只在诗翁想象中。

（三）

去年湖酒不曾沾,今岁孤山鹤不孤。
差喜成囊诗料足,来源一半是西湖。

（四）

曾向吴山说剑来,新诗封送故人开。
汉家东北烟尘里,盼断乘鳌海客回。

怀梅庵梅二首

（1926年2月16日）

（一）

骨格清从天赋，芳馨幽绝人知。
谁觑东君爱护，未愁雪压霜欺。

（二）

鸟缩僵拳不语，溪扪坚腹无声。
一片冷清清地，数枝墙外峥嵘。

横沙筑堤健保坍祭海若作

（1926年10月25日）

不知东海几扬尘，眼底沧桑小劫新。
高岸岂胜陵谷恨，横流谁舍檋櫐身。
桃源世外愁无地，袒褐芦中问有人。
此意天教劳者获，秋阳皎若告明神。

述百年来浦东学派

悼秦丈砚畦兼示顾冰一、奚挺筠、张伯初、沈湘之、秦翰才、姚惠泉、顾向文诸子及济北家兄、孟超侄。

（1940年6月20日）

歇浦一衣带，中外寰瀛通。其左蔚人文，百年学有宗。渊渊舒艺叟，学海尊主峰。熹平沈氏石，父子玄与同。香草说群经，建义奇翻空。西奚与东顾，相尚拾残丛。无忌似其舅，书楼坐苦聋。粲粲诸门子，百里交萝松。川广非一源，回合光昭融。其间有大师，矫矫温毅翁。于学无不窥，浑灝真体充。课实以致用，一时靡然从。我既师颖滨，进乃识长公。长公朴学者，砚田一劳农。苦学如苦耕，乐岁非幸逢。穷年治乙部，鲁叟志弥缝。兄弟补晋书，发愤谢雕虫。坐令十七家，家家成附庸。既珥兰台笔，遂听鄂渚钟。一官非所志,斗米腰折慵。父作子述之,鹿首回五茸。世尊秦氏学,非徒文采丰。用以泽邦国,经济罗心胸。三林学舍成,百千莘莘童。农田曷兴利,岁岁勤水功。有院曰课勤,题桥记遗踪。蒸蒸式善俗,教孝亦教忠。温毅始创之,继起如日中。杨氏毁其家,立校曰浦东。绸缪三十年,以始亦以终。白下始议政,啧室见和衷。问谁故实谙,谢彼诡辩雄。一方饮公醇,有守兼有容。民劳思小康,相期慰喁喁。嗟嗟余小子,累代嘘春风。自公之归矣,一乡首群龙。忘年不自知,略分滋益恭。有役靡弗与,相负若蛩蛩。因知天地大,滔滔春流洪。内外郑斗蛇,东西洛应铜。一隅复何有？莫补四海穷。东邻国狗瘦,恶浪翻秋淞。一哭二陵骨,再断江汉鸿。凡兹战血碧,尽入襟痕红。西行何间关,足音亦已跫。有作苟成囊,必以烦邮筒。最近得公诗,琢句老益工。入学六十年,何地寻辟雍。结褵六十年,恩情皓首浓。有家不得归,垂暮遭闵凶。讽诵未终篇,奉赴泪湿封。公寿已绵绵,公去何匆匆。汶上终返田,蓬山且挂弓。公魂去不还,梦断峡口篷。兴亡俄顷间,后死责万重。战酣哀绝涕,客久愁入醲。公德我所尊,乡学我所崇。相思不相见,余子悲萍蓬。诗成急投空,敌弹訇遥穹。

（以上11首诗录自《黄炎培日记》）

序跋作品

《庐山——中国名胜第二种》弁言

（1915年2月）

民国三年三月,余以考察教育至九江。遂游庐山,恃顽健之腰脚,芒鞋竹杖,不假篑舆。周历诸峰,穷探胜迹,欢喜赞叹,莫可名状。同游吕君天洲,携摄影镜以从,欲摄其面目以公诸世。游既讫,得如干片,为题而付之珂罗印,并志大略。庐山北瞰大江,西临彭蠡,南属星子县,北属德化县,九南铁道绕其西麓。昔人评为博大雄奇四字,信足以括之。盖峰峦横溃,各为尊高。四时烟云蔽亏,不可方物。故竭古今文人墨客之才,咏歌抒写,终无以尽其妙。

二十年来,倏焉大开放。东南名胜,一旦广鲁于天下,以高人嘉遁之窟,仙灵来往之地,忽变为五洲裙履环荟杂沓之场,不可谓非庐山景物一大革命。此其故可得而言焉。当有清光绪中叶,有美国人李德立者,向庐山某秀才以银百圆购地一方,不立界址,用李名向官厅纳契税。官厅谓是华人李姓德立名也,允之,既念其误,大悔,亟与交涉,无效。久之,案阁置,外国人乃续续购地,是即今日牡牛岭租界所由来也。此牡牛岭租界居留者之国凡七,英、法、德、美、意、恼威、日本,而俄则别辟地若干为界。今之游庐山者转以是地为中心矣。自九江至山北麓莲花洞,凡二十五里。自莲花洞上山至牡牛岭,凡一十八里。外国人于九江、于莲花、于牡岭各设公司,备有藤轿挑子,迎送游客。欲雇者向之售票,规定上山或下山一次,每轿一乘,银二圆四角;每一挑子,银六角。牡岭食宿机关林立,百物准备,设入山深,则五大丛林皆可投宿焉。志庐山者,明桑乔有《庐山纪事》,清吴炜有《庐山志》,厥后星子县令毛德琦,取两书会合增补,别成《庐山志》,九江市肆有出售者。图则仅于毛志得写景画如干幅,不足据,亦未见有实测者。

(录自商务印书馆1915年2月出版《庐山:中国名胜第二种》)

《川沙县志》导言
(1936年1月)

述本志纂修经过与微旨,本县大势与略史。掇拾里闻,余幼好此。长而驱驰海内外,不自量度,辄思于国于群,稍稍有以自效。对吾乡川沙,虽尝数度服务,为教育,为教育行政,为筹备自治,类皆月计有余,年计不足。此外仅趁岁时归省,供里老咨询。至于收辑一方文化、经济、政治诸掌故,与夫其地其人其物,悉所见闻,勒为成书,垂之弈禩,匪不感发兴趣,辄复不知老至,留为后图。乃者吾川沙父老兄弟殷勤督责,于情于义,两匪敢却,则遂窃取余闲,勉肩斯任焉。

本志创议,远在民国三年。陆丈蘅汀炳麟,实为兹事始终惟一努力者。是年二月,呈获方知事仰儒鸿铠批答赞许,指拨经费。四月蘅老被委主任筹备,至四年四月,炎培游美初归,被聘主纂。被邀集议:第一,断限问题。佥主上承光绪《志》,始自光绪五年,终于民国纪元四年,则清末及民国初元之变革,皆可编入。第二,门类问题。蘅老袖出南汇奚君挺筠世干所草,供众参考。议略定,分职进行,具详《职名》及《叙录》。斯时致力最多者,蘅老外,协纂张君伯初志鹤,分纂族伯父平斋琮、吴丈恭之福梓、蔡君崧甫宗钦、艾君诵勋曾格、陆生叔昂培亮,而丁丈安卿世仁亦致力焉。伯初兄更携访稿乞正于上海姚丈子让文枏,又以吴江凌君文之昌焕、吴君和士家煦,精博物学,携《物产》访稿就正。斯时炎培仅参与讨议,访稿弗齐,未获从事也。志乘取材,非可向壁,一部得自调查,而大部录诸档案。清末当新政未兴,地方政务既简,档案尤阙而不详。致规定断限三十余年间,前后详略大异,材料总额,殊感不敷。至民国十七年二月集议,虽访稿仍未交齐,就已交者一加估核,相顾愕眙。尤以民初十余年来,或革或创,凡诸建设,既繁且密,手自辑录,究比若干年后旁搜追索,其致力难易不同。乃决议展长断限至民国十五年为止,改定门类,重加采访,佐以实地调查。二十三年一月,炎培始共伯初兄假东南城观澜小学文照堂整理访稿,扃门从事者七日。二月,复假西北城真武台连城别墅扃门四日。嗣是寒暑休沐,一获暇晷,相约从事,至二十四年十二月,甫告脱稿。二十五年一月五日、六日、七日,邀集地方长官父老兄弟,公开阅览,以乞纠评,既毕付印。

　　此两年来共晨夕者,蘅老外,陆逸如丈家骥,济北家兄洪培,叔昂弟,季君侗凡国器,而陆君仲超培荣,朱君敬熙景熹亦与焉。文照堂、连城别墅,皆赵君增涛文照手建,尤堪纪念。惜始事之平斋伯,恭之丈,安卿丈,崧甫、诵勋两兄,乃至子让丈,先后物故,不及观成,良可悼怛。命笔时,苟有疑义,必质之蘅、逸二老,五十年故实,烂熟胸中,二老其川沙之字典乎?匪惟字典,直是九通。述本书内容,不能不先述川沙略史。川沙有城，自明嘉靖三十六年始。其有专官，自清乾隆二十四年设海防清军同知始。其划定区域，设行政官，自嘉庆十五年分上海、南汇两县地，设抚民同知始。其改县自辛亥光复始。当明末清初，筑城设官，惟一要政在防海寇。其后地方渐告安堵，人口繁殖，以耕垦为生，时苦狂飓高潮，为秋成大梗，则以修筑海塘为惟一要政，故海防清军同知之责，在专管上南海塘。滨海新涨，土最宜棉，塘高沟深，屏蔽乎其外，潴泄乎其内，我川沙人直视为第二生命。读本书《工程志》，浚河修塘，几于无岁蔑有。清末新政，竞兴教育，兴一切公益，然根本要图，何敢忽也。

三百年前，城以防倭，今城隳矣，而海氛又恶，国难方长，后此为我川沙谋者，农以养之，校以教之，苟不日讨邑人而申儆，合力自卫，以卫国家，前明末叶之大患，其何能免？或且视前更烈也已。编方志必先立大事表，余主此甚坚。史之为用，明因果而已。一般方志，偏于横剖，而缺于纵贯，则因果之效不彰。必将若干年间事实串行焉，其同时者并列焉，以玩其彼此先后间之消息。又况人群社会，经多方演变而成整个组织，交通频繁以后，各方相互间之关系益广。一地方之治乱盛衰，往往根于其国运，苟地位特殊，或且进而随世界大局以为转变。治方志者仅仅着眼于所在一隅，而不驰神全国乃至全世界，则所窥见之因果关系，必失之偏隘，而莫能真确。故一县乃至一省之大事表，必取同时国内外大事并列，以广参证。今之方志体裁，用表者较少。其或有表，类皆限于建置、沿革、职官、人物、选举数门，有人表无事表，有分表无总表。若雍正《深泽县志》、道光《巨野县志》，皆有编年，但志而非表。万历《安丘县志》之总纪、乾隆《曲阜县志》之通编，亦皆编年志类。惟乾隆《固始县志》，成于洪北江亮吉手，乃有大事表。而光绪《昌平州志》为缪小山荃孙创例，则亦有之，若嘉庆《海州志》、道光《武陟县志》、同治《宿迁县志》、光绪《睢宁县志》，亦皆有沿革记事表。而要未有取国内大事、世界大事供参考者。此盖百年以前主方志革命之章实斋学诚所未及抉发者。温公《通鉴》，先作《长编》，其《与刘道原书》，谓长编若成，虽正史遗逸不足患。兹于本书试为之。苟从事纂修方志者一一为之，后之人踵而行之，从此旁参互证，必且于编年正史以外，蔚成史学上绝大之贡献。本书各志，皆先以"概述"，有类实斋所为序例，而实则不同。盖重在简略说明本志内容之大要，而不尽阐明义例也。将使手此书者，读概述后，进而浏览全文，其繁者可以用志不纷，其简者亦将推阐焉而有得，或竟不及读全文而大致了了，此亦余所期期以为不可无者。本书断限，既定民国十五年止。下距脱稿八九年间，又积成若干重要材料，弃置既觉可惜，戛然中止，又为叙事所不许。杜君卿《通典》，止于天宝末年，而亦因便叙及天宝以后事。先例具在，命名"赘录"，赘于每事之末，亦使续修者省检查档案之烦焉。

人群两大中心，曰经济，曰文化。川沙五十年前，人民生事，农而已矣。有副焉者，厥惟纺织。机巧淳兴，徒手失利，年龄壮盛者大都趋上海从事工商业，妇稚家居，无所事事。爰有先觉，别授女红，取之宫中，贸之海外，载我以往，制彼之来。当全盛时，一邑岁入，百万圆而未已。家家压线，夜夜鸣机，僻巷穷村，皆丝其衣，金其腕，一时繁荣，得未曾有，凡工，始创则争烈，争烈而制精，制精而广销，广销而滥造，滥造则业衰，故实业行政重检验也。立法未周，良机已逸，欧陆销兵，市场变色，今所存者十之一耳。此亦偏隅感受全球影响之明征也。川沙壤地小，设治新，文化植基未厚。校理艺文，殊感寥寂。然世家乔木，石室遗经，绌于量非必穷于质。方邑人之倾诚以迎新文化也，一时弦歌遍于乡曲，有财者输财，有力者输力，苟为公益，咸乐解囊。观《教育志》私人捐资兴学一览表与《工程志》私人修建桥梁道路一览表，热烈之诚，足以敦薄廉顽，迄于今犹未衰也。然如宣统三年自治风潮之猝发，兹事大可寻味。濒海民风，向称桀悍。方事之殷，一夕数惊。曰某日将火某宅也，某日将毁某校某公所也，既而皆然。问何为？曰反对新学新政也，曰新学新政之苦吾民也。问苦若曹者何事乎？何物乎？皆瞠目莫能对。官治弗仇而仇自治，其为煽诱盖亦章章。然试精讨之，民之受愚也诚可怜，要其猛烈率直壮往之气与力，苟善导之，固大可用也。董地方者之心诚无他，然以急于求治，严于去恶之故，迫使宵小无所容其生，相与铤而走险，此施政之方术，固大有反省之余地在也。合而观之，壹皆足以表现川沙人之特性。本书奋我直笔，类此重要文件，全录以存真象，绝无丝毫掩饰于其间。

　　读《财赋志》末诸表，民国元年全县税捐总额仅七万六千五百七十五圆耳。至民国十五年，乃达十三万八千八百八十，视民元几及一倍。至民国二十二年，乃达二十四万五千七百六十八，视民元竟逾三倍。今后民力克胜与否，大宜虑及已。本书关于赋税，皆赖前知事方君仰儒之指示。而尤可感念者，清末地方人士，例不得闻衙署出纳，君方襄川沙厅幕，精熟钱谷，光复之前，既尽掬内容以告；及受命主持邑政，兴利剔弊，化私为公，人民受益于不知不觉之中，匪可以数量计。斯则我川沙人士永矢弗谖者也。 觇国者苟仅觇其震铄于外表之文物声容，无从知其国之真象也。觇一邑亦然。苟欲深切探求一般邑人之思想与其性情，则语言、风俗、歌谣其尚已。本书于方音方言，既略加研索而著之于篇。更以努力采访之结果，对于风俗，尽情描写，又辑入歌谣九十首。苟以迂谨的礼教眼光观之，或且讥为有乖大雅。不知此正底层社会思想之表现，得此才见民俗之真。本书态度，既主无隐无饰，何必为我乡人讳。《诗》三百篇不废郑卫，于此见孔子之达识与雅量。 有细微处附以报告：《人物志》诸传不写年龄，写生卒年；《选举志》同光间诸生表，一百九十人，姓名外写别号无一遗漏，此以见采访诸君不苟之一斑。 顾我深有感者，《人口志》宣统二年调查人口得十万零四千九百七十六，至民国十五年得十二万四千二百七十三，计十七年间，增百分之八强；至二十四年，得十四万二千六百五十一，计九年间，增百分之七弱。 此统计诚未敢遽以为确，然有一点可深信不疑者：川沙、上海间朝发夕至，自上川铁路通车，一小时即达，于是上海成为容纳川沙羡余人口之绝大尾闾。论其量，则数之大，以水木工人为第一，他业亦类有相当地位。论其质，则无论以知识、以劳力，凡能自食，或因以起家，百分之九十以上皆恃上海。夫以逼邻上海之故，人口有余则移之上海，职业无成则求之上海，吾中华全国如上海者有几？全国一千九百三十县，其逼近大都市如我川沙者又有几？哿矣百中一二，其奈此绝大多数何？即以川沙论，花边毛巾销路之式微，则女子停工者多矣。建筑工程之锐减，则男子失业者多矣。川沙人民生计之艰难，将与上海市场之衰落为正比。

重以国家多难，"一二八"兵刃之凶锋，川沙不与宝山、嘉定、昆山同其糜烂，亦幸耳。后此能长徼天幸耶？以社会哲学之眼光观之，世界最后之归宿，惟"不了"二字，此《易》之所以终《未济》也。虽然，天佑自助，事在人为，凡吾国人，苟于自治治群、自养养人、自卫卫国三大端加以绝大努力，则民族复强之期，正不在远。我川沙人读此志，瞻前顾后，其尤当悚然惧，蹶然兴也已。炎培不学，随诸父老兄弟后，奋为此役。诚以我川沙小小之区域，短短之历史，未敢以辱当世大人君子。然犹欲稍稍试行我对于方志之主张，藉以求正有道。幸荷不弃，大加匡诲，摘其谬误，绳其阙失，炎培随诸父老兄弟后，谨受教。民国纪元二十五年一月，黄炎培撰于川沙真武台连城别墅。

（录自民国版《川沙县志》）

《黄叶楼诗》序

（1948年5月26日）

刘三长余一龄，两人先后入上海县学，然未之识也，清光绪二十九年，余以演说诋满政府被捕，亡命走日本，始相见东京，寓楼共晨夕累月，剧谈斗诗酒，意气不可一世，既而君归，就故里华泾创丽泽学社，延余执教。无何，广明小学浦东中学先后立，余实负创始责，君执教焉。君之逮捕于上海租界捕房也，事发仓卒，深夜得报，惧立解满政府也，惶怕无所为计，凡吾人所为，闻于名公巨绅，类无不掩耳走者，计惟邑绅君之叔子瑜先生增祥隐华泾，夙爱护后进，对余尤青眼，第平时从未以闻，事急，姑一试。华泾僻处黄歇浦南，去沪市二十里，时未通车马，无已，孤身踏月行，既达，砰砰然叩门入，先生大感动，天明，偕走沪营救，事获解。清社既屋,君洒然归,眠云栖鹤,百弗闻问矣,而贫滋甚。君家黄叶楼下,故有小圃,莳花,四时饶色香,则栽之瓦盎,列沪市西南斜桥大道旁,君短衣斜笠晴雨中,卖以自活,事绝雅,然太可怜,而君初不以为意也。顾贫乃益甚,则重复执教南北诸大学,与余踪迹寖以疏矣。君雄于诗,余则绝少作,作亦多不自慊,中年饱桑海,浪迹国内外,乃恣泄之,而以契阔故,甚少与君唱和。日寇陷京沪,余漂泊西南间,某夕,友自沪至,则君下世矣,大悲怆,终夜不能寐,成一律,缀以长跋,刘三乎! 安得复就灯下倚醉共推敲也! 既东归,繁霜泫然出此稿见示。噫! 此戋戋焉谓足概君之诗耶! 君之诗谓足概君之为人耶! 君为人外狂而中实狷,天性豪迈俊爽,而以养以长于淳厚端谨和蔼之家风,此所以侥幸其思而危其行也。读君之诗者,乌可以不知君? 中华民国三十七年五月二十六日黄炎培。

(录自民国《人文》复刊第二卷第一、二期)

杨斯盛先生言行记

（1908 年 5 月）

乌乎! 先生逝矣。世人所震惊而崇拜之者,徒以毁家立学故,而不知生平嘉言善行,多卓卓可传于世。即其立学也,自创议迄成立,其间层累曲折,弥见苦心硕画,其对校诸生挚爱之,虽其子弟不若。盖先生于教育,于凡公益事业,雅具热心宏愿,初非浪掷金钱,博隆誉者。炎培朝夕侍先生;又被命经理先生所手创之浦东中学。虽不文,安可无所记述,以示校诸生;且播诸世,俾咸有所风乎! 先生字锦春,斯盛其名,川沙之清墩镇人。早失父母,无力读书, 乃业圬。年十三,至上海,浮沉十余年,善为人解纷难,所至魁其群。 三十后,稍稍有所蓄。然至殁日,核所有,未逾三十万金耳! 岁甲辰, 先生营别墅于租界蔓盘路。既成,命炎培及顾君冰畦,张君伯初,筹设 广明小学。明年,六月,先生乃言曰:"教育为救时唯一方法,斯言良信。余蓄志毁家十余年,始欲毁诸慈善业:立川沙家祠,将广置田,为赡族计;顾念董理往往无善法,子孙一不贤,祭田,墓木,纷纠无已时。今以立学校,方无憾;第余不学,校务一以委君等,经济余任之耳!"乃决议捐十万金,先于广明小学旁设师范讲习所。后乃办中学,及他小学。购地筑舍,数阅月事粗就绪。

一日,先生谓炎培曰:"事大危!内之家人,外之戚友,族党,无不訾余为狂,为中蛊。苟余志稍不笃,且为所动。君等其好为之,嘻!"明年,四月,学使唐公景崇莅校,盛奖先生,谓:"热心所未尝见。"无何,有人自京师介某君,驰书索先生行历,谓将乞部臣上奏,行且得上赏。先生笑曰:"办学,乃以博青紫耶?"命炎培婉辞谢之。不数月,而唐公之请奖奏书,腾中外矣。是年冬,师范生毕业,先生赠词,谆谆以计较束脩为大戒。谓:"苟教员一计较束脩,必大增生徒学费。无力者,就学益不易,坐是教育无普及望,于心安乎?"丁未,正月,中学开办,先生特悬勤、朴两字为宗旨,以训诸生。自是始业,休业,凡有会集,必登堂演讲,特注重生计,而归本于爱群,爱国。抑不惟以训诸生而已。月必一召集六里桥乡民,与之讲谋生之难,读书之必要。盖先生以艰难劳苦为生涯,又出之以血诚;故一临坛,辄不觉其言之沉痛切挚而动人也。先生故多病,貌清癯,若不胜衣者。尝谓炎培曰:"余于校务无他憾;但憾未能悉免诸生学费。苟天假余年,以余工业,商业上之基本,之名誉,岁入且巨万,誓必悉以付吾校及其余公益。"盖先生比年来,遇公益事益醉心若狂,岁乙巳秋,滨海大风潮,淹杀居民无算。先生倡议募巨金为之赈;且修筑海塘以善其后。持捐册,语其同业曰:"捐金最多者,例首列。余愿出三千金;第余必以力迫君等,列名余之先。"卒募成二万数千金。土木工业之筹款立公所,兴学校也;某夕,先生大宴同业于沪北酒楼,召炎培往,为之演说;先生从而风劝之。时喘疾大作,先生且喘,且语,且呕血。同业大感动,集成开办费二千金。江浙路事起,先生开公所,遍召同业,敦请名人演讲;复力疾登台,风以大义;语愤烈,喘益急,立不能支,则坐而言。其忘身殉义,类如此。去冬,南码头居民,为路政局抽渡捐闹事,集众至数千人,毁捐局,及诸董事屋。官督兵至,毁官舆,且与兵抗;势汹涌,不可解。时先生养疴六里桥别墅,闻警,飞舆往,登高阜,挥使散。众谓"苟先生命矣,复何言!"一哄去。翌日,先生开宣讲所,大集乡民,责其无状,晓以利害,众意大解。先生以为抽捐兴路政,大善事;乡愚不知,为可怜耳!是宜先予以利,乃集同业,捐万金,筑洋泾、董家渡、六里桥南诸路,惠行人,释众惑焉。今春先生病发益数且剧,犹语炎培曰:"苟体少强也,当亟了诸事,明春约数同志,为日本游。西医谓:'余病不远游且不已!'"后益剧,自知不起,亟亟理家事,惨然呼炎培近榻语曰:"余固知吾校基本金六万之未足支也;冀天多假余年,俾力少纾,将有所大拓;今已矣!余死,君复安从募金者?则且勉倍曩数,冀余死后支此校者之苦少杀耳!第中学诸生,学费当少减;余浦东人也,浦东诸生,学费当益减。君乎!其偕诸校董,勉持此校哉!"遂以四月三十日,午前十一时二十分长逝。

悲夫!悲夫!临殁,犹谓校中黑板,宜改良也。悲夫,痛哉!先生不多识字,仅能阅普通笔札。然吐属恂恂儒雅。年三十后,令友人授之读,暇则琅琅背诵,事颇为人所称道。能操英语,识欧美人颇多;尤与英人阿摩尔思善。先生尝谓:"交阿二十九年,凡余所为,其大者,无不咨以行,阿君子人也。"德人麦顿思者,初与先生共经商。后失业,返国。一日,先生忽遇之道,为状良困,立出银五百两俵之。其笃旧如此。又绝爱才,商工界人,苟有一艺长,辄投之资,俾有所营以自见,或且贷与之,使为已资本,以共享利。若是者,不一见焉。先生与人谈,无疾言遽色。出入,进退,有定处;衣履整洁,未尝见纤尘,虽病亟,不改常度。论事先沉思,思定,直截下断语,无少凝滞。富于记忆力,道数十年前事,历历不爽。善综核,于商工业,凡有计划,精确无伦。其治家财也,囊无私蓄;日有所需,必咨守藏者而取之,且一一笔之。与人约,不失时。从善如流,疾恶如仇。独自以失学,故遇士流,敬礼倍至,多曲恕。先生家产,三之二既捐入本校。其余若创建南市医院,若改筑严家桥,以及浦东西各学校,各会社,多有所资助。有已出资,而以他人名名者。川沙之青墩,上海之六里桥,所为公益业,慈善业尤巨。殁前一日,命以横沙田数百亩,捐入浦东题桥市课勤院。以宗祠田租,给族子弟学费。嫂二,弟一,咸给养老金,遗其子孙者,十一耳! 惟训后人,无男女,必入学读书。储巨金以勖之,著遗训以垂之。呜呼! 胜传家满籯金矣。炎培之识先生,以癸卯三月,时方筹创川沙小学,慕先生义声,踵门请;先生慨然,立出三百金。是夏有南汇之狱,偕顾君,张君,流寓海上。先生阴资之,使东游。返,复馆之家。计自纳交先生,六年之间,昕夕计时事,或上下今古,臧否人物,兴之所至,辄夜分不倦。于校务,凡炎培有所建白,靡不从。以先生之明,而于校用出纳,从勿屑屑较。亲逾骨肉,而尊为上宾,先后如一日。以炎培不才,犹被信且礼如此;弥觉先生之待人诚且厚。而先生固自负营工商数十年,友辈无有负余者。尝窥先生生平,其得力处,在明决二字。遇是非,利害,灼然立办,无所惑。其眼光之远,其脑力之锐,皆大过人;乃复行之以毅力,不局于方隅,不囿放成迹,平居自语,凡事想到,必做到。殁前一日,犹以此语人。盖观其所建筑,浑朴而坚久,可想见其为人矣。凡右所记,务详实无文饰;不敢文,亦不待文也。戊申,五月,黄炎培谨记。

（录自1926年《浦东中学校刊》）

游记作品

游颐和园记

（1911年7月30日）

颐和园者,孝钦显皇后耄年,倦于勤,移海军费,筑以自娱者也。地傍京师西北,就玉泉山下圆明园故址而拓展。岁辛亥,实孝钦晏驾之第三年,以中央教育会故,淹于京师,同人相约往游。先期,陆君规亮,以同郡吴和甫之绍介,索得外务部招待券,人各一枚。园禁严,求入者惟二法:一则赇阍者以利,一则携是券验而后入。前法无时日之限制。后请就月之初五、十五、二十五不行,盖是三日特许外宾游览。而所谓招待券者,其名义上固以外部之委托,入园招待外宾游览者也,非自游览也。

时为闰六月初五。沈君信卿、蒋君季和、袁君俶畚、杨君月如、贾君季英与余及陆君而义。晨七时出西直门,行十余里,至海淀饭。又行五六里,则园至矣。先抵园门外外部办公处,由部遣浙人王君子谦率苏拉二人导以游。入门,门东向,外榜颐和园三大字,内为仁寿殿,肩弗使入。但见朱其栋,琉璃其瓦而已。绕殿而左,得门南向,榜曰玉澜门,其内曰玉澜堂。苏拉告余曰:孝钦临幸时,自居东寿堂,是堂以居德宗帝后,而仁寿殿以朝百官者也。一回顾,则湖水澄碧,西山如笑。亟舍之,绕玉澜堂循湖行。岸皆石甃,凿墙为穴而实以灯,封以五色玻璃。计夜游时,繁星万点,璀璨倒映,为大可观也。折而西,抵乐寿堂,富丽出玉澜上。堂肩弗使入。就隙窥之,御榻屹然,上覆一黄绫,所以舒宵旰劳者,可想见也。西行长廊百丈,尽处曰排云殿。供孝钦像,尘封矣。殿面湖而背山,自其后拾级上,曰德辉殿。时天热众渴,以小银币五,购西瓜一枚,剖食之。不知当彼其时,臣下有能就殿食此瓜者,其荣宠为何如。德辉殿之左右为石梯各一,长殆百级。既上,于其西得石坊一,铜亭一。亭雕镂精绝,自础至顶,无弗铜者。于其东,得一屋,榜曰转轮藏。旁建二塔,以手推之,能旋转如人意。两塔间石碑一,御书万寿山昆明湖六大字。德辉殿之正北曰佛香阁。当山半矣,岩洞玲珑环绕之。翘首望,最高处曰众香界,不获上。乃穿岩洞曲折以下。出排云殿,再循长廊而西,曰鱼藻轩。轩后高处有楼,曰爱山楼。

楼前有亭,题曰山色湖光共一楼。复循廊行,尽处得石艇一,长十余丈。当湖西北隅,泊亭艇,为楼二层,层各前后二室,中为梯。登而啜茗,既换乘小艇,荡乎中流。湖心有岛,自其后上有堂,曰涵虚堂。堂前有祠,曰广润灵雨祠。西望隔湖有桥,有亭,有田圃。玉泉一峰,峙乎西北,西山自远缭绕之,皆弗可即。自岛之东,渡长桥以达岸,桥长约五十丈,为孔十有七。缘岸以北,有石坊一,题曰延旭,有铜牛一,上镌圣祖御制铭。返至玉栋堂,入门,东曰霞芬室,西曰藕香榭。堂则德宗寝宫也。堂后为宜芸馆,则隆裕后寝宫也。然差俭矣。宜芸馆前之西,小楼三楹，题曰夕佳。苏拉指其下一室曰："此先帝更衣所。"其上一室曰批折处，室方丈余耳。 给苏拉人各两银圆，辞出。所至未及园十五，所记更未及所游十一。 而一时之物力，与先朝教养之隆，要大略可睹也已。

（录自《黄炎培日记》）

[演说作品]

从鲁迅之死说到中国民族性

（二十五年、十月、二十四日）

（黄任之先生讲，张雪澄笔记，有删节）

距今五天前，十九日的早晨，有位被人称为新文学家的鲁迅先生死了！我与鲁迅先生无一面之缘，也没有通过信。不过鲁迅先生的作品我虽没有全读，也略有读过的。现在鲁迅先生死了，所谓"盖棺论定"，是很值得我们注意的。今天我就把鲁迅先生的一生来研究一下，以供诸位的参考。

鲁迅是位文学家，他在文学上的地位究竟怎样，且让文学家去研究。鲁迅的文学在中国怎么样，在日本怎么样，在东亚怎么样，这且让文学史家去研究，我今天所要讲的，是鲁迅对我们国家民族的贡献及其影响。

鲁迅今年五十六岁，浙江绍兴人，姓周名树人。小的时候，他的母亲姓鲁，从他的作品《兔和猫》里，发现他的母亲叫他"迅儿"，这是他笔名的来历。他生于公元一八八一年（光绪七年），十八岁入南京水师学堂，后来转入矿务学堂。毕业后留学日本，进仙台医学专门学校，但对文学极有兴趣。他的思想，旧的方面，有很好的旧文学基础；新的方面，又受了科学洗礼。宣统元年他从日本回国来，先在杭州两级师范担任教员，后来在绍兴担任师范学校校长。民国元年在教育部担部员，同时兼教各大学校国文。他从民国七年起才开始写小说，至今不过十八九年，居然成了大名。当中他曾到厦门大学、广州中山大学担任讲师。十七年到上海，开始从事文学革命运动，《语丝》就是他主编的，和当时的创造社旗鼓相当。后来又提出"民族革命战争的大众文学"的口号和"国防文学"对抗起来。从十七年起,至死为止,都在继续不断地努力。他的作品,已经发表的有三十八种。

明白了鲁迅一生的事略,将从何研究起呢?我们要晓得,同是一个作家,何以鲁迅的文章,受人家这样的重视?这点且慢说。上海三百多万人口,每天死的不知多少,何以别的人死了无声无息,而鲁迅死了,到万国殡仪馆瞻仰遗容和送殡的人数那么多?这还不够我们注意么?

诸位要明白,人类社会从几千万年来,一天一天在那里演变,在这演变过程中间,会突然发生矛盾现象。所谓矛盾现象,就是大家以为应该这样的,而人们偏偏不这样;我的理智告诉我应这样做,但大众偏偏那样做,譬如"正理""公道"人人都懂得的——在黑板上划一斜线——可是世界上多数人不是这样走的——另划同一出发点而不同方向的斜线——如果天不把理智给人们,正理和公道,一切都不懂,也不会有问题的。偏偏大家都懂得该那么干,而大家偏偏不那么干。我来把矛盾现象分析一下:

第一,人与人间——上面已经说过,假使人人都本着"正理""公道"做人,那么人与人间一定是相亲相爱、互助合作的。偏偏到处是你攻我、我攻你,相争相杀。相争相杀的主要原因,不外乎"名""权""财""位"及男女问题。稠人广坐中间,忽然来一个要人,某部长、某主席,大众站起来特别快、特别齐整。如果这要人演说,一开口,大家鼓掌便也特别鼓得响。南洋某富豪回来了,各界特别忙碌地准备着欢迎,报纸也特别地大吹大擂,为的是什么?为的是他有钱。希望用某种名义分一些给我,至于他的钱的来源是不问的了。到钱没有时,便无须这样了。我今天穿了这件绸长袍,到任何机关里去,门房大人见了我总得很恭敬的,假使我穿的是一件粗蓝布袍,第一个难关,门房大人就很难通得过。这不过是我们眼前很容易碰到的事情,类此者不知凡几。大家都认为人类间可羞可鄙可厌可笑,可是大家都不敢说,也不敢写;你也不肯说,我也不肯说,你也不敢写,我也不敢写。于是所谓"正理""公道"就没法尽量发挥出来了。在这时候,忽然有一个人,毫无顾忌地,要说便说,要写便写,当然大家都拍着掌说:"说得好呀,说得痛快呀!"鲁迅先生就在这拍掌声中得大名的。

第二,级与级间——人类社会,很显明地分成两个阶层,有权有位、有钱有名的站在上层,没有的站在下层,分层的结果,便影响到他们的生活。站在上层的,可以不劳而食,而且足食,而且美食;站在下层的,劳而不得食,即得,亦不能满足他的要求。上海就是一个阶层比赛场,表现得特别清楚。人类是有头脑的,不但过下层生活的,遏止不住他们的不平的愤怒,就是过上层生活的,也不免天良发现,感觉得不安,可是大家不肯说不肯写,在这时候,忽而有位文学家,不管一切地,激昂感慨地说,痛快淋漓地写,于是,大家都说:"说得好呀,写得痛快呀!"鲁迅先生就在这第二种拍掌声中成名的。

第三,群与群间——本来人类只有生活的需求。因要求生活而集合团体,谋生活的便利,亦无不可。同时有几个团体,大家联合起来自然是更好的事。然而问题又来了,譬如今天满堂听众大家口渴思饮,集了团体,向老虎灶买水,假如同时买水者有两团体以上,因此有一个团体没有得到水,这团体内的分子就没有水喝;没有水喝还了得吗?于是你抢我夺、你争我杀,有的因预防明日没有水喝,无的想有,有的还求多,有的以团体的力量取来的水,内部因你有我无、你多我少,对内对外,弄得世界变成争夺残杀的世界了。人人知道相争相杀是不应该的,然而时时相争相杀、处处相争相杀,这种现象,大家要说不敢说。在这时候,却有一个人把这现象坦直地揭穿,大声疾呼道:这样生活,还能算合理么?还能算人的生活么?于是大家都异口同声地说:"说得好呀,说得对呀!"鲁迅先生就在这拍掌声中成名的,这是第三种。

鲁迅的文章,是社会把资料供给他的。他把社会顶坏的现象,做他顶好的资料,他的成功,都是社会造就成功的,并非他有什么特殊的发现。

那么鲁迅与中华民族究竟有什么关系呢?诸位要知道,一个民族的生存,一半靠天,一半靠人,鲁迅是中华民族中的一分子,他不怕恶势力,把一切怪现象,毫不客气地揭穿,这种精神,就是古人所说"特立独行"的精神。什么是"特立独行"？简单地解释,就是言人所不敢言、行人所不敢行,一个民族中,"特立独行"的人愈多,这个民族愈站得住,因为社会演进到是非给利害蒙住时,就靠这种人来揭穿;反之,个个人都自以为聪明,自以为乖巧,那就根本不兴！那种包含着"特立独行"的精神的作品,平情而论,实在等于暮鼓晨钟,把压迫人们者的良心都唤起来了,被压迫的人们都被喊醒了;把不合理的现象揭破在大众的面前,从此人类有所谓"正理"所谓"公道"还不至于消灭,吾中华的民族,产生这种人却不少,最早被人记载的,要算伯夷、叔齐,太史公把他恭维得了不得,去今三千多年,大家还很仰慕他。历史上像这样的例子很多,吾中华民族到今还能抵抗强权,能抵抗帝国主义,都是这"特立独行"的精神的表现,鲁迅先生是其中的一个。因此,我绝对相信,中华民族的生命,就寄托在这一班"特立独行"的人,从伯夷叔齐到鲁迅身上。

鲁迅浙东人,浙东在历史上尤其不少"特立独行"的人。浙东是"卧薪尝胆"的越王勾践的发祥地,同时也是中华民族革命的发祥地。明末像黄梨洲、像跟从鲁王的一班人,近代像秋瑾、徐锡麟和现今还生存着的蔡元培先生等等,都是浙东人。如果在中国地图上要找个产生"特立独行"的人最多的地方,浙东总可以算一处,这都是中华民族最优秀的分子。这种优秀分子愈多,中华民族前途愈光大、愈有望。

接下去就要讲我们读了鲁迅的文章,究竟应走的路在哪里。

我们对于鲁迅先生"特立独行"的精神,主张"正理""公道"和写作毫不隐讳,我们是应该全盘接受过来的。像他的代表作《阿Q正传》,各国都有翻译,出版至二十八版之多。该书是民国七年作的,骂革命党人骂得极深刻而且痛快。大意是说,只许我革命,不许你革命。用老话来说,就是不忠不恕。这不过提出其中的一点,吾以为此书可作文学读,也可作伦理学读。

可是有一二部分应该保留。

第一，我看中华民族前途是乐观的，而且是光明的。但鲁迅却是悲观的，认为很少希望的——也许鲁迅内心认为乐观，而故意写出悲观的论调来激发人们，也说不定——其实哪里是没有希望呢？至少也还有一个鲁迅在啊！而且鲁迅死了，还有几千人送他啊，几万人想他啊！诸位千万不要为悲观思想的文学家所蒙蔽，文学家写出来的东西，大多是故意哄人的。如果文学家笑，你也跟他笑，文学家哭，你也跟他哭，那你就大大地上当了。中年老年人还不要紧，不会上这种当，青年人要特别注意，《水浒传》把梁山泊写得天花乱坠，武侠小说写峨眉炼丹求仙，许多小学生以为真有其事，带了皮包，结伴前去求仙，累得家人宣告失踪，这不是滑稽得很吗？鲁迅的作品，虽然不属于这类，而其悲观消极的思想，我们是绝对不可接受的。

其次，鲁迅的遗嘱，叫他的儿子不要做空头文学家。这大概是他自己做了一生文学家，受了许多郁闷忧愁，所以叫他的儿子不要再做；或者是他自己做了一生文学家，死后两袖清风，一无所有，所以叫他的儿子不要再做；也许他以为要对国家社会须有切实的贡献，应该实际上做工作，空头文学家是没有益处的，至少也要做个不空头的文学家。我这种解释，姑无论对不对，但我的主张就不是这样，我们做事，应该行吾心之所安，假如我死时立遗嘱的话，我一定叫我儿子跟着我一样的做人。这是我和鲁迅不同的地方。

总之，我们对于鲁迅先生，尽可以把他千分之九百九十九的精神接受过来，但是还有一小部分，却有保留的必要。今天不是为鲁迅而研究鲁迅，是为中华民族而研究鲁迅，是为人类的"正理""公道"而研究鲁迅。

中华民国二十五年十月二十四日记于中华职业教育社大礼堂

（录自《国讯》1936年第146期）

张志鹤作品选

作者简介

张志鹤(1879—1963),字伯初,初名浩然,更名志鹤,又名访梅,晚年自号寒叟,江苏川沙龚路(今浦东新区曹路镇)人。年七岁入私塾,十八岁为诸生即秀才。后赴乡试未中,二十岁开始设师塾教童子课。长期从事地方社会事业,先后担任川沙小学堂副总理、浦东中学教务长、川沙厅视学员兼劝学所总董、川沙厅议事会议员,川沙县总务、学务两课课长,江苏省民政司总务科长、江苏省行政公署内务司科长等职。

民国三年(1914),辞去行政职务回沪,在上海董家渡赁屋居住,后历任《时事新报》馆营业部主任、川沙县设修志局审查长、江苏小学教员暑期补习会副主任、同济大学庶务主任、川沙县劝学所所长、川沙县教育局局长、川沙县立师范讲习所所长、川沙县交通局局长、上海兵工厂总务处文书科长及技术委员会秘书、浦东同乡会会务主任并驻会办事等职务。

新中国建立后,1953年7月1日受上海市人民政府陈毅市长之聘担任上海市文史研究馆馆员。他一生致力于浦东及上海地方事业,尤其于教育及同乡会上贡献最多,其与黄炎培关系最为密切,系黄炎培的得力助手。张志鹤著有《周甲自述》《我生七十年的自白》《我生七十年后自白续编》《友声集》《晚嚶草》等书稿。

诗词作品

和松江张访溪君原韵

(一)

古荁灵秀几回头,三泖风光万顷秋。

桃李门墙宏造就，梓桑杖履尽优游。
豪情北海金樽满，浪迹东瀛客刺投。
花甲成双京兆笔，画眉岂是为人谋。

(二)

惯吟风月广无边，怡养天真耳顺年。
早有文章储腹笥，更将福德种心田。
同宗序齿一龄长，贤仲交情十载前。
赡族于今存古道，义庄管领亩盈千。

题南汇奚铁堂君孤岛忆梅图

衣带江流欲渡难，故家乔木已多残。
莫云和靖庐堪结，为怕安仁泪忍弹。
孟氏骑驴行不得，庄生化蝶梦才阑。
花魂倘亦归来未，且慰诗人尽达观。

和周浦姚养怡君三十述怀原韵

最是男儿得意秋，一帆风顺大江流。而今破浪方伊始，伫见英雄壮志酬。凤承母教孟三迁，修业成名鼎盛年。况有家藏遗稿富，丛刊永宝出新编。市隐营生敢惮劳，忍闻驵侩损民膏。铮铮本是儒而贾，世浊吾清气亦豪。澧溪故里恶氛惊，挈眷来居不夜城。镇静还能耽翰墨，姬传学派笔花生。

纪梦忆亡弟志虎

尔生后我两周臒，尔死于今十四年。死后十年来入梦，梦中情景记宛然。当时似在秋凉夜，尔着殓衣翔空驾。诸侄盈庭举手招，檐前见尔翩然下。一瞬幻为常时服，革履西装旧面目。尔言服务某厂中，月薪四百无余蓄。我犹劝尔节开支，共话家常未尽词。当以尔妻在南屋，尔去相见不稍迟。刹那尔欲往他方,全家送别到钦塘。此塘何亦成铁道,尔对火车生恐惶。谓是中有鬼精灵,尔忽僵成死后形。我乃惊醒原一梦,不计何祥但涕零。诘朝拟作长篇咏,因事中辍诗未竟。而今又隔四五年,我飘白发悲明镜。差慰森儿为尔嗣,童年已抱青云志。倘云有志事竟成,表尔泷阡或可致。

黄任老来函索诗寄以一律

四十年来声气同,烽烟忽地各西东。
惊心蜀道晨风□,刺目淞滨夕照虹。
万里请缨怜少子,四郊多垒瘁从公。
好音慰我三秋感,每在兴观群怨中。

（以上6首诗录自《晚嘤草》）

游记作品

浦东中学学生远足旅行五日纪程

（清光绪三十四年·1908年）

戊申八月,本校学生为第二回远足旅行,游京口、金陵,往返五日中。二十三日为本校创立第四周年纪念日,二十五日为日曜,二十七日为孔子诞辰,例均休业,所旷课二日耳。职员与是役者,叶君典臣,客金陵久,又屡游京口,任向导;陈君星五督队;钱君剑秋管理;黄君许臣、沈君勉后演讲;顾君志廉司医药及庶务,余任会计书记焉。

八月二十三日上午五时,职员叶君典臣、顾君志廉先出发。乘沪宁铁路早车往镇江,预备晚食及宿事。

三十分,旅行队员先行纪念式（全校开会定下午一时,旅行队提早行之）,监督黄君韧之演说纪念大意,并勖诸生曰:旅行亦求学,非浪游,抑今番之旅行,恰与学程合。镇江小学也,南京中学也,回校,其学成归乎,则竟以旅行为纪念可也。

六时,命从役三人,先将袱被杂物载二车,运往汽车站。

七时四十分,出发。学生凡六十五人,分三队,队各有长。皆校服,背鞄一、中实衣、裤、鞋、袜、牙刷等,携伞一,备雨也。身怀铅笔、小洋簿、沪宁铁路简图、金陵城简图、旅行规则、旅行队员名单各一。钟鸣,齐集运动场整队,队长各监其队,督队职员陈君星五率之行。庶务员黄君济北先往南码头照料渡船。

八时十分,渡浦。分坐三船,潮平风静,瞬息即抵岸。济北赶赴汽车站,购三等车票。

四十五分,过十六铺,经法租界,仍沿浦滨走。

九时,过洋泾浜,至五马路口电车站。职员沈君勉后来入队。三队分乘电车三。第一队余与星五督之,第二队勉后督之,第三队剑秋督之。途中微雨。

二十分,至汽车站。济北已购定沪宁间来回车票。站长陆君招呼颇殷勤,为我旅行队专备一车。

五十分,职员黄君许臣来入队。恽君铁樵来送行。济北勾当毕,回校。

十时三十分,上汽车,时车不即开也。以客房拥挤,不敷坐位,早上车较适。售报人来,购各日报及新出之杂志曰《旅客》者。铁樵别去。

十一时三十分,食面包牛脯,以当午餐。

十二时,汽车开。凡慢车每站必停,快车则非出入较繁盛之站不停。此行快车也,过真如(宝山治,以寺名),眼帘中一闪而已。

二十二分,至南翔(嘉定境,以寺名,相传古有二鹤集石上,久之飞去,石上忽有诗云"白鹤南翔去不归",因建寺)。

二十四分,开。风和日嫩,秋光可挹。草舍临溪,疏林绕水,皆堪入画。过黄渡(嘉定、青浦接界,以黄渡浦名,车站在青界)、安亭(嘉青昆新四邑接界,以安亭泾名,车站在昆界)、罗家浜(或称陆家浜),望见昆山(本名马鞍山,唐天宝中移县治于山之阳,改今名),浮图高耸(山上有凌霄塔），诸生争指之，盖出门百里甫见山耳。车经铁桥，其下青阳港也，迤北如匹练。

一时三分，至昆山（车站实在新阳境）。

八分，开。过真义（距昆城西二十里，以真义浦名）、维亭（元和境，本名夷亭，相传吴阖闾时东夷侵逼吴境，驻兵于此，故名），右有阳城湖（分东湖、中湖、西湖，共广七十里），左有沙湖（一名金沙湖），浩森相望。而至和塘（娄江故道，自昆山至苏城娄门，长七十里），横于沙湖之北，与铁道作平行线，汽车突驶其间，恰似行琉璃屏上焉。又过外跨塘、官渎里，则苏城北寺塔，突兀现眉睫间，昔人诗"塔势如涌出"，洵然。

四十八分，至苏州。行旅熙攘，轨下穿地道，以通往来。

五十分，开。诸生凭窗环眺，与职员相问答。南为狮山，北为虎丘（本名海涌山，相传吴阖闾葬此，有伏虎之异，因得今名。明永乐中建云严禅寺，且筑浮图），所谓"狮子回头望虎丘"也。过浒墅关（长洲境，亦曰许市）、望亭（无锡境，吴大帝所立，本名御亭，唐人有"御亭一回望"之句，改今名）、周泾巷，则见锡山、慧山（西域僧慧照居此，故名，又曰惠山。其东峰于周秦间大产铅锡，因名锡山）。两峰矗立，若呈其妩媚之态，以迟我等之至者。

二时四十三分，至无锡（汉初锡山之铅锡竭，因创无锡县，王莽时锡复出，改名有锡县。后汉有樵客于山下得铭云"有锡兵，天下争；无锡清，天下宁。有锡沴，天下弊；无锡乂，天下济"，光武以下果无锡，顺帝更定今县名）。

五十一分，开。命从役出面包、牛脯，分食如初。过洛社（无锡境，市名，距城北三十里）、横林（武进境，距城东南三十五里，为运道通渠）、戚墅堰（有戚墅港，故名）。时天热口渴，茶水已罄，车丁索值昂（购饮，每小杯制钱十文），且不足供多人饮。惜夹道皆秋，无梅可望也。

三时三十五分，至常州。

四时六分，开。过刘家村（或称陆家村）。

四时九分,至奔牛(武进境,距城西三十里,亦名奔牛塘,相传古有金牛奔此,故名)。

十五分,开。过吕城(丹阳境,吴吕蒙所筑,故是乡无关壮缪庙)、陵口(丹徒境,以闸名),村落荒凉,茅舍半坯,民情瘠苦可知也。农家获稻登场,驾牛以碌碡碾之,其法较吾乡为拙。

四十六分,至丹阳。

四十九分,开。过新丰(丹徒境,距城东南四十五里,以塘名),经运河北流入江处,有铁桥,自苏州至此二百五十里,间运河萦带于铁道之左,水陆竞驶,帆船未免拜下风矣。顾盼间,大江突入眼底,浮出金焦、北固诸山,秋漪晴岚,映以晚霞,景益清绝,洵一幅天然绝妙画图也。偶而汽笛一声,忽堕黑窟,车内电灯一时竞吐银光,盖驶入宝盖山隧道中焉(山脉长,不易绕越,因穿隧道),历时一分又三秒,乃重睹天光日白。

五时三十二分,至镇江(亦称京口,以吴时置京口镇故)下车。典臣、志廉已在月台招待,宿所赁定万宜楼旅馆,且携馆仆来接运行李。时站长亦来招呼,订明日上车时间。学生列队出车站,典臣前导,志廉与余在后督视行李。夕阳西下,暴风忽来,征云如车轮,霎时弥漫空际,始则霢霂,继则大雨如注,分明作一剂清凉散,烦襟顿涤矣。

六时十五分,至万宜楼旅馆。馆临江干,下为招商局西码头,左距镇江关数十武。楼洋式,凡三层,我等赁最上层十间,室雅且洁,有电灯。学生甫卸装,争询钱、沈二师来未,盖剑秋、勉后行较迟,天色昏黄,失之歧路,比至则淅沥声大作,恰与刻漏声相应和。

八时,饭毕。诸生部署卧具,职员商定明日游踪。馆中司事觅一土人为引导。

九时,卧。

二十四日五时三十分,起。倚栏望江,日已瞳瞳上,烘映波心,光耀夺目,不啻为山色水光,特添几许明媚,以酬吾队员奢愿,诸生喜欲狂。

盥洗毕，食面包、牛脯。

七时五分，出旅馆门，向西行。典臣、志廉不与，将乘早车先往金陵择赁宿所。

三十五分，至金山（旧名不一，唐时裴头陀于此获金数镒，得今名），入江天禅寺（旧名泽心寺，又名龙游寺，通名金山寺）。再进为大雄殿、藏经楼，循石级上，右有妙高台、慈云阁，折而登最高处，是为妙高峰，有亭曰"江天一览"，立石中央，高丈余，锲此四大字，康熙二十年御笔也。少憩，勉后集诸生于亭，演讲此间形胜及历史上之关系，讫，各任意游。向北不数武，下有古法海洞，洞外构小屋，扃焉。唤一僧启之，伛而入。洞黝以深，中有一佛像，供香火，洞口书"唵嘛呢叭咪吽"，梵语也。既出，诸生之健者拾级登慈寿塔。塔在洞右隅，高数百尺，前为观音阁，其右侧门颜曰"佛印山房"，阁内有法帖寄售，剑秋、许臣、勉后各选购若干种。时诸生或息于此，或散于外，余亦信步至夕照亭。仰观康乾两朝御制诗碑石，字迹多剥落。忽闻军号声自高处来，其音清以脆，盖王生云春、石生鼎扬在塔上吹之焉。亭违塔数弓地，余即觅径往，登其绝顶，是真汪彦章所云"揽数州之秀于俯仰之间"者。东望焦山（后汉处士焦光隐此，故名。一名樵山，亦名谯山），北固石公海门，群峰环列；西望江水上流，一泻千里。长江天堑，而镇江为其门户，洵不诬也。凉飔袭襟带，令人飘飘有凌云想。下塔，复至观音阁，一苏僧披袈裟至，进香大士前，膜拜毕，出护戒牒，索盖寺印，喃喃自语，味其词气，殆六根未净者欤。

九时，鸣军号归队。折而下，至大雄殿左，瞻蕲王殿（南宋韩世忠于此拒金兵，故祀之），时寺僧撞钟集斋堂会食。其屏门悬"当思来处"四大字，方丈向外高坐，众僧约二百人，分坐左右长桌，每人置碗二，一菜一饭，齐声诵忏而后举箸。食时，殊静肃，若非亲睹，几疑为室中无人也者。

二十分，出寺门。一司阍僧方坐食天王殿下，其体格庞大，几与旁塑之怒目金刚相抗衡，诸生以为奇，大笑乐。星五吹叫整队，将往视第一泉（本名中冷泉），计程距此三里。泉且涸（寺僧于大雄殿侧凿井取之者，赝也),不如登北固山游甘露寺为得,遂折回。

十时五分,回至旅馆。少憩,啜茗,食点心。

二十分,复出。向东行,许臣以足疾,留旅馆。

五十五分,至北固山。峭壁危崖,高数十丈,势险绝,然全队奋登,无告疲者。入甘露寺(吴甘露中建,汉昭烈就婚东吴,尝寓此),廊有石,横丈余,纵二尺许,锲"天下第一江山"六大字,明吴琚书,笔力雄健。其旁一小门,门外有双麟冢。自廊内折而西,则有关壮缪庙、朱文公祠,又西为杨勇悫公(岳斌)祠、彭刚直公(玉麟)祠,祠后台榭参错,陡入江心,有一亭峙峰巅,额曰"江山多处",盖取昔人诗"两岸青山北固多"之意也。围以石栏,中有石几,队员憩此凭眺,则金焦左右峙,而焦山尤近在咫尺间,状峥嵘似狮,其南为石公山,形又似象,故亦称象山,正所谓"狮象截江水之下流"者;其北二岛如碧螺,轻浮水面,是谓海门山(亦称双峰山)。时勉后为诸生讲蔡谟起楼于此山上,梁武帝改称北顾楼故事,亭前偏西即为楼。楼尤高于亭,今称春秋楼,登其上,北望扬州,尽原田沃野,南俯铁瓮(即镇江城),全城历历可数焉。楼中供魁星像,楹联多迷信语,其为科举时代之秽史乎。下楼回至客厅,啜茗,见匾额书杜诗"乾坤日夜浮"之句,洵足为此山写照。剑秋在外觅孙刘试剑石,不得,询寺僧,则云今无存矣。有狠石,相传孔明与孙仲谋坐其上计攻孟德者,状如羊,勉后见之,为余言"狠"字剥落似"狙"。

二十五分,归队,下山。势陡削,如丸走坂然。

五十八分,回至旅馆,治装。

一时,饭毕。

四十分,别万宜楼旅馆。

二时,至汽车站。

四十分,上车。购阅各日报。

三时三分,开。向金陵(亦曰秣陵,战国时楚置金陵邑,秦改称秣陵,明正统中定名南京,今为江宁府)进发,慢车也。过高资(丹徒境,距城西四十里,以港名,亦曰高家镇)、炭渚(以驿名)、下蜀(句容境,以港名,俗呼官港)、龙潭(其地有龙潭,因以名镇)、尧化门、太平门,每站停二分时。轨道两旁,左枕茅山脉,列嶂如屏,右带扬子江,晴波在望。

五时十四分,至下关车站(在江宁城仪凤门外)。典臣、志廉已自城内来,竢于月台。见站门外有白洋布旗二,书"上海浦东中学堂",殊诧异,谛视之,下方一注"新丰栈",一注"名利栈"小字。询诸典臣,知彼探吾旅行队将至,特来招待,牟利可谓工矣。顾吾已赁定中西旅馆,招待者悻悻然卷旗去。

自上海至此,走尽沪宁间路线矣。凡六百有三里,车行当以昆山至新丰为最平稳,而上海、昆山间次之,至镇江以上则辐辏异常,殆以山脉起伏间,轨道时有高下欤。

四十八分,乘宁省铁路(亦名下关铁路)汽车入城。此路当筑至中正街,工未竣,今开车至督署东墙太平桥止,中间经三牌楼、无量庵二站,站房均未建,车亦未备,借用沪宁铁路旧车,三等车则以其贫民小工车当之。

六时十二分,至太平桥下车。天已昏暗,无灯火,检视行李甚不便。

七时五分,至中西旅馆。馆在督署西南隅碑亭巷,新造洋楼,以旅馆而兼西菜馆者也,精洁尤过于镇江之万宜楼,我等赁居十间如前。坐甫定,李君怀诚(无锡人)、赵君厚生(宝山人)自两江师范学堂来访。李君在钟英学堂与典臣共事久,现任职于两江师范附属中学。赵君则任职于师范学堂,与勉后交最厚者也。俄顷,又有钟英学堂学生二人及旧职员张君集三来。

八时,饭毕。商定明日行程,剑秋令诸生布置宿事,志廉与馆中司事说定明晨早膳,并嘱为觅一土人导游。李、赵诸君别去,即请张君定购馒首。

九时,卧。

二十五日六时,起。

七时,饭。李君、赵君偕其二友至。一为陆军小学学生,一为商业学堂学生,以是日为日曜得暇,愿同游。

八时五十六分,出发。备马六,李君等四人及勉后、典臣乘之。沿大行宫东走,遇金生翔声(川沙小学堂旧生),询知在商业学堂肄业。

九时十分,入明故内城西华门。有一署北向,颜曰"公衙门",门内堆贮杂物,门首仅悬虎牌,有"办公重地"字样,土人为余言,此明刘伯温所居也。其附近有八旗武学堂。

二十五分,入明故紫禁城西安门。至内五龙桥,散队。瞻方忠文公(孝孺)祠,自其西侧三忠(景清、铁铉、练子宁)祠,折而入焉。摩挲公之血迹石,赤痕如线,缕缕分明,盖以亭,左文襄公(宗棠)为立碑记,墙壁间多题咏,诸生有录之手簿者。

祠建于明故宫址,祠外衰草连天,荒凉满目,仅余一二瓦砾委荆棘中。昔周初微子过殷墟,已不胜麦秀禾油之慨,胜朝迄今数百载,区区土木之陈迹,宜其毁灭无存也。

十时,出东安门。

七分,至朝阳门外,少憩。

四十分,至明孝陵。陵当钟山(俗呼紫金山,相传秦始皇埋金玉杂宝于此山,以厌天子气,其后时有紫气发见,故云)之阳,周以垣,其前立石人石兽甚多。陵门外跨石桥三,入门见罗列御碑,正中者勒"治隆唐宋"四大字,康熙三十八年御笔也。再进为飨殿,供明太祖神位,亭后两旁小屋,乃守陵人所居者。至此少憩,且瀹茗焉,分食馒首,以代午膳。又进为陵前隧道,其上为祭坛。时诸生或徘徊其下,或登祭坛,或跻陵之绝顶遥望元武湖,且吹军号以为乐。职员数人亦携望远镜在祭坛四眺,城内北极阁及两江师范学堂之钟楼挺然如篆笋。回至隧道中,典臣与李君怀诚放声高歌《中国男儿》《亚东帝国》二阕,回声琅琅然,足以发扬志气,展拓胸襟,学校中安得有此绝妙之乐歌教室哉!

余等之初至也,有西人一男一女携一奚童来。西女摩碑石读之,指年月处发其婉丽之音,睨男者曰:"康熙!康熙!"盖娴于外交故实,且知汉文者。后又有二西人至,纵观往迹,凭吊唏嘘,岂其与余等有同感欤!

十二时二十分,勉后集诸生于飨殿后,演讲金陵之历史地理及明太祖故事,甚详。

五十八分,出。典臣等乘马觅原路入城,勉后以不善骑乃入队步行,沿钟山麓向太平门进发。经前湖,已涸。山路崎岖,诸生且行且止,有坐于石者,有偃卧者,有奔走前进者,相距不下里许。余立高处环观之,则校服白光四散如夜间流星然。钟山之阴有明徐中山(达)、常开平(遇春)等诸勋臣墓,华表凄凉,翁仲偃仆,为之怅然者久之。

二时,集太平门外元武湖(一名练湖,亦称后湖)堤上,望见沪宁铁路汽车,时典臣等已乘马出城来会,许臣折回旅馆。

十五分,入城。折而西,经覆舟山(一名龙舟山,亦曰元武山)之阳。山石赭色,南望有崇宇,砌以红砖,土人告余曰此小营前陆军小学也。已而闻枪声訇然震耳膜,盖此山之西有打靶场焉,时当预备秋操,故营中演习特勤。

四十分,过金陵工艺局。其南为宁省铁路,其西即鸡鸣山(本名鸡笼山,宋时改名龙山,以黑龙见元武湖中故),遇上江公学职员二人,携写真器,在山麓摄全山风景。

四十五分,入鸡鸣寺。寺以山名,盖建于山巅者,有乾隆时御书匾额。现方修葺西南厢屋,募铸四千斤重之大钟,已制土范半截,圆径四五尺许,一手民方勒捐资人姓名于范焉。历殿宇至东北隅豁蒙楼,为游人试茗之所,足容吾全队人坐,其上匾额为南皮张相国手书。再上为观音阁,北临元武湖,荷盖渐黄萎,有憔悴可怜之色。湖中芦苇甚盛,方吐絮,湖水半涸,似呈其陵谷变迁之态者。俯视台城(本吴后苑城,南朝皆因为宫),岿然颓垣峙茂草中,遥想侯景之乱,萧衍老公逼死于此,英雄末路,千载下有余痛焉。

此山迤西，一峰秀出，曰只闇山，顶有北极阁，为城内最高处。时游兴阑，不复登峰造极，爰勾留豁蒙楼。茶点毕，将回旅馆，李、赵诸君别去。

三时三十分，下山。左折由工艺局前越铁道南行，经两江师范学堂东偏，至碑亭巷，作一直线。

四时，至旅馆。少顷，沈生瑞麟、徐生济寅（二生均本校附属高等小学毕业生）自陆军小学来访，时余与许臣适外出。

余偕许臣至江南官书局，许臣欲购《江苏全省舆地分图》，书贾漫应云："向洋书店买去，我们不卖的。"其程度浅陋可见一斑。既出，瞻夫子庙。内设教育机关三，曰元宁教育会事务所，曰宁属教育会事务所，曰江苏教育总会宁垣事务所；有学堂四，于明德堂设江宁公学，其东侧为幼幼两等小学，西侧为洒扫小学，又西南隅有东区第三小学。昔日名为学宫，终年空闭者，今乃化为有用之讲堂，孔子有知，当亦含笑首肯。各府州县皆有学宫，盍以此为模范乎？

又往游贡院。号舍多颓圮，萋萋荒草丛生砖石间。回首前尘，三年大比，两省髦士屈伏其中，三场九日夜，寝馈于斯，不以为苦，亦不畏病且死者，班孟坚所谓利禄之途然也。自今日文明之眼光视之，矮屋至及肩，曾溷厕之不若矣。至公堂东隔壁为拆建商场事务所，有二人出，许臣问以拆建动工未，答"没有定"，又问以张季直先生近日来未，则怡其颜色以答曰"四先生前月来过，此刻不在这里"。

七时，回。与刘剑秋等商定明日路由，乃各就寝。

二十六日八时十五分，出发。庞生淞、徐生日堃、潘生保同均病，不能行，留旅馆。

三十五分，至复成桥（桥跨青溪上，在通济门内）。桥东堍为商务总局，内附设江南高中两等商业学堂及商品陈列所，余等来此，欲参观陈列所也。所成于光绪三十二年闰月十九日，定例每日九时启门，余等至尚早,少待,览其所悬规则,游资每人取制钱十文,学生军人减半,文明国达例也。且特定金曜日为女宾游览期,以肃秩序,是可风矣。门外设寄物处,凡游客所携洋伞提囊之属,均须置此,以对牌为券,每件取制钱三文。

九时,购游览券入。陈列品分甲乙丙丁四组,都二十八部,部有榜,间附以东西洋参考品,使观者有所比较,得启发其实业改良之思想,且每物有说明,书其出产地或制造人或发明家及价目。若外国物,则又书上海售处,谓为商业之介绍也可,即谓为学术之研究也亦可。

首列若农产,若树艺,若蚕桑,若药材,此皆为吾国天产物之最富者,然观日本蚕桑成绩,有驾吾前者矣。

折而东,则为矿产,为水产,为狩猎,为染织,为绣工,为服装,为柔革。其于染织部,有苏州之纺织西洋花缎;服装部,有上海华盛公司之纺织卫生衣服汗衫线袜等,且特书之以告众曰:"泰西织缎以麻为经,而苏州以丝为经;泰西用机器,而苏州仍用人工,本较重而价以昂,销售因之不畅。若华盛则名为自造,而原料实购诸欧美,仅收回微细之织工耳。海内讲求实业者,当亟谋进步,以塞漏卮。"

再进而北,则陶瓷也,珐琅也,琉璃也,五金也,七宝烧也。又西为髹漆器、竹器、玉石类、牙角类、制造品、雕刻品、绘画品、编制品、锻冶品。其间特设学校成绩品,若上海天足会女学堂之手工及醴陵瓷业学堂之寄存者十八件,中有一件,未改良时物也,质窳工劣,较诸今所成者精粗悬绝,则复书之以告众曰:"该学堂自聘日人教授以来仅三年,进步殊速,可知有人提倡,则吾国实业正不患不发达。"

将至出口处,附设学堂理科用具,若模型、标本、仪器等,其品购自他国者十九。将来教育普及,学校用具尤繁,非设法自制,利源外溢多多矣。勉后、许臣后余等游此,典臣未至。

三十分,出。迤往逦秦淮河(秦始皇凿钟山,断长垅,以疏淮水,故名),沿途所见学校有江南蚕桑学堂、上江公学、江南女子公学、法政学馆等。

十时，至贡院。小憩于至公堂，典臣督从役送茗点来。

三十分，出。过江南官书局，许臣、勉后时在内购书。

三十五分，入夫子庙。拟瞻仰一周即出，江宁公学职员贾君雪堂见之，邀入焉，星五令诸生正立行敬礼，参观教室而别。贾君固典臣旧识也，典臣折回旅馆。

五十分，出聚宝门（以山名，山多细石，如玛瑙，俗呼聚宝山）。此间出入繁喧，道路污秽，且有驴骡驮物而过，殊碍行人。

十一时二十分，至雨花台（亦名雨花山，是为聚宝山冈阜最高处，相传梁武帝时有云光法师讲经于此，天为之雨花，因以名台），憩于永宁茶园，分食馒首。品第二泉（本名永宁泉），此泉实赝也，真泉在永宁寺，委弃草莽中矣。倏见有兵二队来，军号一声，架枪散队，乃蹲地而食。饭一大桶，置中央，各于腰间出锡盒盛之，菜惟咸莱菔一味，每十数人合食一盆，若甚乐也。往询之，则为三十四标、三十一标两营演习行军，崇朝出，已山行四五十里，操毕矣。随身有水瓶、食器、弹囊，背鞄中有袷衣、雨衣、鞋袜等，据言是日以距营近，饭食送来，否则各预盛盒中而出。察其举止，尚不失军人态度，诸生见之多感动。

十二时五十分，齐登高冈，临风四望，则江光曜白，峰影拖青，东北钟山，西北石头，势如争长相雄，孔明"龙蟠虎踞"之说然哉，俯视全城胜概，如数手掌螺纹。时诸生或觅采细石子，或坐于雨花台故址。台久毁，筑石栏为圆形，涂以塞门德土。勉后立其中，集诸生演讲此间名迹及曾军战史，毕，剑秋复以军人耐苦勖之。南望适见兵士分队空身走（枪仍架原处），一队自左而东，一队自右而南，已登前面天保城。城为洪杨时旧垒，曾军攻破之，今存遗址。

一时三十五分，回原路，入聚宝门，再出水西门（秦淮下流经此，故名，亦曰三山门，以山名）。

二时三十分，入华严庵，憩于郁金堂，后临莫愁湖，外为胜棋楼。楼相传为明太祖与徐中山赌棋处，供中山王画像，有僧守之，出售《莫愁湖志》《莫愁湖楹联便览》及所拓之卢莫愁小像、曾公（国藩）小像、洪承恩书"鹤"字、黄翼升书"鸾"字。往西有弯墙，上题"通幽处"三字。折而北，为曾公阁（其门人许振祎开藩江宁时建），廊下有鹤字碑。阁西南隅毗连者为湖心亭，亭高出阁上，下有鸾字碑。迤南有一楼，以竹篱隔之，不得入，内设西区第八小学，恐为游人所扰也。

三时五十五分，集诸生于曾公阁，许臣演讲莫愁湖略史。湖以人名，莫愁为刘宋时女子，一说是卢家妇，一说是妓，近人马士图（字菊邨，嘉庆时人），力辩其非妓，惟袁随园（枚）诗有"六朝南北风流甚，天子无愁（陈后主自称无愁天子）妓莫愁"之句，许臣即借此诗意，痛言无愁足以亡国，唤起诸生忧国之心。

四时二十分，出。剑秋令诸生分两队，愿往清凉山者为甲队，疲乏不能行者为乙队。乙队只五六人，剑秋、许臣挈之回旅馆。甲队沿城外北行，入汉西门。将至城门时，有两三赤足雏儿自茅舍中出，遥望蹈舞学唱军歌。盖省垣多学生军人出入，惯闻军歌耳，风俗之移人良有以也。

五时，至清凉山（即石头山，山上有清凉寺，因以名山）。山麓有扫叶寺，入内至佛殿，寺僧出迓，导登古扫叶楼。楼供扫叶僧像，扫叶僧者，明末隐士龚半千（名贤，自号野遗）先生也。

十五分，出。登山顶，过清凉寺，门已扃，入翠微亭。亭为南唐时所建，今毁甚，中有御碑，为风雨所蚀，字迹漫漶，不能辨认，惟隐约见有"御笔"字样。环顾东南，因山为垒，气象万千，右盼长江怒涛拍天，东走迅急，太白诗"三山半落青天外，二水中分白鹭洲"（洲在府西南江中，周围十五里），以此地观之，益见其写景之工，队员皆大欢忭。暮烟四起，天雨忽来，诸生气愈，王有戏言，此亭可作喜雨亭观者。

三十分，下山。归途细雨连绵，沾衣欲湿，诸生行益健捷，可谓余勇可贾矣。

六时十五分，回至旅馆。李君怀诚、赵君厚生束邀吾职员部宴于金陵春西餐馆之烟月双笼水榭。榭当桃叶渡（晋王献之爱妾桃叶曾渡此，故名)对岸,临秦淮河上,颇幽逸。同席自李、赵二君及典臣、许臣、勉后、星五与余外,有伍君寿卿、周君服之。伍君为三十三标一营管带,周君为营中医官兼陆军小学职员。是晚,剑秋督同诸生准备归装,志廉有寒疾,均未赴宴。

二十七日六时三十分,别中西旅馆。派学生十人为干事,照料行李。倪生维廉以其父客上元署幕,往省之,是日不同回。

五十五分,乘宁省铁路汽车,自太平桥开。

七时二十分,至下关车站。购各日报及《旅客》第二期。

八时十分,上宁沪间汽车。典臣有事,折回城内,约明日返校。

九时二分,汽车开。亦慢车也,连日登山,今得车中长日休息,觉甚适。虽然,不有劳,安知逸也。

十二时二十分,过丹阳。搭载黄牛二车运往上海,盖此间以牛市闻。

六时二十分,过南翔。胡生保良、潘生保同病,许臣挈之下车,回嘉定。

五十分,至上海。下车,济北已自校中携仆来照料。队员乘电车至洋泾浜,复整队走。过十六铺时,法租界捕诘问有无照会,星五怒斥之,余问该捕何意,则云:"你有多少兵,将往何处?"余告之曰:"此乃学堂中学生,非兵也,尔勿误认。"乃唯唯退。嗟夫!吾国教育不昌,下流社会为西人奴隶,甚乃不识本国之学生,良可耻也。至南码头渡浦,天上之星光与艇中之灯火杂糅相映,以入波心,良宵风景若致贺吾旅行队之凯旋也。

九时十五分,回至校。

是行也,历宁、苏、松、常、镇、太五府一州之地,为程六百余里。镇江宿一宵,游半日;南京宿三宵,游两日,合之沪宁间汽车中,离校凡五日。耗银三百二十余圆,学生每人出两圆七角,校中补助百五十圆。既归,张志鹤乃缀其始末,哀所见闻而记之,以示诸生。

跋

伯初旅行归，出此记相示。炎培既以留守不获与，读毕，书其后，以告诸生曰：此行视往岁善矣。旷课不过二日，善一；所见山水绝雄盛、古贤豪遗迹，皆沉博而庄伟，足以宽鄙夫立懦夫，善二；其往也飒然，其来也夷然，未尝于行之先耗多少精力、日力于绝大之准备，竭来五日，殆行所无事，善三。虽然，诸生亦尝闻欧美人之旅行乎，军人无论已，政治学者常游历诸国，周知其政教风俗；商人涉重洋，贩百货；工人求绝岛，采矿产，以取厚利；文学家遍游山海以雄其文，探索古迹以博其文，周察人情国俗以妙其文（今岁夏秋间，美国大文豪某女士特来吾东三省，调取文章资料以去）；若地理学家，益可无论，其好奇者，一自由车环走全球大陆，一人而环游全球至数回；乃至探险家之探极也，棹一舟，裹数岁粮，投身于水山雪窟，明知其百死无一生，前仆后继，而无所于悔。我国人乃终其身足不出里闾，一涉征途，苦风苦雨苦水雪，苦饥苦渴苦热苦劳顿，苦舟车晕苦思家，终至杜门相戒无好游乃已。诸生斯行，视欧美人所为，直蚁行寸蹩耳，何足道，何足道！诸生又不闻日本人所建上海同文书院生徒之旅行乎，每岁暑假分队游历吾国内地，某学年走某方，著之校章，率以为常。今夏遣队三，一走芝罘至北京间，一走河南至山西间，一走长沙至江西间，各事千辛万苦之调查，冀有所贡于彼祖国。嗟乎！彼国人之好漫游，不畏艰险若此；彼国人之于旅行，爱其祖国若此；彼国人之对于吾国，其蓄心若此。诸生乎，大好江山转瞬是伤心之地，苟徒流连于青山绿水之游观，想象夫高人逸士之芳躅，佁然以自乐，或且并此惮为之，斯岂炎培所拳拳属望于诸生，而又岂诸生之所自许也哉。诸生其勉之。九月二十四日黄炎培志跋。

（录自《浦东中学校杂志》1908年第1期。《浦东中学校杂志》由浦东中学校于1908年11月在上海编辑并发行，不定期，1910年停刊。）

秦翰才作品选

作者简介

秦翰才(1895—1968),名之衔,字又元,号翰才,浦东陈行人。省立松江第三中学毕业后,经黄炎培介绍任江苏教育会文书。后任中华职业教育社总务科秘书、通讯主任。1927年任上海市公用局第一科科长。抗战爆发后赴重庆,任交通部专员。1939年赴重庆,参加编纂《中国经济建设资料》。1942年赴兰州,担任甘肃水利林牧公司主任秘书。抗战胜利后任上海中国纺织机器制造公司秘书处长。1956年被聘为上海市文史研究馆馆员。著有《左文襄公在西北》《满宫残照记》《巴黎和会秘史》《开心集》《档案科学管理法》《文书写作谭》《成功人鉴》等。好收藏古今中外年谱,多达2090种。

序跋作品

《开心集》序

此集所录文,皆余最大近一年读书之所记也。凡七篇,曰:《范文正公》《顾亭林先生》《读王文成公全书记》《读林文忠公政书记》《读左文襄公家书及年谱记》《读翁文恭公日记记》和《东坡在西湖》。论其性质,虽多载先哲言行;而按其体裁,又约分三类,其为文之动机亦不一也。

范文正公曰:"士当先天下之忧而忧,后天下之乐而乐。"顾亭林先生曰:"天下兴亡,匹夫有责。"此两言也,垂今数百年,虽童稚犹能称道;然而范文正果何如人乎?亭林先生果何如人乎?则恐深知之者鲜矣!抑当今之世,果犹有如范文正,亭林先生其人乎?余则弥有感焉。于是每读书,辄于有意无意间,顾留意此两人之事实,积有岁月,先后写成两文。以较有系统之评述,综括其人整个之生平,此为一类。余读书,于文艺外,最嗜名贤日记、年谱、家书,以及奏议、书牍之类。上自政治学术、下至治家律己,意兴所至,则为文以记之。王文成、林文忠、左文襄、翁文恭四文,即其中一部分。摘叙其人生平之片段,而间系以私人之杂感,此又为一类。余每游西湖而过苏堤,未尝不默颂"欲把西湖比西子,淡妆浓抹总相宜"之句,而想象东坡先生当时在西湖之风流韵事。一日者,既归自湖上,忽感《东坡在西湖》一类,可作一篇有趣味之文字。于是有若干时日,专阅关于东坡及西湖之闲书,文卒以成,而于东坡在西湖之功业,亦非无所感也。专写其人生平在某一地之事实,此又何别为一类。

昔人有言:"读书所以开心,明目,利于行耳。"余虽常藉读书以开心,惜所读无多,开心有限。今以余读书开心之所得,刊为一集,亦冀能供读者之一开其心,且因此而益引起读书之兴趣,使其心大开,目大明,而大有利于行耳,于是此集也,遂以开心名焉。

（录自秦翰才著民国二十四年上海普通书店出版《开心集》）

王小逸作品选

作者简介

王小逸(1895—1962),名次鑫、鑫,字榕生、雄声、小逸,川沙镇人。笔名有捉刀人、春水生、爱去先生、何家支、乙未尘、冯轶等。1912年在上海东亚法科大学读书,同年写出处女作《痴情花》。后执教于上海豫园萃秀堂小学,曾一度从军。在各种小报上发表连载小说近百部。出版有《春水微波》《神秘之窟》《同功茧》《陌上花开》《明月谁家》《石榴红》《骚来女士外传》《姊妹淘》《歪嘴吹灯录》《野花香》《夜来香》《王公馆》《众生相》《幽默古文选》等。新中国建立后,在上海市南中学当教师。

序跋作品

《幽默古文选》编者序

或曰:"幽默二字,非纯粹国货也。"诚然。不知谁氏子,定中华民国二十二年为国货年。此二十二年之一年,宜若非国货不用也,非国货不谈也;然而仍用之,仍谈之,竟用之,竟谈之者,其不得已也。何言乎不得已也?自黄帝杀铜头铁额的兄弟七十二人之蚩尤,以至东洋同胞以铁鸟杀中国同胞血肉之躯,是所谓历史也;自民妇某某氏登报驱逐其螟蛉子某某,以至明诒大号告人"枕戈待旦请缨讨贼长期抵抗通航计划",是所谓政事也;自"窈窕淑女君子好逑"以至"妹妹我爱你"是所谓文学也;自山水花卉翎毛走兽之古画,以至在黑漆大门上以白粉笔制成之"小五车"之漫画,是所谓艺术也;历史也,政事也,文学也,艺术也,自善观者观之,皆有其幽默之意在也。然则幽默二字,纵非国货,我大中华民国上溯至大中华帝国,固未尝以其非国货而遂废幽默也。此犹中国人帽外国帽衣外国衣,横看之侧看之前看之后看之,依然中国人也;不以其帽外国帽衣外国衣而遂外国人之也。此倘所谓不得已也。襟霞阁主人,偶读龚定盦文而善之,豪绅为幽默,谓:"中国文人,岂仅一定盦也?"始欲以定盦文为囮,诱致其他之定盦也,复欲以觅帽外国帽衣外国衣者于中国人之中也;爰降大任于余,余诺之于前也。于是摊书于桌于几于椅于床于地于前后左右,凡如千日,得如千篇;非惟如前乎我者古人之獭祭鱼,直如大乎我者总司令总指挥之祭阵亡将士也。颜其书曰:《历代幽默文选》,曰历代,不敢同于现代也;曰文选,兄昭明而弟开明之也。书成,告主人曰:"是亦国货文章也",因更字之曰"国货文选"。此又倘所谓不得已也。

（录自王小逸编、储菊人校订、民国二十四年六月上海中央书店再版《幽默古文选》,该书收录《晋侯奇梦》《燕人还国》《醉乡记》等文章158篇）

小说作品

《春水微波》(选录)

第一回 芳邻聚钗弁灿灿明星 小语倚娇憨盈盈弱息

晚风一丝,斜阳一抹,正是深秋时候。听时辰钟"铛铛铛铛"报着四下,一条静悄悄的马路上,忽然从一个门口里涌出许多女孩子来。起先是鱼贯着一大队,不消一刻,早已分成了几个小队,往南的往南,往北的往北。又一会,那小队却又散了开来,疏疏落落挤向车水马龙的闹市里去。

那时,任何旁人认不出这些女孩子是什么团体、什么机关里的一分子了。就中单表一个女孩子,唤作丁慧因,白白的脸儿,窄窄的身材,穿得像花蝴蝶一般,招着旁的两个女孩子道:"春姊姊,秋姊姊,今天我领你们到一处好地方去瞧一个饱,瞧饱了包管等会晚饭都不用吃,连睡也睡不着了。"

两个被招的女孩子走近了一步道:"是昨天说的那影戏公司吗？我

们手里都拿着书包,秋妹妹还提着一瓶蓝墨水,一晃一晃摇糖鼓似的,跑来跑去准要给人家笑话,怎么念书念到马路上,上课上到影戏公司里来了?"

丁慧因伸手竖起一只大拇指来,笑道:"好个张春薇女士,爱惜道生女校的名誉,便爱惜到这般地步!我们又不跑到他们公司里去瞧看,只在我家阳台上望下去,便是个特别包厢座位,连衣裳的折缝、鞋头上绣的什么花都看得清楚。"

"他们公司里我也不常去,有一位姓贾的,人家都称他贾先生,他最喜欢和人说笑,我见了他就害怕,他几次要替我照相,我说我愿意花了钱去照,谁爱揩你们油!有一次当真要替我照,我一跑,他却把我照了一个背影去,隔了一天洗出来给我看,说你跑的姿势真好啊!我自己拿来一看,真可把我笑死了!一个辫子下梢直飞起来,和背脊成了一个三角形,两条腿简直像跳高,一条腿都没着地,我把照片抢了来撕了,还吐了那厮一脸唾沫!"

丁慧因一路说着,还演手势给她们看,说得三人都哈哈笑了。

张春薇道:"慧妹妹,我们到你家去,倘然被伯母瞧见了,说'好!张春薇、张秋芩,你们姊妹俩前回夜里哄我慧儿出去看电影,累她伤风两天,没有上学堂去。这回又来了,不招待!不招待!'"

丁慧因笑道:"我妈不是这样人,很疼你们姊妹,还说'我可惜没儿子,若是有一个儿子,把张家姊妹一箍脑儿娶来做儿媳妇!'"

张秋芩道:"慧妹妹,别疯了!我们到你家去,站在阳台上,要是他们真偷照起来,那怎么办?"

丁慧因道:"他们正拍影戏的时候,倒不会和人胡闹,你们放心罢,便是偷照了去,将来你姊夫要说话,我可和春姊姊证明,你不是愿意给人照的。"

张秋芩道:"你那旧病又发了,开口说是姊夫,闭口就是姊夫,难道你将来打算往深山里当姑子去,不住在上海?"

丁慧因道："到了，到了，不和你们多谈了。"

张春薇姊妹抬头一看，果然到了大南路德馨里。丁慧因抢先走入弄里，把大门一推，招手道："来，来，来！"三人一同奔上楼来，楼上正坐着丁慧因母亲洪氏，听得一阵脚步声，喊道："慧儿！别跑跌了又嚷痛！"

丁慧因道："妈！有朋友来了！"

洪氏站起来道："是谁？"定睛一看，"哦！原来是张家春姑娘和秋姑娘，好几天不来哩！"

丁慧因笑道："张春薇到！张秋芩到！"

洪氏道："这样长大了，还这般孩子气，要你报名作甚？你看姊姊们走出来多有规矩！"

张氏姊妹含笑向洪氏鞠躬，喊了一声"伯母！"丁慧因催着放书包，一面拉开了窗，走到阳台上，嚷道："快来！快来！正拍呢！"

张春薇姊妹走过来看时，却见短墙外好一片场地，足有六七亩大。对面靠街是一所洋房，洋房上钉着一块牌子，写的是"华华影片公司"几个大字。场地正中布着一个房间的布景，房间里无论一几、一椅、一瓶、一花，都陈设得异常精致，围着好些男女，摄影的摄影、观看的观看。

张秋芩诧异道："怎么房间里这般考究？房间外却这般腐败？况且屋子又没有屋顶，怎能算是房间呢？"

丁慧因道："这原是布景，只拍房内的事情，不拍房外的事情，讲究得没有用不是白白讲究了？今天是这样的一个房间，明天也许换了个客堂，或是一个厨房，一会拆，一会装，原没有一定的，只不过他们拍时，东拍拍，西拍拍，开演起来情节会联合得拢。"

张春薇拉着丁慧因手道："看！看！看！别错过了。"

丁慧因一看，说道："这有什么稀罕？我一个人在家里，隔着玻璃窗看，看得腻烦了。前一回和俞家姑母、俞家表弟看梅兰芳的戏，每位四块钱，前排有两个客人说，腰扭一扭，值一角；屁股颠一颠，值两角；头低一低，值三角；眼睛瞟一瞟，值四角。照这样计算到完场，听她们说，值八十几角,四块钱连呼便宜、便宜,像底下那般动作,怕要值五角、一块了。"

"我告诉你们,那个坐在沙发上的女子,便是凤明霞,已经成了一位女明星,听说一月要拿一百多块钱,我们学校里中学班英文老师都没拿她这般多。"

张秋琴道:"和那男子是夫妇么?"

丁慧因道:"哪里是夫妇?都是公司里招请来的,怕认识都不认识。"

张秋琴道:"当着许多人,那女子怎么这般不害羞,只和那男子接吻?"

丁慧因道:"昨天那凤明霞起一个婊子,坐在那男明星腿上,男明星的腿发了羊痫病似的不住地摇动,凤明霞说'你们看我骑马!'许多朋友对男明星说'啊哟!这位红倌人今天骑着马,怕不能留你住了。'说了,他们竟捧着肚子笑得前仰后合,等拍完了,那凤明霞把笑的人结结实实地一人一下,还有几个走上来说'我没有打着哩!快打!'真热闹极了!"

张春薇推了推丁慧因道:"阿木林!女孩子家骑马、骑马的闹个不清,给他们公司里几个顺风耳朵听得了,有得取笑你!"

丁慧因偏着头想了一想,脸一红,笑道:"偏是春姊姊做贼心虚,一提就关心。我发誓也想不到还有哑谜儿在内,像我本来没有资格,自然不明白了。"

张春薇把指头刮着脸道:"长得腿也这般高了,没有资格,哄谁哩?"

张秋琴道:"底下真有人向你招手哩!"

丁慧因一把拉了春薇姊妹退进屋子里来道:"那个便是贾先生,我怕你们两位大姊的脸蛋子给他们打了样去,可担不起这个责任。"

洪氏在旁呵道:"慧儿!你这嘴怎么老是没遮拦,幸亏是自己姊妹,换了旁人你也这样么?"

张秋琴隔着窗向底下一望,摄影场上人都散了,剩几个茶房在那里收拾。张春薇见天色已晚,说道:"我们也见过世面了,过一天再来罢!"

姊妹俩拿了书包向洪氏告辞,洪氏留她们吃了晚饭走也留不住,丁慧因送至门外,道了再见,回身上楼。

电灯下,洪氏满面笑容,摸摸她的头发,拍拍她的肩膀道:"慧儿!你和姊妹们在一块儿,别再使促狭说笑。妈已把你许了人,眨眨眼已是一位新娘了!"

丁慧因对洪氏望了望道:"我早已嫁了人,妈又把我许给谁?"

洪氏一怔道:"你嫁给谁?"

丁慧因道:"我和妈天天睡在一张床上,早已嫁给妈了。"

洪氏笑道:"你这孩子,还是这个神气,真要叫丈夫来管束管束!你妈太纵容你,越说越不成话了,走遍天下,哪里有女孩儿可以嫁给母亲的?"

丁慧因道:"妈不叫我嫁妈,却叫我嫁谁?我觉得世界上的男人、女人,没有比妈再好的了,嫁一个不相干的人,不是自寻苦吃?"

洪氏道:"好孩子,可知不错哩!妈替你打算,还有不使你称心乐意的吗?等会吃了晚饭,我给你张相片看,真是一个又漂亮、又年轻、又和气、又有钱、又聪明的少年。妈替你对这门亲,觅这么一个姑爷,睡梦里都不曾想到,也是我祖上的积德,你今生的幸福!"

丁慧因低垂粉颈,沉吟了一会,笑对洪氏道:"妈!敢又是谎?前回说要把我许给俞家表弟,我倒信以为真,后来俞家托人来说,妈一口回绝说,慧儿要读书哩!提了亲怕她分心,歇三五年等她毕业了再谈。后来我要去华华公司拍影戏,公司里许我拿三十块钱一个月,拍得好按月还有加,妈说,只要在学堂里考得好,下半年随你去做什么都使得。"

"暑假大考,我考了六十九分半,将就可算得七十分了,照理妈该允许我去拍影戏,谁知下半年开学瞒着我,托母舅把学费交了,又逼着我去念书,说的长背心和单旗袍也没有做给我。妈失信了好几次,这回我可不上当了!"

洪氏道:"啧!啧!啧!满是做娘的不是了,娘生着你一个宝贝,已经编派得够受,倘然多生几个姊妹兄弟,大伙儿欺起娘来,娘往哪里去诉冤？慧儿,好孩子,你只要听娘吩咐,什么事都可以依你。譬如公司里给你三十块钱一月,妈加倍给你六十块钱。譬如你希望做一件长背心来试试,妈替你做十件十样的长背心,好一件件轮着更换花色,料子随你挑,妈只掏出钱。"

丁慧因见洪氏说得顺口,不等说完,扯着洪氏衣袖道:"妈妈！譬如我立刻要一只金刚钻戒指戴,妈依也不依？"说罢对洪氏目不转睛地望着,脸上深深印出两个小酒窝来。

洪氏忽地伸手到衣袋里摸出一只天蓝丝绒小匣,嘴里连呼"有！有！有！"手指只一抵,那匣盖便弹开,匣里活跳出一只晶莹夺目光彩耀人的金刚钻戒指来,一边指着说道:"这不是金刚钻戒指是什么？"

丁慧因眼前觉得暗了一暗,迟迟说道:"两块钱一只的水钻戒指,同学里戴的也有,我不信是真的。"

洪氏急道:"天地良心,实实是一千块钱,一点也不打谎,分量是这么重,翻头又这么好,我存心争了来给你,又不卖给你。你说它是水钻,不怕雷打？"

丁慧因这才惊喜道:"妈！这是哪里来的？"

洪氏道:"好孩子！你且别问是哪里来的？只看戴上去合适不合适？"

洪氏拉着慧因的手,替她套上无名指,旋端正了,哈哈笑道:"稳稳是我家孩子戴的,不惬地总有些宽紧大小,如何有这样合适？这姻缘竟是天定的。"

正说着,听得楼梯响,母女俩回头一看,原来是女仆李妈。李妈道:"太太！晚饭安排好了,迟了怕凉,就请用罢！"

洪氏道:"也好,先吃饭罢！"

当时主仆三人下楼,才走到半梯,李妈在后嚷道:"小姐！你怎么把香烟头藏到衣袋里,不怕烧起来吗？"

洪氏母女都一吓,奔下来。丁慧因边找边说道:"我不抽香烟,火在哪儿?"

李妈道:"我只见小姐这只手往衣袋里一伸,恰像有个火星在手上。"

洪氏醒悟过来道:"李妈真老糊涂了,活见鬼!这戒指上一闪一闪的亮光当作火星。"

丁慧因道:"倒吓我一跳,这戒指不好!"说着笑了。

不一会吃完晚饭,洪氏吩咐李妈道:"门户早些栓了,要茶要水会喊你,莫再躲到楼上来。"

母女俩登楼,洪氏把丁慧因纳在床上坐了,就衣袋里摸出一串大大小小的钥匙,先开了玻璃大橱,又换一个钥匙开抽屉,翻了翻,翻出一个纸包来,叫丁慧因打开来看。

丁慧因道:"什么东西?"

洪氏道:"你打开看,也许认识。"

丁慧因打开一看,一个庄折、一本银行支票簿、一张相片,说道:"这相片上的女人是谁?"洪氏把庄折、支票簿收拾藏了,回头道:"昏了,是女人么?"

丁慧因道:"我怕妈不肯爽快告诉我,故意说他是女人!"

洪氏道:"这么一个又漂亮、又年轻、又和气、又有钱、又聪明的少年,脸蛋子长得真和女人不差什么,莫怪你说他是女人了。好孩子,这便是那枚钻戒的主人,也就是你那未婚夫。"

丁慧因道:"怎么好生面善?"想了一想道:"妈!想起来了,上一个星期,妈逼着我逛半淞园去,就瞧见这么一个人,妈不理会,他兀自瞧我,绕了几个弯只是遇见他,我想说,这人像是乡下才出来,不认识路,只跟着人乱跑。后来一想,我说了,妈一定要呵责我,便没有说。"

洪氏笑道:"对了,这一门亲可没有辱没你这位好小姐,我为这事心血都呕尽了。他家姓叶,你公公叶德民,现开着一爿绸缎铺、一爿皮货局,有几处市房都坐落在热闹市口,手里着实有几万银子。"

"你未婚夫叫作叶兆熊,现在一个什么中学堂里念书,没有弟兄,性情是好极了,一点脾气也没有,比女孩子还温柔。所以我决定把你许给他,也让我过过下半世的好日子。好孩子,你想,你父亲没了算来也有三年,支持这个门户很不容易,不在女儿身上打主意,还有别的指望不成?外边人都说,你那兆熊姑爷长成到今年一十九岁,不知提了多少亲?只是不合他本人的意,你公公、婆婆钟爱儿子也觉太过分了些,定要儿子亲眼看过,亲嘴说过,才敢放胆替他赶。"

"上星期见了你,现在连念书也懒得去念了,说等和丁女士结了婚,再去念不迟。学堂里是可以告假的,他还说,看了丁女士的脸,就知道她是聪明绝顶的人,像丁女士这般有才有貌,怕世间富似我的、贵似我的,一旦也生起眼睛来抢先定了去,所以非先下手不行。至今老在家里等,结婚做媒的来催了好几次了,好孩子,我已经允许了人家,你就允许了我罢!"

丁慧因手拿着相片,颠来倒去看,连背后卡纸都看得眼花了,脑海里不住回想那天半淞园里的情形。洪氏候她允许,她也没弄得清楚。

洪氏见女儿不说话,又扯了扯衣襟道:"好孩子,怎么做娘的说了一大篇的话,你只当作耳边风?"

丁慧因道:"妈!性急什么?这种事情也得有个预备,女儿没预备哩!过三天答复妈罢!便是和人家打仗,也得先下哀的美敦书,哀的美敦书也有个二十四小时的宽限。妈只打头等急电般地催我,我不能!"

洪氏笑道:"你要预备什么?我替你打算,你只要说'好的',是两个字,再麻烦些说'随妈罢',也只三个字。又不叫你跳上讲台演说,又不叫你直着嗓子唱戏,预备些什么来?你要预备的,不过一个身体,这身体,妈早就在十几年前替你预备下来。若论首饰、衣裳,兆熊姑爷那边赶着预备,只等你伸腿去穿、伸手去戴了。"

丁慧因笑道:"妈!麻烦极了,相片还了你罢,身体是你预备的,也还了你罢!"

洪氏喜道:"好孩子,这么说你已经允许妈了?你把身体还了妈,妈便做主把你这身体许给叶家姑爷去。好孩子,我早知道好孩子是个孝顺不过的好孩子!"

丁慧因不耐烦道:"随妈罢!我此刻只求妈不再苦苦问我,便是妈真心疼我。"

洪氏听到"随妈罢"三个字,喜得直跳,拍着手道:"好!好!好!好孩子如今第一件事也学着你姑爷的办法,向学堂里告假。他们是新法出身,说结了婚夫妻两个应该度蜜月,西湖的山水是天下第一,丁女士的才貌是上海第一。第一的人物应该到第一的地方度蜜月,结婚一层也打算到西湖边借一家旅馆举行。"

"我还质问他们,没有定怎么就娶了?他们说新法排场是随时可以结婚,随地可以结婚,你们小姐是开通的,断断不会借此推托。等在西湖度过了蜜月,才回上海来大闹。亲戚朋友,自然是极丰盛的酒席。姑爷校里合你校里的同学都请一请,预备一千客大菜。"

"好孩子,春上不是你闹着要去逛西湖么?这回你去,不厌不要回来。后天我们就在西湖上了,我们一切都不必预备,自有他们整理。好孩子,把照片和钻戒藏起来,是你的东西。今天晚上早些睡,睡在床上妈再和你细细地说。"

丁慧因此时只觉得脸上热烘烘地发烧,又像有些头眩,一时不曾明白是什么道理,临窗吹了吹也不曾凉快,便和衣倒在床上。洪氏坐在床沿上说长说短,没个休歇。丁慧因有时答应,有时径自不理。

洪氏临睡低着头问道:"好孩子,你做事是不给妈知道的,我也没问过你,现在快要做新妇了,你快说究竟来了没有?"

丁慧因一笑,把身体一扭,捧着耳朵翻向里床去。

洪氏道:"怎么裙子都没有脱,可以钻往被窝里去?"要想替她解下来,吃丁慧因一手,她拉住了裙腰裤腰,不让她妈解。

洪氏还说:"我是你妈,不用瞒!"

欲知后事,且阅下文。

(录自王小逸著民国十九年一月上海玫瑰书店出版《春水微波》)

张舍我作品选

作者简介

张舍我(1896-?),原名建中,字子方,笔名舍我,江苏川沙(今上海市浦东新区)人。曾任小学教员、商务印书馆校对。后入沪江大学高级预科读书,因家庭贫困,于课余写作小说,借稿酬支付学费。作品多载于《小说月报》《小说海》《小说大观》《半月》《快活》和《申报·自由谈》等,受恽铁樵等人好评。毕业后任职英美烟草公司、金星保险公司等。1923年在上海南市静修路创办小说函授学校,讲授小说解剖学课程,请程小青、胡怀琛等主讲。代表作有《舍我小说集》《尸变》等。

短篇小说

字纸篓里的回声

新闻记者的编辑室里,一张写字桌上,堆满了未启封的信和许多投稿的文字。从承尘悬下的一盏五十支烛光的电灯,电光炫耀着那些投稿文字旁边晃亮的一把西式剪刀。这剪刀虽似无意识地横卧着,却很像是裁判那些投稿文字的命运者。

编辑室门开了,新闻记者匆匆进来,到写字桌旁坐下,随手按了叫人铃,便将烟斗中的余烬敲去了,装入新烟叶。茶役端着一碗茶进来,又为记者燃火柴,烧他烟斗中的烟叶。记者吸了二三口,吹着烟缓缓问道:"今天来信多少?"茶役答道:"不多,一百七八十封。"说完便出去了。记者向案上一瞧,皱了皱眉。随手拿张稿子一瞧,乃是附在投稿里的一张字条,开头几句是"……先生赐鉴,久仰文界泰斗……"他忙抛在左首一只信篮里。拿起那篇稿子来,没有看完二句,也丢开了。复拿起一瞧投稿来,一瞧就丢在字篓里。又拿起一篇稿子,也和着一张字条,一瞧笔迹便弃之字篓。新闻记者觉得那字条上,也有二句道:"先生文学大家也,钦仰久矣。……"因自语道:"这人真好耐烦,天天来一封信。"他弃着已拆开的信不阅,拿着明亮的剪刀,开拆那许多未启封的投稿信。他随拆随看、随看随弃。他写字桌旁的字纸篓内顿时积了一尺多厚。

今天来的信和昨天未曾看完的投稿,新闻记者不知道究竟有多少。但他灵敏的脑筋里,淡淡觉得称颂誉扬他是大文豪、大小说家的信真多极了,差不多每一篇投稿内总附着一封致新闻记者的信,他虽不自信是大文豪、大小说家,然总不免因他人之颂美而自夸自喜。这是人们最普通的利己心,我们不能独责新闻记者。

那些来稿中,似乎有些可以采用的,便另放在一起,共有十几篇。这好像是议员选举中的初选当选人,所以新闻记者必须再细心阅读一遍。他将这十几篇文字看过后,大半还是落选,弃在那字纸篓里了。最后当选者,只有三篇。

新闻记者复出烟叶,装在烟斗内,燃火狂吸了几口,吐出烟气时,似乎微微地叹道:"看了一小时,看得头也痛了,唉!"目光注在那三篇稿子上,心里诧异道:"为什么还是这三个老投稿家的稿子可用,此次征求短篇小说,七天内已收到一千三百多篇,选中的十篇。其中的八篇,仍是上次当选的几个作者。我原想扶助后进,多用那未有声名而勇于研究小说常常投稿的少年,可惜他们的艺术未精、观察未深,寄来的作品终不及那些老手。如有佳作为什么不用呢?然而这辈投稿者与那些不知此中情形的可不是要说我,或骂我存着偏见吗?我只能对他们求恕了。……"他想不出什么了。将那三篇稿子好好放在右面的第一只抽屉里,复从当中的大抽屉里拿出已选好的几篇稿子来,短的全篇发下,长的分为二段,分二天登完。遂又按叫人电铃,排字房里的首领进来,新闻记者将配好的材料交给他。并告诉他,若材料太多,可将某段留下。那首领去后,新闻记者戴了呢帽,振振衣出去了。

明天此时他来时，写字桌上堆着的应征短篇小说的投稿信约有二百三四十封，他没有工夫看完，请同馆的新闻记者代看。他们共费了三四小时的光阴，但没有一篇可以使他们满意而可以刊布的小说。结果这些稿子都放在桌子左面的字纸篓里。

又明天，新闻记者走到编辑室里时，茶役告诉他，今天接到征求短篇小说稿的信三百四五十封，寻常投稿信不计在内。他只是摇头皱眉，瞧着桌上堆积如小丘的信，又看看壁上的日历，忽现着有希望的容色，缓缓说道："幸亏今天是投稿的最后一天了，我只好费些精力，带回家去批阅了。"茶役听了，微笑出去。

新闻记者以此次征求短篇小说，共收到一千八百余篇，当选者只有十二篇，约一百五十篇中选得一篇。他想那一千七百九十篇的投稿者不知费了多少心血和脑力，一旦名落孙山，因失望而受的痛苦自然重大。但有什么方法可以补救呢？只有请他们的原谅，望他们努力了。

那十二篇短篇小说发表完毕后，他在报末登刊一段启事，感谢投稿者的踊跃投稿，并表示不能尽数刊载的歉意。

在这启事刊布后的第三天，新闻记者收到二百余封向他索还短篇小说原稿的信。第四天一百五六十封，第五天一百二三十封，第六天八九十封，……一共他收到七百余封。有的信内附着邮票，所以信内词气也比不附邮票的强硬些，似乎有非索到不休之概。新闻记者连看几天单调无味的几百封信，头昏脑涨，眼花缭乱，只说不出此中的苦味。

他已向他们谢罪了，复又不胜复，原稿又无从寻觅。他自己安慰自己，他已向他们谢罪了。

然而谁愿意原谅他呢。一封封责备他的信来了，有的责备他疏忽，有的直斥他傲慢，说他目中无人，去取稿子全以偏见和个人的感情为断。他有口难辩，也辩不胜辩，所以他终于不辩。

一天一天地过去，一月一月地过去，一年一年地过去。新闻记者在他的编辑室内，每天遇到这种事、每月遇到这种事情、也每年遇到这种事情,起初是很有些麻烦的,到后来也习惯了。

然而物极必反、蕴极必宣,有些报纸的附张刷新体例,专以记载谩骂文字,而尽骂人的能事为宗旨。今天骂此人,明天骂那人。或者天天骂此人,骂得无可骂了。(或者本来没有什么可骂)再天天骂那人。他们的骂,纯粹是骂,不是批评,这是他们自己承认的,所以他们的本领是骂人的本领,他们的头衔是谩骂学士、谩骂硕士、谩骂博士。

许多被骂者之中,那新闻记者是一个。他不知他为什么要被骂,因为他自问从没有得罪他人之处,他也不知为什么有许多风马牛不相及的人,天天骂他,好似和他有几世的怨仇,非报不可。起初他并不在意,后来他看得多了,也渐渐引起他的思考。

一天编辑事务完毕了,他很疲乏地斜倚在椅子里。嘴里含着烟斗,慢慢地吸着。目光射在空间,无有所属。有时仰望那明耀的电灯,电光炫眼,不耐久视。眼皮向下垂去,目光又射到广漆的地板上。他的脑筋很欲借着片时的休息,停止他的工作。忽地目光触着写字桌旁的字纸篓,不觉神经微微震动,顿时联想到那些骂人者,又联想到骂人者提笔作"骂文"时摇头摆尾的得意之状。他想他们的喉带一定是很宽的、嘴唇一定很薄的,所以会骂人。声音又粗砺,能咄咄逼人。他正作这样幻想时,那字纸篓里半篓的废纸,忽然渐渐高起来,他以为眼花了,但那些废纸仍然高耸起来,逐渐高出篓子以外。他不胜惊奇,但仍注意着,目不转睛。那些废纸一张一张地飞到地上,满铺了一地。又一张一张地长大起来,变作小孩子常玩的气球模样。又由浑圆逐渐拔长,形如竖立着的冬瓜。新闻记者更为骇异,但仍耐心瞧看。那冬瓜似的东西又渐渐生出两只脚来,又渐渐生出两臂来,又渐渐生出一头来,那头上只有一个面孔,面孔上只生一只血盆大口,其余耳目鼻等都没有。新闻记者的惊奇心也变作了畏惧,但也不致失声而呼。他努力自己镇定心神,静看那些怪物的变化。

那些怪物个个啰着大口,齐声喝骂道:"你这文丐害得我们好苦呀!"

新闻记者想,我并没害他们,他们骂我什么意思呀。"你存着私心和成见,不肯录用我们,不把我们放在眼里,将我们弃之如敝屣。你以为我们是到底无用的么,你真是盲目的顽物。我们竭力的奋斗到底开辟了新土地,建立我们的新国,要和你拼一个你死我生,或我亡你存。……"他们又如此地骂了。新闻记者并不动怒,只是点头微笑,很镇定地说道:"我很希望我们的文学世界里出现一个新国,不过我不信像你这班四不像的东西能建立一般人所希望的新国。"那些东西听了只是咆哮乱叫,听不出他们说着什么方言。大略可以辨别得出的只有几句,"你为什么不敢开口,为什么不敢还骂。"新闻记者还是对他们颔首微笑,似乎笑他们的狂妄乱骂,毫无与他们讲理之地,也无心与他们辩论。

最后那些东西都跳着嚷道,"他不敢开口,不敢还骂,就是认输的表示,我们何不趁此显些本领给他瞧瞧。"正嚷闹间,窗外飞进来一张空白纸,向那些东西的头上一卷。把他们都卷在里面,几十个怪物顿时无形无踪地不见了。但见那张纸飞到他的写字桌上来了。他正疑惑间,那张纸已很平服地展开在他面前,方才是空白的,此时已印满了许多铅字。新闻记者不禁俯首看那报纸上排印着些何种铅字,定睛看时,只见"文丐……小说匠……"满纸都是骂人的秽语。

新闻记者看了,不觉大笑,笑时醒了。原来那天他在编辑室里朦胧小睡了一小时。

(录自民国十三年六月世界书局出版《舍我小说集》)

张若谷作品选

作者简介

张若谷(1905—1960),原名天松,字若谷,笔名除张若谷外,还有摩炬、马尔谷、百合、南方张、刘舞心女士、虚斋主等,江苏南汇(今上海市浦东新区)人。自幼受到良好的家庭教育,早年就读于徐汇中学,1925年毕业于震旦大学,深受马相伯思想熏陶。后任上海艺术大学教授、南京《革命军日报》编辑、古巴驻华公使馆秘书、上海《大晚报》记者。又至比利时鲁汶大学学习社会学和神哲学,1935年回国后任上海《时报》记者、南京《朝报》主编、上海《神州报》记者等职,又创办《大上海人》半月刊并任主编。抗战期间,在《中美日报》上发表大量抗日救亡文章,被日本宪兵逮捕,后经营救出狱。抗战胜利后,任天主教《益世报》南京版编辑。其出版的著作有《异国情调》《珈琲座谈》《南都巡礼》《战争、饮食、男女》《游欧猎奇印象》《文学生活》《都会交响曲》《艺术三家言》《歌剧ABC》《音乐ABC》《到音乐会去》《十五年写作经验》《儒林新史——婆汉谜》《从嚣俄到鲁迅》《留沪外史》《中国孤儿》《当代名人特写》《畲山》《梵蒂冈一瞥》《马相伯先生年谱》《马相伯学习生活》《甘地自叙传》等。还编有《真善美(女作家号)》。他一生致力于文学评论和翻译,试图把法兰西文化的精华介绍到中国。

序跋作品

《游欧猎奇印象》作者序

在这一本书里所收集的,是我旅行欧洲的游记,曾发表于国内数种报纸,如《申报》的《欧罗巴洲巡礼》、《时报》的《欧游记》、《大晚报》的《游欧印象》、《时代画报》的《世界都会猎奇记》、《小晨报》的《欧陆猎奇记》

等。其中所记的地方,都依我的游踪先后列为顺序。

我于民国二十二年五月十二日出国,迄今恰满三年,在欧洲作客共将两年。启程的当初,在二十二天的海行中,先经香港、新加坡、锡兰、印度、埃及、横渡南洋、印度洋、红海、地中海,直达意大利。在罗马淹留一月,朝觐教皇,凭吊人兽圆场,考察文物,以及新意大利的民俗。六月避暑地中海海滨、游摩那哥小王国、观尼斯嘉年华会。七月取道马赛、经里昂、抵法京巴黎。后又折往比利时,在鲁汶大学研究社会学及政治学。二十三年的初冬,渡北海至英京伦敦,自苏格兰南旋,经爱尔兰,渡大西洋,沿葡萄牙、西班牙、北非洲各海岸,复经苏伊士运河,仍依原道回到上海。统计这一次我到欧洲去旅行,海行五万里,陆行二万里,旅途中随时笔记所闻所见,这里所发表的,仅限于一部分猎奇的材料。此外还有许多关于政治、社会、文学、艺术的文献资料,将来打算另外加以整理发表;深愿能获安心执笔的机会,把两年来观察所得,公诸国内学术界作为借鉴。

(录自张若谷著民国二十五年十二月中华书局出版《游欧猎奇印象》)

《马相伯先生年谱》跋

丹徒马相伯先生,国之大老,一代宗师,学贯中西,举世景仰。其一生出处,与中华近百年之政治文化,有密切之关系;其道德文章,与夫对国族之建树,殆非楮墨所能罄书。中华建国二十八年,欣逢先生百龄华诞,全国朝野,为国老晋觞介寿,甚盛事也。不佞与先生同教同学,且属世交,又有师生之谊,平日亲炙教诲较切,耳提命授,获益颇多,爰举见闻所及,并参考时贤著述,为先生编百岁年谱,以先生一生之言行为经,以中国百年之大事为纬,初稿揭橥于《中美日报》,本欲将谱稿汇寄谅山,冀能就正于先生,不谓先生不及目睹祖国山河光复,而遽溘然长逝于域外,向之欲以寿先生者,乃竟成为恸悼先生之行状矣,呜呼哀哉!

溯念先生生于晚清道光之庚子,适值中西鸦片战争开衅,越二年,先生故里沦陷,避难山中。其后,又亲历咸丰丁巳、光绪庚午之外侮;而甲午之役,清廷熸师割地,屈于扶桑,尤为五十年来外患坐大之张本。先生忧时念乱,洞烛先机,见清廷昏愦,知国事之不可为,乃自三韩返国,悬车海上,闭门授徒。创设震旦学院、复旦公学,欲以百年树人之大计,植民族复兴之基础。民国成立后,从游弟子,多能秉承先生教诲,为国效劳。辛亥光复,先生应中山先生之请,出辅民国,项城憯改帝制,先生著文痛斥,唤醒军民,再造共和。九一八变作,先生在野,领导青年,一致御侮。七七之役,先生不以年事之高,策杖首都,翊赞中枢。淞沪沦陷,转徙桂林,病阻谅山,方期先生得早见中华民族再生建国之大业,乃天不□遗,灵返天国,呜呼哀哉!方全国为先生庆祝百龄华诞时,先生告其左右:老夫之生百年,所历者忧患之日耳!盖自老夫之入世,吾中华无日不在忧患中也。及其临终,犹拳拳关怀国事。蒋总裁挽先生以联曰:毕生广造英才,化育百年尊绛帐;临死尚饶敌忾,精魂万古式炎黄。先生遗躯暂厝南交,而其忠魂巍然永生,俯视神州,当有无限之悲恸,予校阅先生年谱既竟,溯往思来,百感交集,妖氛未已,梦魂惊惕,跋书数语,聊为先生知者告耳。民国二十八年十二月十五日先生六七死忌,景教后学张若谷跋于上海震旦大学。

（录自张若谷编著民国二十八年十二月商务印书馆出版《马相伯先生年谱》）

《从嚣俄到鲁迅》序（节录）

在这一本小书里所收集的,都是我这五六年来对于文学批评方面的文章。共包括中法德日四国的近代作家八人,代表作品八种:计小说四种、戏曲两种、论文一种、随笔一种。关于东西文学的介绍,除了曾在《文学生活》《异国情调》《咖啡座谈》和本小书中发表过一部分文字以外,现在在这里所收集的,都是我自己认为尚能满意的近作。读者诸君可以从这些较有系统性的文字中,窥见我私人对于文学方面的一点意见。

回想这五六年来的文学生活,在当初我是抱着有多么大的热情和切望,我也曾经努力过于写作的工作,多谢诸位师长和朋友们的指导和鼓励,使愚鲁的我,在文学的园地中,竟也得着一些小小的收获。我自己很明白,像我这样一个没有才情的人,对于中国现代的文艺界,没有什么成绩可以贡献,真是有说不出的内疚。尤其使我觉得惭作的,常常收到许多不相识的青年诸君们来信,要求同我做文艺上各种问题的探讨。我自己知道是识浅才短,决没有做他们导师或顾问的资格;不过因为我也正和许多有文学爱好的许多青年一样,我们对于今日出版界混乱的现象,常常发生彷徨道左,叫我们无从选读好的作品的感想。我们正是如何需要文学批评者的人才,来替我们做指导,希望他们在这大批生产的出版物中,替我们删剃选择,留下最好的作品介绍给我们诵读,为减去我们经济上的负担和可怜的头脑的困难,但是一直等到今日,我们还没有发现一个像我们理想中所要求的批评家来。如今,我不自量力先来做个冲锋小卒,把这样一个重大的使命来当十字架背。这里的几篇文字,却是为了这个目的而写成的,虽则没有什么特殊的价值,但在我自己却是煞费着一番苦心而写成的。若使给一般爱好文学的青年读了,能够多少会得到一点益处的话,那么我就谨以十二分的热忱把这本小书奉献给他们做一件小小的礼物。

(录自张若谷著《从嚣俄到鲁迅》)

《当代名人特写》序

我为了职务上便利的关系,在国内、在国外,曾会见过不少当代著名的人物,或为一国的元首,或为政治家,或为学者,或为作家,或为艺术家,或为宗教家,他们都是对国家民族有建树,对人类文化有贡献的主脑者或策动者。他们的名字为世人所熟知,他们的言行为大众所关切,报章杂志上常有关于他们的记事,但是大半都是就他们的动态作简单的报道,至于对于每一个人物的气质性格等,往往是随笔滑过,极少详细和正确的描写。因此一般报纸的读者,对那些知名的人物,也只留有一种浮泛的印象,而难以认识他们所关切着的人物的庐山真面,而常引为一种遗憾。不论是粗心的或细心的读报者,如果能够多少认识每一个新闻中心人物的本来面目,不但可以增进他的亲切感,而且还能帮助他对人事的发展作正确的判断。因此人物访问记一类的特写文字便变成了今日新闻纸中不可缺少的主要材料了。

根据我十数年来做新闻记者所获得的一点经验:当我每次访问一个比较知名的要人时,事先不但准备了一些问题,而且对于那位将作为访问对象的人物必先搜集好了关于他的过去的简要资料,尤其是关于他最近的动静也最好能探听得一个梗概,这不但在访问时可以抓住更多的谈话题材,同时在执笔时为了有丰富的资料,可使读者发生更多的兴味。因此我在写人物访问记时,除了新闻性的部分外,必还注意叙述每个人物的性情,和他过去的事迹,作一个有系统的对照。务使读者能从字里行间,窥见每一个人物的胸襟而想见其为人。我的人物特写,十之八九是用这种方法而执笔的。从民国二十一年我当大晚报本埠新闻编辑起到目前为止,我担任过四种报纸的编辑,我在国内外报纸杂志上发表过不少关于人物访问的特写文字,现在选出一部分比较没有失却时效而在私人认为值得重印的文字,印成这本《当代名人特写》。里面包括国家元首五人:中华民国国民政府主席林森、英王乔治六世、比王雷奥堡三世、法元首贝当、菲列宾总统奎松;政治家二人:蒋委员长、巴特莱夫斯基;文学家二人:林语堂、罗曼·罗兰;艺术家三人:梅兰芳、郎静山、张善开;宗教家四人:于斌、陆征祥、雷鸣远、饶家驹;教育家一人:马君武;共计国际著名人物十七人,其中四人不幸已于最近一年内先后亡故。在《当代名人特写》中所记的人物,大半都是我会见过的,一小部分的资料,则译自外国的报纸杂志,如有转录内地报章或刊物者,都附在篇外,并注明出处。在这一部书里所集印的十几篇文章,只能算是我个人从事新闻事业的一些小小的纪念品,但不能作为人物访问或特写的范本。读者中如有人对人物特写感兴趣而也欲一试的,让我在这里顺便来谈谈关于访问人物所必须知道的几点基本知识。做新闻记者第一个条件,是要广泛交际。为了采访上便利起见,朋友是不可少的。除了跟同业多联络之外,更需要跟无论什么人都亲近。俗语说得好:"阎王好见,小鬼难当。"所以在访问要人的时候,不但要和要人的左右亲信相熟,而且要对下级人员、汽车夫、侍者、仆役等多亲近。一个消息灵通的新闻记者一定要广于交际,而许多要人的材料,往往都可从要人的亲近的人们那里无意中透露出来的。第二个条件是要善跑腿。勤于职务的新闻记者,该当学取猎狗的精神,单有了一个感觉敏锐的新闻鼻是不够的,非得要自己四处奔走不可。真确而又生动的材料必定是从实在采访而来的,决非闭门埋头所可杜造。"不入虎穴,焉得虎子",因此一个新闻记者不但在求见达官贵人时须有踏进门禁森严住所的决心和方法,更须有出入战地或深入民间刻苦耐劳的精神。尤其是在贫民窟、工厂、教堂、庙宇、酒店、茶室、浴室、旅馆、舞场,都是能够获得很多新闻材料的地方,在这种新闻来源荟萃之区,只要是一个细心的新闻记者,便可以处处逢源,只要他善于跑腿,不要忧找不到新闻的材料。第三个条件,是要揣心理。新闻界前辈陈冷(景韩)先生曾说:"心理学为新闻家最重要学问。"新闻记者在访问时,其成败的关键,大半系于发问技巧的优劣,发问者必须要善于观察对方的性格和当时的心理,更要善于揣摩对方的心理而随机应变,所谓"攻心为上",成功的新闻记者,一定都是善于观言察色而能把握住人们的心理的。

  此外还有几种次要的必备条件,就是要有敏捷的头脑,要有耳听四方的本领,还要养成随时随地在极短时期执笔写稿的技能。总之一句:恰如另一位新闻界前辈黄远生先生说的:"新闻记者须有四能:一,脑筋能想;二,腿脚能奔走;三,耳能听;四,手能写。"这是无论哪一个新闻记者所不可不备的最低限度的条件,而在访问人物从事写特写文章的时候,更要在交际和揣摩心理这两点上特别加以注意。我出版这一本《当代名人特写》,没有别的用意,只是希望读者们能够更亲切地更透辟地认识当代对国家社会和民族文化有贡献的十多位著名人物的真面目而已。

  (录自张若谷著民国三十年八月谷峰出版社出版《当代名人特写》)

傅雷作品选

作者简介

傅雷(1908-1966),字怒安,号怒庵,江苏南汇(今上海市浦东新区)人。早年就读于徐汇公学、上海大同大学附中等校。1927年留学巴黎,攻读文学和美术史。1931年回到上海定居,任上海美专教职、南京中央古物保管委员会编审科长、《时事汇报》周刊主编等职。抗战期间,专事翻译外国文学。抗战胜利后,与马叙伦、陈叔通等联合发表宣言反对内战,筹建中国民主促进会并任首届理事。创办半月刊《新语》。新中国建立后,任第一、二届全国文代会代表、中国作家协会上海分会理事及书记处书记、上海市政协委员、法国巴尔扎克研究协会会员。"文化大革命"中遭迫害,1966年9月3日与夫人一起去世。译作有巴尔扎克的《高老头》《欧也妮-葛朗台》《贝姨》《邦斯舅舅》等14部长篇小说,罗曼·罗兰的《托尔斯泰传》《米开朗琪罗传》《贝多芬传》《约翰·克利斯朵夫》和泰纳的论著《艺术哲学》等。当代出版有《傅雷全集》等。

论文作品

现代青年的烦闷

一九三二年十月二十八日《晨报-现代文艺》曾刊出拙译《世纪病》一文,此次《学灯》编者又以一九三三年元里特大号文字见嘱,我特地再用《世纪病》相类的题材,把若干现代西方青年的不安的精神状态作一番介绍。这并非要引起现代中国青年的烦躁——这烦躁,不待我引起,也许他们已经感到——而是因为烦闷是文艺创造的源泉,由于它在反省和刺激内在生活使其活跃的作用上,可以领导我们往深邃的意境中去寻求新天地。而且,烦闷唯有在人类心魂觉醒的时候才能感到。在这数千年来为智(sagesse)的教训磨练到近于麻痹的中国人精神上给他一个刺激,亦非无益之事。

阿那托·法朗士曾言:"只有一件事可以使人类的思想感到诱惑,便是烦闷。绝对不感到烦躁的心灵令我厌恶而且愤怒。"的确,在历史上,每个灿烂的文艺时代,总是由不安的分子鼓动激荡起来的!古典派和浪漫派一样,不过前者能够遏止烦闷,而后者被烦闷所征服罢了。在个人的体验上,心境的平和固然是我们大部分人类所渴望的乌托邦,但这种幸福只有睡在坟墓里叹了最后一口气时才能享受。而且,就令我们在生命中获得这绝对的平和(它的名字很多,如宁静、休息等等),我们反而要憎恨它;失掉了心的平和,我们又要一心一意的企念它:这是人类永远的悲剧。不独如此,人类的良知一朝认识了烦闷的真价值,还幽密地在烦闷中感到残酷的喜乐。

西方的医学上有一句谚语:"世界上无所谓病,只有病人。"《世纪病》的作者乔治·勒公德把现代青年的骚乱归之于现代社会的和思想上的骚乱;这无疑是"世界上无所谓烦闷,只有烦闷的人"的看法。固然,我们承认它有理。在一般所谓健全的,尤其是享受惯温和的幸福的人眼中,烦闷者是失掉了心灵的均衡的病人。然而要知道,烦闷的人是失掉了均衡,正在热烈地寻找新的均衡。他们的欲望无穷、奢念无穷,永远不能满足。如果有一班自命为烦闷者,突然会恢复他们的宁静,那是因为他们的烦闷,实在并不深刻,而是表面的,肤浅的。真正在苦闷中煎熬的人决不能以一种答案自满,他们要认识得更透彻,更多。他们怕找到真理,因为从此以后,他们不能再希望一个更高卓的真理。惟有"信仰"是盲目的,烦闷的人永远悲苦地睁大着眼睛。

每个人在他生命中限制自己。每个人把他要求解决的问题按着他自己的身份加以剪裁。这自然是聪明的办法。他们不愿多事徒劳无益的追求。实在,多少代的人类曾追求哲学、伦理、美学等等的理想而一无所获。然而没有一个时代的人类,因此而停止去追求。因为他们觉得,世俗的所谓"稳定""宁静""平和",只是"死"的变相的名称。"死"是西方人所不能忍受的,他们极端执着"生"。

烦闷的现象是多方面的,又是随着每个人而变动的,从最粗浅的事情上说,每个人想起他们的死,岂不是要打一个寒噤?听到人家叙述一个人受伤的情景而无动于衷,是非人的行为。因为,本能地,人类会幻想处在同样的境地,受到同样的痛苦。同样,一个人在路上遇到出殡的行列,岂非要兔死狐悲的哀伤?一切的人类,真是自私得可怜!这自然是人类烦闷的一种原因。心理病学家亦认为烦闷是一种感情的夸大,对于一种实在的或幻想的灾祸的反动,可是认烦闷为对于不测的事情的简单的恐怖,未免是肤浅的,不完全的观念。因此,对于病态心理学造诣极深的作家,如保尔·蒲尔越(Panl Bourget)亦不承认心灵上的病,完全由生理上的病引起的。生命被威胁的突然的恐怖,在原始民族中,确是烦闷的唯一的原因。可是民族渐渐地长成以至老大,他的烦闷亦变得复杂、精微,在一般普通人的心目中,也愈显得渺茫不可捉摸。在这个过程中,我们自然承认有病的影响存在着,但除了病态心理学家的物的解释以外,还有精神上的现象更富意味。

人类在初期的物质的恐怖以后,不久即易为形而上的恐怖。他们怕惧雷鸣,远在怕惧主宰雷鸣的上帝以前。原始时代的恐怖至此已变成烦闷,人类提出许多问题如生和死的意义等。被这些无法解答的问题扰乱着,人类一方面不能获得宁息,一方面又不能超度那丰富的生活追求,于是他祝祷遗忘一切。柏斯克说过:"人类有一种秘密的本能,使他因为感到苦闷的无穷尽而到外界去寻觅消遣与事业;他另有一种秘密的本能,使他认识到所谓幸福原在宁息而不在骚乱。这两种矛盾的本能,在人类心魂中形成渺茫的计划,想由骚动达到安息,而且自以为他得不到的满足会临到。如果他能够制止他事业中的艰难,便可直窥宁息的门户。"

这种烦闷的形而上学的意义,固是极有意味的,但它还不能整个地包括烦闷。烦闷,在人类的良心上还有反响,——与形而上的完全独立的道德上的反响,例如责任观念便是烦闷的许多标识之一。假定一个作家在创作的时候,为使他的文章更完满起见,不应该想到他的著作对于群众将发生若何影响的问题;然而一本书写完之后,要作家不顾虑到他的书将来对于读者的影响是件不可能的事。

一九三三年一月一日

(录自金梅编,2012年3月上海文艺出版社出版《傅雷艺术随笔》)

序跋作品

罗曼·罗兰《约翰·克利斯朵夫》译者弁言

在全书十卷中间,本册所包括的两卷恐怕是最混沌最不容易了解的一部了。因为克利斯朵夫在青年成长的途中,而青年成长的途程就是一段混沌、暧昧、矛盾、骚乱的历史。顽强的意志,簇新的天才,被更其顽强的和年代久远的传统与民族性拘囚在木樊笼里。它得和社会奋斗,和过去的历史奋斗,更得和人类固有的种种根性奋斗。一个人唯有在这场艰苦的战争中得胜,才能打破青年期的难关而踏上成人的大道。儿童期所要征服的是物质世界,青年所要征服的是精神世界。还有最悲壮的是现在的自我和过去的自我冲突:从前费了多少心血获得的宝物,此刻要费更多的心血去反抗,以求解脱。

"这个时期正是他闭着眼睛对幼年时代的一切偶像反抗的时期。他恨自己,恨他们,因为当初曾经五体投地地相信了他们。——而这种反抗也是应当的。人生有一个时期应当敢不公平,敢把跟着别人佩服的敬重的东西——不管是真理是谎言——一概摒弃,敢把没有经过自己认为是真理的东西统统否认。所有的教育,所有的见闻,使一个儿童把大量的谎言与愚蠢,和人生主要的真理混在一起吞饱了,所以他若要成为一个健全的人,少年时期的第一件责任就得把宿食呕吐干净。"

是这种心理状态驱使克利斯朵夫肆无忌惮地抨击前辈的宗师,抨击早已成为偶像的杰作,揭发德国民族的矫伪和感伤性,在他的小城里树立敌人,和大公爵冲突,为了精神的自由丧失了一切物质上的依傍,终而至于亡命国外。(关于这些,尤其是克利斯朵夫对于某些大作的攻击,原作者在卷四的初版序文里就有简短的说明。)

至于强烈犷野的力在胸中冲撞奔突的骚乱,尚未成形的艺术天才挣扎图求生长的苦闷,又是青年期的另外一支精神巨流。

"一年之中有几个月是阵雨的季节,同样,一生之中有些年龄特别富于电力……"

"整个的人都很紧张。雷雨一天一天地酝酿着。白茫茫的天上布满着灼热的云。没有一丝风,凝集不动的空气在发酵,但似乎沸腾了。大地寂静无声,麻痹了。头里在发烧,嗡嗡地响着;整个天地等着那愈积愈厚的力爆发,等着那沉甸甸的高举着的锤子打在乌云上面。又大又热的阴影移过,一阵火辣辣的风吹过;神经像树叶般发抖……"

"这样等待的时候自有一种悲怆而痛快的感觉。虽然你受着压迫,浑身难过,可是你感觉到血管里头有的是烧着整个宇宙的烈火。陶醉的灵魂在锅炉里沸腾,像埋在酒桶里的葡萄。千千万万的生与死的种子都在心中活动,结果会产生些什么呢?……像个孕妇似的,你的心不声不响地看着自己,焦急地听着脏腑的颤动,想道:'我会生下些什么来呢?'"

这不是克利斯朵夫一个人的境界,而是古往今来一切伟大的心灵在成长时期所共有的感觉。

"欢乐,如醉如狂的欢乐。好比一颗太阳照耀着一切现在的与未来的成就,创造的欢乐,神明的欢乐!唯有创造才是欢乐。唯有创造的生灵才是生灵。其余的尽是与生命无关而在地下飘浮的影子……"

"创造,不论是肉体方面的或精神方面的,总是脱离躯壳的樊笼,卷入生命的旋风,与神明同寿。创造是消灭死。"

瞧,这不是贝多芬式的艺术论么?这不是博格森派的人生观么?现代的西方人是从另一途径达到我们古谚所谓"物我同化"的境界的,译者所热诚期望读者在本书中有所领会的,也就是这个境界。

"创造才是欢乐""创造是消灭死",是罗曼·罗兰这阕大交响乐中的基调;他所说的不朽、永生、神明,都当作如是观。

我们尤须牢记的是,切不可狭义地把《约翰·克利斯朵夫》单看作是一个音乐家或艺术家的传记。艺术之所以成为人生的酵素,只因为它含有丰满无比的生命力;艺术家之所以成为我们的模范,只因为他是不完全的人群中比较最完全的一个。而所谓完全并非是圆满无缺,而是颠扑不破地、再接再厉地向着比较圆满无缺的前途迈进的意思。

然而单用上述几点笼统的观念还不足以概括本书的精神。译者在第一册卷首的献辞和这段弁言的前节里所说的,只是《约翰·克利斯朵夫》这本书属于一般的、普泛的方面。换句话说,至此为止,我们的看法是对一幅肖像画的看法:所见到的虽然也有特殊的征象,但演绎出来的结果是对于人类的一般的、概括式的领会。可是本书还有另外一副更错杂的面目:无异一幅巨大的历史画,——不单是写实的而且是象征的,含有预言意味的。作者把整个十九世纪末期的思想史、社会史、政治史、民族史、艺术史来做这个新英雄的背景。于是本书在描写一个个人而涉及人类永久的使命与性格以外,更具有反映某一特殊时期的历史性。

最显著的对比,在卷四与卷五中占着一大半篇幅的,是德法两个民族的比较研究。罗曼·罗兰让青年的主人翁先对德国作一极其严正的批判:

"他们耗费所有的精力,想把不可调和的事情加以调和。特别从德国战胜以后,他们更想来一套令人作呕的把戏,在新兴的力和旧有的原则之间觅取妥协……吃败仗的时候,大家说德国是爱护理想。现在把别人打败了,大家说德国就是人类的理想。看到别的国家强盛,他们就像莱辛一样的说:'爱国心不过是想做英雄的倾向,没有它也不妨事',并且自称为'世界公民'。如今自己抬头了,他们便对于所谓'法国式'的理想不胜轻蔑,对什么世界和平、什么博爱、什么和衷共济的进步、什么人权、什么天然的平等,一律瞧不起;并且说最强的民族对别的民族可以有绝对的权利,而别的民族,就因为弱,所以对它绝对没有权利可言。它,它是活的上帝、是观念的化身,它的进步是用战争、暴行、压力,来完成的……"(在此,读者当注意这段文字是在20世纪初期写的。)

尽量分析德国民族以后,克利斯朵夫便转过来解剖法兰西了。卷五用的"节场"这个名称就是含有十足暴露性的。说起当时的巴黎乐坛时,作者认为"只是一味的温和、苍白、麻木、贫血、憔悴……"又说那时的音乐家"所缺少的是意志、是力;一切的天赋他们都齐备,——只少一样:就是强烈的生命"。

"克利斯朵夫对那些音乐界的俗物尤其感到恶心的,是他们的形式主义。他们之间只讨论形式一项。情操、性格、生命,都绝口不提!没有一个人想到真正的音乐家是生活在音响的宇宙中的,他的岁月就寄于音乐的浪潮。音乐是他呼吸的空气,是他生息的天地。他的心灵本身便是音乐;他所爱、所憎、所苦、所惧、所希望,又无一而非音乐……天才是要用生命力的强度来测量的,艺术这个残缺不全的工具也不过想唤引生命罢了。但法国有多少人想到一点呢?对这个化学家式的民族,音乐似乎只是配合声音的艺术。它把字母当作书本……"

等到述及文坛、戏剧界的时候,作者所描写的又是一片颓废的气、轻佻的癖习、金钱的臭味。诗歌与戏剧,在此拉丁文化的最后一个王朝里,却只是"娱乐的商品"。笼罩着知识阶级与上流社会的,只有一股沉沉的死气:

"豪华的表面、繁嚣的喧闹,底下都有死的影子。"

"巴黎的作家都病了……但在这批人,一切都归结到贫瘠的享乐。贫瘠,贫瘠。这就是病根所在。滥用思想,滥用感官,而毫无果实……"

对此十九世纪的"世纪末"现象,作者不禁大声疾呼:

"可怜虫!艺术不是给下贱的人享用的下贱的刍秣。不用说,艺术是一种享受,一切享受中最迷人的享受。但你只能用艰苦的奋斗去换来,等到'力'高歌胜利的时候才有资格得到艺术的桂冠……你们沾沾自喜地培养你们民族的病,培养他们的好逸恶劳,喜欢享受,喜欢色欲,喜欢虚幻的人道主义,和一切足以麻醉意志,使它萎靡不振的因素。你们简直是把民族带去上鸦片烟馆……"

巴黎的政界、妇女界,社会活动的各方面,却逃不出这腐化的氛围。然而作者并不因此悲观,并不以暴露为满足,他在苛刻的指摘和破坏后面早就潜伏着建设的热情。正如克利斯朵夫早年的剧烈抨击古代宗师,正是他后来另创新路的起点。破坏只是建设的准备。在此德法两民族的比较与解剖下面,隐伏着一个伟大的方案:就是以德意志的力救济法兰西的萎靡,以法兰西的自由救济德意志的柔顺服从,西方文化第二次的再生应当从这两个主要民族的文化交流中发轫。所以罗曼·罗兰使书中的主人翁生为德国人,使他先天成为一个强者,力的代表(他的姓克里斯朵夫在德文中就是力的意思);秉受着古弗拉芒族的质朴的精神,具有贝多芬式的英雄意志,然后到莱茵彼岸去领受纤腻的、精练的、自由的法国文化的洗礼。拉丁文化太衰老,日耳曼文化太粗犷,但是两者汇合融和之下,倒能产生一个理想的新文明。克利斯朵夫这个新人,就是新人类的代表。他的最后的旅程,是到拉斐尔的祖国去领会清明恬静的意境。从本能到智慧,从粗犷的力到精练的艺术,是克利斯朵夫前期的生活趋向,是未来文化——就是从德国到法国——的第一个阶段。从血淋淋的战斗到平和的欢乐、从自我和社会的认识到宇宙的认识、从扰攘骚乱到光明宁静、从多雾的北欧越过阿尔卑斯,来到阳光绚烂的地中海,克利斯朵夫终于达到了最高的精神境界:触到了生命的本体,握住了宇宙的真知,这才是最后的解放,"与神明同寿"!意大利应当是心灵的归宿地。(卷五末所提到的葛拉齐亚便是意大利的化身。)

尼采的查拉图斯脱拉现在已经具体成形,在人间降生了。他带来了鲜血淋漓的现实。托尔斯泰的福音主义的使徒只成为一个时代的幻影,烟雾似的消失了,比"超人"更富于人间性、世界性、永久性的新英雄克利斯朵夫,应当是人类以更大的苦难、更深的磨练去追求的典型。

这本书既不是小说,也不是诗,据作者的自白,说它犹如一条河。莱茵这条横贯欧洲的巨流是全书的象征。所以第一卷第一页第一句便是极富于音乐意味的、包藏无限生机的"江声浩荡……"

对于一般的读者,这部头绪万端的迷宫式的作品,一时恐怕不容易把握它的真际,所以译者谦卑地写这篇说明作为引子,希望为一般探宝山的人做一个即使不高明,至少还算忠实的向导。

一九四〇年

(录自罗曼·罗兰著,傅雷译,民国三十年商务印书馆第三版《约翰·克利斯朵夫》)

罗曼·罗兰《贝多芬传》译者序

唯有真实的苦难,才能驱除浪漫蒂克的幻想的苦难;唯有看到克服苦难的壮烈的悲剧,才能帮助我们担受残酷的命运;唯有抱着"我不入地狱谁入地狱"的精神,才能挽救一个萎靡而自私的民族:这是我十五年前初次读到本书时所得的教训。

不经过战斗的舍弃是虚伪的,不经劫难磨练的超脱是轻佻的,逃避现实的明哲是卑怯的;中庸,苟且,小智小慧,是我们的致命伤:这是我十五年来与日俱增的信念。而这一切都由于贝多芬的启示。

我不敢把这样的启示自秘。所以十年前就迻译了本书。现在阴霾遮蔽了整个天空,我们比任何时候都更需要精神的支持,比任何时候更需要坚忍、奋斗、敢于向神明挑战的大勇主义。现在,当初生的音乐界只知训练手的技巧,而忘记了培养心灵的神圣工作的时候,这部《贝多芬传》对读者该有更深刻的意义。由于这个动机,我重译了本书。此外,我还有个人的理由。疗治我青年时世纪病的是贝多芬,扶持我在人生中的战斗意志的是贝多芬,在我灵智的成长中给我大影响的是贝多芬,多少次的颠扑曾由他挽扶,多少的创伤曾由他抚慰,——且不说引我进音乐王国的这件次要的恩泽。除了把我所受的恩泽转赠给比我年青的一代之外,我不知还有什么方法可以偿还我对贝多芬,和对他伟大的传记家罗曼·罗兰所负的债务。表示感激的最好的方式是施予。

为完成介绍的责任起见,我在译文以外,附加了一篇分析贝多芬作品的文字。我明知这是一件越俎的工作,但望这番力不从心的努力,能够起到抛砖引玉的作用。

一九四二年三月

(录自罗曼·罗兰著,傅雷译,民国三十五年十一月骆驼书店再版《贝多芬传》)

跋

为"追溯浦东文学之源头""盘点浦东文学之积淀""汇集浦东文学之精粹""形成浦东文学之雅赏",获得浦东新区宣传文化基金立项支持,由浦东新区文学艺术界联合会、浦东新区作家协会负责选编的《听涛——浦东历代文学作品选(1127—1949)》一书与读者的见面,为浦东阅读城区建设增添了带有历史况味的书香气息。此次选编工作体现了以下特点:

一是深度挖掘、悉心臻选。本书臻选宋代至民国时期本土历代名家的文学作品、客籍名家描写和记述浦东的文学作品,时间跨度达800余年。历代作者的身份有进士、举人、贡生、秀才、闺秀等。针对许多文学作品已散佚流失给选编带来的难度,我们努力在前人选编的相关书籍中进行臻选,另从地方志书、其他著作、期刊,以及搜寻民国时期出版的图书原本中加以臻选。

二是讲究体例,形成风格。全书按照年代分宋代作品、元代作品、明代作品、清代作品、民国作品五个部分,文体涉及诗词、序跋、记文、赋文、铭文、散文、诗歌、小说、书信、演说等。每位作者的作品前设有人物简介,说明作品出处,并在所选作品前注明文体。我们知道,文学作品不仅仅是一种艺术形式,也是一种思想体现,本书的文学作品中洋溢着浓郁的浦东地方风情与作者们的艺术才情。因而可以说,本书从一个侧面在为浦东文学梳理发展脉络的同时,构建了一部连贯800余年的浦东历代文学简史。

三是注重分工,依靠骨干。在本书的选编之初,工作小组便明确选编工作的宗旨,制定计划,落实分工。凭借长期从事浦东文史工作积累的丰富经验与选编历史文学作品的热忱,上海市地方史志学会副会长、浦东新区党史和地方志办公室原主任、浦东新区作家协会会员柴志光同志在接受具体负责选编工作的任务中,坚持"广收集、精甄别,重代表、优体系"的原则,通过长达一年多时间的埋首工作,形成了文稿臻选的可喜成果,为本书的选编出版奠定了扎实的基础。

  读者可通过此书领略浦东历史长河中的朵朵文学浪花,感受文学名家的众多与文学成果的斐然,从中体会浦东源远流长的特有文脉与卓尔不群的地方禀赋。愿此书成为读者更好地了解浦东文学源流的窗口,并在与先贤的阅读和对话中有所收益。愿浦东作协的会员们从先贤手中接过文学薪火的接力棒,创作无愧于时代的鸿篇巨制。衷心感谢在此书选编出版过程中给予大力支持的相关单位与各位热忱人士。囿于水平浅陋,本书尚有诸多不足,敬请读者不吝指正。

编　者
2024年7月

图书在版编目(CIP)数据

听涛：浦东历代文学作品选：1127—1949 / 上海市浦东新区文学艺术界联合会, 上海市浦东新区作家协会编.
上海：文汇出版社, 2024. 9. — ISBN 978-7-5496-4339-4
Ⅰ. I212.01
中国国家版本馆CIP数据核字第20249P7T21号

听涛
——浦东历代文学作品选(1127—1949)

编　　者 / 上海市浦东新区文学艺术界联合会
　　　　　上海市浦东新区作家协会

责任编辑 / 熊　勇
封面设计 / 张　晋
正文设计 / 王敏杰
出版发行 / 文汇出版社
　　　　　上海市威海路755号
　　　　　（邮政编码　200041）
印刷装订 / 上海颛辉印刷厂有限公司
版　　次 / 2024年9月第1版
印　　次 / 2024年9月第1次印刷
开　　本 / 720×1000　1/16
字　　数 / 400千
印　　张 / 29.25（彩插4）

ISBN 978-7-5496-4339-4
定　　价 / 78.00元